Filosofia do Direito Internacional

Filosofia
do Direito Internacional

2017

Thomas da Rosa Bustamante
Fabrício Bertini Pasquot Polido
(Orgs.)

FILOSOFIA DO DIREITO INTERNACIONAL
© Almedina, 2018

AUTOR: Thomas da Rosa Bustamante e Fabrício Bertini Pasquot Polido
DIAGRAMAÇÃO: Almedina
DESIGN DE CAPA: FBA
ISBN: 978-858-49-3209-2

Dados Internacionais de Catalogação na Publicação (CIP)
(Câmara Brasileira do Livro, SP, Brasil)

Filosofia do direito internacional / Thomas da
Rosa Bustamante, Fabrício Bertini Pasquot
Polido, (orgs.). -- São Paulo : Almedina, 2018.
Vários autores.

Bibliografia.
ISBN 978-85-8493-209-2

1. Direito - Filosofia 2. Direito internacional
I. Bustamante, Thomas da Rosa. II. Polido, Fabrício
Bertini Pasquot.

18-12777 CDU-340.12

Índices para catálogo sistemático:
1. Direito : Filosofia 340.12

Este livro segue as regras do novo Acordo Ortográfico da Língua Portuguesa (1990).

Todos os direitos reservados. Nenhuma parte deste livro, protegido por copyright, pode ser reproduzida, armazenada ou transmitida de alguma forma ou por algum meio, seja eletrônico ou mecânico, inclusive fotocópia, gravação ou qualquer sistema de armazenagem de informações, sem a permissão expressa e por escrito da editora.

Fevereiro, 2016

EDITORA: Almedina Brasil
Rua José Maria Lisboa, 860, Conj.131 e 132, Jardim Paulista | 01423-001 São Paulo | Brasil
editora@almedina.com.br
www.almedina.com.br

INTRODUÇÃO METODOLÓGICA

O lugar da Filosofia do Direito Internacional no pensamento jurídico-político contemporâneo"

Thomas da Rosa Bustamante
Fabrício Bertini Pasquot Polido

Nos últimos duzentos e cinquenta anos, período de ascensão e dominação do denominado positivismo jurídico, a filosofia do direito, principalmente no mundo ocidental, caracterizou-se por uma busca pela diferenciação em relação a outros ramos do conhecimento como a filosofia moral, a filosofia política, a sociologia e a teologia. Era necessário encarar o direito como um objeto de estudo próprio, independente, é dizer, como um objeto diferenciado e autônomo em relação a outras práticas sociais com as quais é comumente confundido, como a moral, a política, a religião e as regras do trato social.

Não é por mera coincidência que o período de consolidação da filosofia do direito como disciplina autônoma seja também o período de consolidação do positivismo jurídico, de construção do Estado Nacional e da codificação do direito moderno.

A filosofia do direito, entre distintas vertentes, desde Austin e Bentham, no mundo do *common law*, à "escola da exegese", na França, e ao "pandectismo", na Alemanha, encarregou-se, principalmente, de diferenciar o direito do seu entorno e de buscar a construção de uma teoria capaz de explicar a essência ou a natureza do direito. Essa natureza seria então concebida como um conjunto de características necessárias e suficientes

FILOSOFIA DO DIREITO INTERNACIONAL

para diferenciar o direito de toda e qualquer prática social que com ele pudesse ser confundida.

O prestígio do positivismo vinha associado, normalmente, a uma ênfase da teoria jurídica no conceito de "validade", definido da maneira formal. Se é certo que teorias normativas como o jusnaturalismo nunca deixaram de encontrar defensores, sua influência se retrai bastante depois da Convenção de Filadélfia nos Estados Unidos e, principalmente, da Revolução Francesa. Argumentos jusnaturalistas sobre os princípios que justificam a autoridade do poder político ou sobre os direitos humanos a serem consagrados no corpo das constituições perdem influência sempre que eles são incorporados pelos documentos constitucionais trazidos para a base de uma constituição política concreta. Nesse sentido, o jusnaturalismo pode ter sido um importante vetor intelectual para a justificação das constituições escritas e para o fenômeno da codificação do direito, mas pouco depois dessa codificação ele desaparece precisamente porque cumpriu o seu destino final de transformar-se em direito positivo.[1]

A agenda da filosofia do direito nos últimos anos tem sido pautada pelo positivismo jurídico, salvo raros e excepcionais momentos de grande comoção, como o período compreendido nos primeiros anos que sucederam a Segunda Guerra Mundial. É a influência do positivismo jurídico que gerou a ideia de que a filosofia do direito se reduz à identificação das fontes do direito positivo e à determinação do critério de validade para as normas jurídicas em geral. É desse positivismo que advém a obsessão dos estudiosos do direito contemporâneo com a doutrina das "fontes" e com a busca de uma única origem para todas as normas jurídicas válidas. É também do positivismo que se deriva, no âmbito teórico, a pretensão de neutralidade, "pureza" e objetividade da ciência do direito, que projeta a si própria para uma espécie de meta-nível em relação à prática jurídica, com vistas a observá-la de um plano externo e superior – quase asséptico - para **descrever** o funcionamento do direito de maneira desengajada e, em certa medida, descompromissado com arranjos valorativos, políticos, sociais e culturais, como sustentam os três maiores expoentes da filosofia analítica do direito: John Austin, Hans Kelsen e H. L. A. Hart.[2] Finalmente, é tam-

---

[1] Ver, nesse sentido, sobre a influência do direito natural no fenômeno de codificação do direito europeu: TARELLO, Giovanni. *Storia della cultura giuridica*. Bologna: Il Mulino, 1976.

[2] Para Austin, "o objeto da teoria jurídica é o direito positivo, assim entendido de maneira simples e estrita: ou seja, o direito estabelecido por superiores políticos para os seus subor-

INTRODUÇÃO METODOLÓGICA

bém desse mesmo positivismo que deriva uma tendência à abstração da filosofia do direito: a busca de uma única filosofia do direito, onipresente e generalizante, que seja válida para todo e qualquer sistema jurídico, todo e qualquer tipo de relação jurídica e, finalmente, todos os ramos do direito. Noutras palavras, é daí que deriva a redução, tão frequente, da filosofia do direito a uma "teoria geral do direito".[3]

O livro que o leitor tem em mãos questiona, porém, essa tendência. Nossas formulações teóricas partem de uma tríplice revisão do paradigma dominante na filosofia do direito no final do século XX.

Primeiramente, a filosofia do direito já não é mais vista como capaz de explicar, com um único aparato conceitual, *todo* o direito, em todo e qualquer sistema jurídico. A filosofia do direito passa a ser cada vez menos uma teoria "geral" e predestinada a abarcar – em um nível extremamente abstrato – as "propriedades essenciais" do direito. Ela renuncia, pois, à pretensão de universalidade, substituindo-a por uma pretensão de explicar o funcionamento e o fundamento de sistemas jurídicos específicos – como, por exemplo, os sistemas jurídicos "democráticos" – ou de certos "ramos específicos" do direito – como, por exemplo, o direito penal, o direito tributário, o direito da responsabilidade civil etc. – que possuem princípios jurídicos próprios e justificam-se a partir de diferentes perspectivas políticas e morais. É nesse contexto que Jeremy Waldron, entre outros, fala em uma "filosofia do direito particular" (*particular jurisprudence*). Na visão do autor, há dois sentidos em que se pode falar de uma filosofia do direito

dinados" (AUSTIN, John. *The Province of Jurisprudence Determined*. Londres: John Murray, 1832, p. 9). Cabe à teoria do direito (*jurisprudence*), nessa perspectiva, apenas conhecer o direito, abandonando-se a pretensão anterior de Bentham de associar à sua teoria jurídica "expositória" uma teoria jurídica "censória" (ou "teoria da legislação") que tivesse por missão descrever os princípios políticos que deveriam ser consagrados pelo direito positivo. É exatamente essa a proposta teórica que dominou a pretensão das "teorias gerais do direito" no século XX, cujos maiores expoentes foram a "teoria pura do direito" de Kelsen e a teoria do direito como "análise conceitual" de Hart, que escreveu em seu famoso "posfácio": "Minha perspectiva é *descritiva* no sentido de que ela é moralmente neutra e não tem nenhum propósito justificatório: ela não pretende justificar ou avalizar com fundamentos morais ou de outra natureza as formas e estruturas que aparecem em minha concepção geral do direito, ainda que uma compreensão clara desses possa, penso eu, ser uma importante questão preliminar para qualquer crítica moral útil ao direito" (HART, H L A. "Postscript". In. Id., *The Concept of Law*. 2. ed. Oxford: Clarendon, 1994, p. 240).

[3] Nesse sentido, por todos: KELSEN, Hans. *Teoria Geral do Direito e do Estado*. Trad. Luís Carlos Borges, 3. ed. São Paulo: Martins Fontes, 1998.

"especial" ou "particular". Em um deles se encontra o estudo de áreas particulares do direito, enquanto o outro lida com o "estudo de sistemas jurídicos ou tipos de sistemas jurídicos particulares".[4]

É justamente nessas duas últimas acepções, que constituem o núcleo da ideia de "filosofia do direito particular", que contribuiremos com as bases teóricas em torno da "filosofia do direito internacional", campo de investigação que se projeta com grande força crítica e revisionista na atualidade[5].

Em segundo lugar, renuncia-se à pretensão de neutralidade e do caráter meramente "descritivo" da filosofia do direito. A filosofia do direito deixa de representar um exercício puramente analítico ou descritivo e passa a ser, ao menos em parte, uma atividade "interpretativa" no sentido dado por Ronald Dworkin[6]. Por ser interpretativa, a ciência do direito conecta-se de maneira inextricável com os valores e a prática social que ela pretende explicar. A verdade de suas proposições não se determina por um critério de "evidência", como costuma ocorrer com a ciência e os seus enunciados descritivos sobre a realidade e o mundo fenomênico. A verdade ou a falsidade de uma proposição jurídica, assim como em uma proposição moral, são medidas por um parâmetro "argumentativo", sendo mais o resultado de uma interpretação construtiva que pretende ajustar o direito, enquanto prática social, ao seu propósito justificador (atribuindo-lhe integridade),

---

[4] WALDRON, Jeremy. "Can There Be a Democratic Jurisprudence?", in: *Emory Law Journal*, vol. 58, pp. 675-712, esp. p. 678.

[5] Em distintas perspectivas, ver trabalhos de BUCHANAN, Andrew e GOLOVE, Daniel. "The Philosophy of International Law", in *The Oxford Handbook of Jurisprudence and Philosophy of Law*, Oxford, Oxford University Press, 2002, pp. 868-934; CARTHY, Anthony. *Philosophy of International Law*. Edinburgh, Edinburgh University Press, 2007. pp.13 e ss; TESON, Francisco R., "Philosophy of International Law", in Larry MAY e Jeff BROWN (orgs.). *Philosophy of Law: Classic and Contemporary Readings*, Chichester, Wiley-Blackwell, 2010, pp. 187-199; e BESSON, Samantha; TASSIOULAS, John, "Introduction", in (orgs.), *The Philosophy of International Law*. Oxford: Oxford University Press, 2011, pp.1-43.

[6] A esse respeito, destaca-se o indispensável Capítulo 3 de *Law's Empire* (Cambridge, MA: Belknap, 1986, p.87 e ss), especialmente p. 101 e ss, em que Dworkin dedica sua análise - e provocações – em afirmar a vertente interpretativa como sendo constitutiva à filosofia do direito. Recordamos ainda a importante passagem no epílogo da mesma obra (p.410), em que o autor arremata: *"Law is an interpretive concept. Judges should decide what the law is by interpreting the practice of other judges deciding what the law is. General theories of law, for us, are general interpretations of our own judicial practice"*.

INTRODUÇÃO METODOLÓGICA

do que uma mera constatação de um "fato bruto" cuja existência independe de seu valor moral.[7]

Duas consequências resultam dessa perspectiva: 1) a teoria do direito passa a ter uma dimensão normativa, pois não se limita mais a conhecer um direito inteiramente determinado por fatos sociais que podem ser identificados de maneira neutra, mas passa a assumir a tarefa de construí-lo de maneira a torná-lo "o melhor que ele pode ser"; e 2) a teoria do direito passa a ser inseparável da prática jurídica, na medida em que os parâmetros e argumentos adotados por uma concepção teórica sobre o direito são indispensáveis para definir as condições de verdade para qualquer proposição jurídica particular. Os desacordos teóricos sobre os fundamentos de direito integram não apenas o horizonte acadêmico dos filósofos do direito, mas também os argumentos encontrados na prática judicial.[8]

Em terceiro lugar, a filosofia do direito não se reduz mais, como defendia a maioria das concepções do positivismo jurídico, ao problema da identificação do direito positivo e à determinação da validade e estrutura das proposições jurídicas. Além da imprescindível dimensão analítica ou conceitual, a teoria do direito tem também uma dimensão normativa, que reflete sobre os fundamentos morais do direito ou a sua justificação normativa.

É com essas premissas teóricas que tem se desenvolvido, recentemente, uma filosofia do direito internacional.

A filosofia do direito internacional dos últimos anos tem se dedicado, primeiramente, a remediar algumas deficiências que se costuma encontrar entre as abordagens tradicionais sobre a definição do direito intentadas pelos que ainda vêem a filosofia do direito como uma "teoria geral do direito" no sentido de Austin, Kelsen e Hart. Esses três autores, a despeito de sua inestimável contribuição para o desenvolvimento da teoria do direito, tiveram sérias dificuldades para explicar tanto a normatividade do direito internacional como a sua relação com o direito interno. Nesse sentido, para citar alguns exemplos, o teste estabelecido por Austin para a validade de uma lei – que a fundamenta na vontade, expressa ou adotada, por um soberano a quem todos em um Estado têm o hábito

---

[7] DWORKIN, Ronald. *Justice for Hedgehogs.* Cambridge, MA: Belknap, 2011.
[8] Ver, nesse sentido, DWORKIN, Ronald. *Law's Empire.* cit., caps. 1-3.

de obediência – parece incapaz de explicar o fundamento de validade do direito internacional.[9]

A concepção de direito internacional de Kelsen, por sua vez, também apresenta alguns importantes problemas, como, de um lado, a dificuldade de reconciliar o fundamento da sanção no direito internacional – que acaba fazendo, ainda que indiretamente, alusão à noção de "guerra justa"[10] – com o seu contundente ceticismo em relação a qualquer forma de direito natural, e, de outro lado, a dificuldade de reconduzir o direito internacional e o direito interno a uma única norma fundamental. Por derradeiro, a caracterização que Hart faz do direito internacional está exposta a consequências embaraçosas, pois não resiste a uma aplicação adequada dos critérios de identificação do direito previstos por sua própria teoria, na medida em que uma análise mais aprofundada do que a realizada por Hart no capítulo 10 de "O Conceito de Direito" revela ser perfeitamente possível sistematizar um conjunto de "regras secundárias", incluindo-se uma "regra de reconhecimento", para o direito internacional.[11]

Em segundo lugar, a filosofia do direito internacional não se restringe, como pretendiam fazer os cultores da denominada "teoria geral do direito" ou "general jurisprudence", a uma mera "análise conceitual" dos institutos, regras e conceitos jurídicos. Ocupa-se, também, do problema da *normatividade do direito internacional*, entendida como a sua capacidade para gerar razões práticas para os seus destinatários, e o problema do fundamento político-moral do direito internacional. Na raiz desse problema se situa a questão da *legitimidade* do direito internacional e das formas por meio

---

[9] Para Austin, leis positivas, que constituem as "leis em sentido próprio", devem ser contrastadas com as "leis em um sentido fortemente análogo" (*"laws by a close analogy"*), que incluem "a moralidade positiva, as leis da honra, o direito internacional, o direito costumeiro e o direito constitucional" (BIX, Brian. "John Austin", *The Stanford Encyclopedia of Philosophy* (Spring 2015 Edition), Edward N. ZALTA (ed.), URL = http://plato.stanford.edu/archives/spr2015/entries/austin-john/).

[10] RIGAUX, François. "Kelsen on International Law". *European Journal of International Law*, vol. 9, 1998, pp. 325-343.

[11] Para uma argumentação plausível em defesa da possibilidade de regras secundárias no âmbito do direito internacional ver: WALDRON, Jeremy. "International Law: A 'Relatively Small and Unimportant Part of Jurisprudence'?. In D'ALMEIDA, L. D.; EDWARDS, J. and DOLCETTI, A. (orgs), *Reading H L A Hart's The Concept of Law*. Oxford: Hart Publishing, 2013, pp. 378-404; BESSON, Samantha. "Theorizing the Sources of International Law". In BESSON, Samanta; TASSIOULAS, J (orgs.), *The Philosophy of International Law*. Oxford: Oxford University Press, 2011, pp. 163-186.

INTRODUÇÃO METODOLÓGICA

do qual este se relaciona com a moralidade e a política. Em que sentido o direito internacional cria obrigações para os estados e os demais destinatários de suas normas? De onde vem a sua legitimidade e a sua justificação? Do consentimento, do direito natural, do autointeresse puramente pragmático e estratégico? Existe, afinal de contas, algum tipo de obrigatoriedade do direito internacional? Essas parecem ser, com efeito, algumas das questões centrais da filosofia do direito internacional que perpassam os capítulos que o leitor encontrará nas próximas páginas deste livro.

Essas duas dimensões parecem inevitáveis para qualquer projeto viável de filosofia do direito internacional, venha ele da tradição positivista ou não. Nesse sentido, importa recordar que o positivismo jurídico é ainda a teoria dominante no direito internacional, ou ao menos entre os filósofos do direito internacional, os quais tendem a aceitar a teoria da autoridade de Joseph Raz tanto para explicar o tipo de obrigações que a regra jurídica de direito internacional cria, com o auxílio da "tese das fontes sociais", como também para explicar as condições diante das quais emerge a legitimidade do direito e a justificação político-moral da autoridade, com o auxílio da "tese da justificação normal".[12]

Por advogarem tanto uma teoria de corte analítico sobre a validade do direito internacional como também uma teoria normativa sobre a legitimidade da autoridade do direito internacional, os positivistas contemporâneos costumam propor, portanto, *duas* grandes áreas da filosofia do direito internacional, sendo a primeira de corte analítico e a segunda de corte normativo.

Outras abordagens, porém, são possíveis. Temos testemunhado, nos últimos anos, uma plêiade de concepções do direito internacional que constituem não apenas desavenças teóricas destinadas a ocupar a atenção de filósofos do direito e acadêmicos em busca de mera satisfação intelectual, mas, principalmente, desavenças que afetam de maneira radical a prática do direito internacional. Isso se manifesta, por exemplo, com as perspectivas céticas em relação à autoridade do direito internacional, derivadas do *realismo* nas relações internacionais[13], com a retomada de pers-

[12] Ver, nesse sentido: BESSON, Samantha; TASSIOULAS, John. "Intoduction". In Besson, S; Tassioulas, J (orgs.),*The Philosophy of International Law*. Oxford: Oxford University Press, 2011, pp. 163-186:

[13] GOLDSMITH, Jack L; Posner, Eric. *The Limits of International Law*. Oxford: Oxford University Press, 2006.

FILOSOFIA DO DIREITO INTERNACIONAL

pectivas jusnaturalistas[14], que costumam vir rejuvenescidas sob a forma de teorias dos direitos humanos e, *last but not least*, o interpretativismo de Dworkin no âmbito do direito internacional[15].

Da introdução de velhas e novas questões de investigação no campo da filosofia do direito internacional, parecem resultar factíveis algumas conclusões preliminares. Primeiramente, a necessidade de superação do estágio de negligência teórica tanto das vertentes da filosofia do direito como do direito internacional no tratamento de questões conceituais, analíticas e normativas envolvendo fatos sociais da "vida internacional" dos sujeitos, particularmente os Estados, organizações internacionais, indivíduos, organizações da sociedade civil, empresas transnacionais, 'lobbies' e grupos de interesse. E essa superação dá-se graças ao recurso de investigação teórica e acadêmica em múltiplas visões: i) abordagem filosófica para o direito internacional; ii) abordagem internacionalista para a filosofia do direito internacional; iii) a abordagem jusfilosófica para o direito internacional; iv) a abordagem de filosofia política para o direito internacional[16].

Talvez o grande mérito da ressurgência de debates de interseccionalidade ou de interface entre filosofia e direito internacional, entre divergências teóricas e formulações críticas, seja justamente o de superação da inútil narrativa histórico-descritiva que insiste em descontextualizar a dinâmica das relações internacionais e do utilitarismo ou instrumentalidade que ainda buscam explicar as funções do direito internacional[17]. Da

---

[14] CANÇADO TRINDADE, Antonio Augusto. *International Law for Humankind*. Martinus Nijhoff, 2013.

[15] Dworkin, Ronald. "A New Philosophy for International Law". *Philosophy & Public Affairs*, vol. 41, n. 1, 2013, pp. 1-30.

[16] Em distintas nuances, essas variações são retomadas por BESSON, Samantha; TASSIOULAS, John. "Introduction". In S. BESSON, e J. TASSIOULAS (orgs.),*The Philosophy of International Law*. cit., p. 163 e ss; e TESON, Francisco R., "Philosophy of International Law", in Larry MAY e Jeff BROWN (orgs.). *Philosophy of Law: Classic and Contemporary Readings*, cit., p. 187 e ss;

[17] Bastaríamos, nesse sentido, voltar aos manuais e livros referenciados para estudos do direito internacional, nos quais uma parte da doutrina generaliza problemas que estão na essência da argumentação discursiva das relações de poder, democracia, soberania, legitimidade, adjudicação de justiça, solução de conflitos, conformação dos espaços transnacionais e de integração, dentre outros, e não, meramente, na narrativa histórico-linear das transformações da sociedade internacional Pós-Ordem de Vestifália (1648). A propósito da crítica a uma visão utilitarista e instrumentalista do direito internacional, cujas origens remontam ao final do século XIX nos Estados Unidos, e se estendem pelo século XX, Edward DUMBAULD (Place of Philosophy in International Law, in: *University of Pennsylvania Law Review and American Law*

INTRODUÇÃO METODOLÓGICA

mesma forma, esse mérito parece residir, a propósito do que considera Koskenniemi[18], na oportunidade de revisão das variadas dimensões do fenômeno político e de seu entrelaçamento com a conformação da ordem jurídica internacional, passando pela compreensão das raízes de crises diplomáticas ao longo da história, das questões de governança que inspiram o *ethos* da sociedade internacional contemporânea, e mesmo das disputas acadêmicas entre os mais importantes centros de formação do pensamento internacionalista, para além dos quadros burocráticos das chancelarias e organizações internacionais.

Com efeito, grande parte do rico e relevante debate sobre a filosofia do direito internacional permanece inacessível em língua portuguesa. E ela se apresenta pouco discutida entre os estudiosos luso-brasileiros que se dedicam tanto ao direito internacional quanto à filosofia do direito. Urge, portanto, corrigir essa falha entre nós.

A presente obra, derivada de uma série de seminários temáticos realizados no ano de 2015, na Universidade Federal de Minas Gerais, pretende ser uma contribuição para o fomento desse debate nos círculos acadêmicos dos países de língua portuguesa, os quais muito têm a contribuir para o desenvolvimento do conhecimento jurídico na área de interface entre direito internacional e filosofia do direito. Naquela ocasião, os eventos de pesquisa refletiram a discussão teórica em torno do tema dos fundamentos da autoridade no direito internacional, a partir de leituras variadas, concentrando trabalhos de investigação colaborativa de pesquisadores junto ao Programa de Pós-Graduação em Direito da UFMG, nas Linhas "Poder, Cidadania e Desenvolvimento no Estado Democrático De Direito" e "História, Poder e Liberdade". A partir dessa iniciativa, restou evidente a necessidade de intersecção entre os campos de estudos propostos.

Register, vol. 83, n.5 , 1935, p. 590-606), reclamava da negligência dupla, tanto da filosofia quanto do direito internacional de travarem um debate acadêmico consistente e com relativa reciprocidade. Antes de as divergências entre Kelsen e Hart revelarem a essência da discussão teórica proposta em torno das justificação conceituais e normativas no direito internacional, escolas de tradição anglo-americana estavam muito obcecadas pela ideia de que direito internacional teria como objetivo ulterior a promoção da paz, segurança, comércio e diplomacia, sendo poucos os juristas e filósofos que teriam contribuído para proposições teóricas mais arrojadas em torno da disciplina então denominada- "Law of Nations" (a exemplo do que contribuíram Marshall, Wilson, Kent e Story).

[18] KOSKENNIEMI, Martii. *The Politics of International Law*. Cambridge: Cambridge University Press, 2011, p.63 e ss.

Inspirada por inúmeras questões da atualidade na agenda da filosofia do direito internacional, a obra aqui oferecida aos leitores é dividida em quatro partes principais, além do presente capítulo introdutório metodológico. A primeira é dedicada às **Bases do Pensamento Jusfilosófico Internacional,** inaugurada pelo primeiro capítulo *"Juridicidade e a Autoridade do Direito Internacional: Revisitando as Propostas Teóricas Positivistas de Hart e Kelsen"*. Nele, Ana Luisa de Navarro Moreira confronta-se com as premissas teóricas de Hart e Kelsen, a fim de problematizar a questão da juridicidade do direito internacional e sua relação com a soberania dos Estados, e a questão da autoridade do direito internacional e sua fundamentação na norma fundamental hipotética. Finalmente, o capítulo destaca a relevância das duas teorias positivistas adotadas para a construção de uma filosofia do direito internacional contemporânea, que ainda lida com questões complexas, como a da soberania e a da sanção entre Estados.

No segundo capítulo, *"A Negligência da Filosofia do Direito Internacional e a Emergência do Pluralismo Jurídico"*, Lucas Costa dos Anjos e Vinícius Machado Calixto analisam postulações em torno da negligência teórica identificada nos estudos de filosofia do direito relacionados ao direito internacional. Os autores partem de uma visão crítica da obra "O conceito de Direito" de H. L. A. Hart e descortinam o crescente desenvolvimento de instituições de direito internacional. Levando em consideração as contribuições da teoria transconstitucional, o artigo estende o olhar para a existência de uma "cultura global" em expansão dos direitos humanos que, paralelamente à crescente concepção nuclear de justiça comum, pode indicar a formação de uma teoria moral do direito internacional.

No capítulo "Releituras sobre a narrativa histórica e filosofia do direito internacional: à Paz Perpétua de Kant", Eduardo Lopes de Almeida Campos resgata diversos elementos da filosofia teórica e prática kantiana e sua influência no direito internacional, bem como na filosofia da história. O autor identifica alguns desses elementos para situar o texto em seu contexto teórico dentro do próprio sistema filosófico kantiano, chamando à atenção para sua compreensão e para a compreensão de sua importância na história do direito internacional. Igualmente, observa-se o protagonismo que as visões teleológica e naturalista de Kant exercem sobre a história e como ele as relaciona na concepção da *Paz Perpétua*.

A segunda parte da obra discute as **Perspectivas Contemporâneas da Filosofia do Direito Internacional**. Ela é iniciada pelo quarto capítulo

INTRODUÇÃO METODOLÓGICA

"*Realismo, escolha racional e integridade no direito internacional: uma análise do caso Jurisdictional Immunities of the State julgado pela Corte Internacional de Justiça*", de Cynthia Lessa da Costa e Platon Teixeira de Azevedo Neto. Nele, são propostas as seguintes indagações: qual a relevância dos valores como a moral e a justiça para as relações internacionais? Seria possível afirmar que as relações e ocorrências domésticas são de pouca importância para as relações internacionais? A sentença proferida pela Corte Internacional de Justiça no caso *Jurisdictional Immunities of the State (Germany v. Italy: Greece Intervening)* teria sido pautada na prudência ou na moral? Seria viável a criação de entes centrais como um "parlamento global" ou Cortes com jurisdição sobre todos os estados, conforme proposto por Dworkin? Como tentativas de sistematização das questões, o capítulo discute as linhas gerais do realismo, das reflexões de Dworkin e da teoria "State Centered Rational Choice", formulada por Posner e Goldshmidt a partir do caso *Imunidades de Jurisdição*, a fim de desvendar caminhos que conduzam a respostas àquelas inquietações. O capítulo quinto, intitulado "*A Filosofia do Direito Internacional Não Escrita Por Ronald Dworkin*", de Gregore Moreira de Moura e Igor de Carvalho Enriquez, resgata a teoria de Ronald Dworkim a fim de aplicá-la à busca pela fraternidade e legitimidade de um novo direito internacional global que respeite a moralidade política de cada Estado. Nesse sentido, os autores destacam os atuais desafios do Direito Internacional, como a proximidade e interdependência das relações jurídicas, à luz da integridade do Direito ou do Direito como integridade, proposta por Dworkin e de moralidade política, em nível global. Uma das propostas de análise é a de justamente regatar a aplicação da teoria de Dworkin como um dos fundamentos do Direito Internacional.

Na terceira parte do livro, **Legimidade e Direitos Humanos**, o capítulo sexto "O Conceito de Legitimidade Aplicado ao Direito Internacional e suas Instituições", de Filipe Greco Marco Leite e Rafaela Ribeiro Zauli Lessa, investiga a temática da existência ou não de legitimidade do Direito Internacional, buscando identificar alguns dos critérios que podem servir de norte para tal definição, a partir, sobretudo, da trajetória analítica de Allen Buchanan e de John Tasioulas, autores que refletiram sobre os argumentos dos quais derivam a legitimidade do Direito Internacional. A partir das duas formulações propostas, o capítulo estabelece, ao final, comparações entre as múltiplas abordagens sobre o Direito Internacional e os desenvolvimentos mais recentes deste campo, retomando a delimitação

FILOSOFIA DO DIREITO INTERNACIONAL

de alguns parâmetros para avaliação da legitimidade no Direito Internacional. Na sequência, o sétimo capítulo, *"A natureza dos direitos humanos no direito internacional: conceito e fundamentos de autoridade"*, de Letícia Soares Peixoto Aleixo e Pedro Gustavo de Gomes Andrade, investiga as teorias existentes que buscam no próprio Direito e além dele a explicação do caráter obrigatório das normas de direitos humanos. Os autores observam a importância dos direitos humanos nas relações internacionais contemporâneas. Destacam, ainda, a construção da "responsabilidade de proteger", considerando a discussões doutrinárias acerca das definições dos direitos humanos e de sua relação com o conceito de autoridade em âmbito global. Nesse percurso metodológico, o trabalho apresenta a perspectiva do positivismo voluntarista e também abordagens políticas e morais para os direitos humanos, destacando, ao final, uma tendência de resgate ou retomada das teorias do direito natural para limitação da soberania estatal.

Por derradeiro, a quarta parte do livro é dedicada ao tema **Democracia, Minorias e Pobreza no Direito Internacional**. No capítulo *"Democracia como Ethos no Direito Internacional"*, João Victor Nascimento Martins e Keyla Faria discutem em que medida a legitimidade seria fundamento tanto para o Direito quanto para o Estado. Via de consequência, o tema tem sido objeto de frutíferos e reiterados debates tanto no campo da teoria jurídica quanto da filosofia política. De outra forma não poderia ser em relação ao direito internacional. A proposta entabulada seria a de construir um fundamento teórico que atribua legitimidade a uma ordem jurídica internacional. Nesse contexto, os autores analisam, a partir de viés crítico, a empreitada levada a cabo por dois importantes autores da filosofia política contemporânea – Thomas Christiano e Philip Pettit – na tarefa de construir os espaços para atribuição de legitimidade à ordem jurídica internacional, dentro do referencial de elevação da democracia ao status de *ethos* do Direito Internacional. O capítulo nono, *"As origens dos direitos das minorias e os limites do Direito à Autodeterminação dos Povos"*, de Humberto Alves de Vasconcelos Lima e Leonel Eustáquio Mendes Lisboa, esclarece em que medida o princípio da autodeterminação, considerado um dos pilares do Direito Internacional contemporâneo, ainda vem provocar graves incertezas nas situações e conflitos em torno da demanda de autonomia de grupos minoritários. Nele, os autores buscam inspiração na teoria do multiculturalismo liberal para examinar como se caracterizam as minorias no processo histórico de reconhecimento de seus direitos. Como objetivos metodológicos, são analisados decisões e pareceres de cortes e outros órgãos internacionais, a partir dos quais o princípio da autodeterminação tenha figurado como fundamento central de decisão. À guisa de conclusão, os autores reforçam a tese de que a noção de autodeterminação como respeito à autonomia de minorias poderia ser útil ao desenvolvimento de critérios claros de interpretação e aplicação do princípio, minimizando assim as inseguranças que o circundam. Em *"Fomento ao Desenvolvimento e Combate à Pobreza: O Papel desempenhado pelo Direito Internacional"*, Ana Luísa Soares Peres, Letícia de Souza Daibert e Guilherme Andrade Carvalho examinam as dimensões do desenvolvimento no direito internacional, tomado como um dos elementos da multifacetada agenda de combate à pobreza. O capítulo reflete sobre as principais teorias de Thomas Pogge e de Tom Campbell sobre o papel do Direito Internacional na erradicação da pobreza, optando-se por enfoque nas interações do tema com o direito econômico internacional. Por que assim proceder? Porque tanto os teóricos referenciados relacionam a existência e/ou o agravamento da pobreza global com as instituições e normas econômicas internacionais atualmente existentes. E entre as respostas de análise seria possível recorrer às variadas conformações e papeis da Organização Mundial do Comércio no quadro do combate à pobreza, tanto em sua atuação independente, como em conjunto com outras organizações internacionais. Em destaque encontram-se, também, as políticas redistributivas e os objetivos sistêmicos de redução de desigualdades, com propostas de adequação e viabilidade de instituição de um tributo global para financiamento de projetos de erradicação da pobreza.

De todo o descrito neste capítulo introdutório-metodológico, é possível estabelecer algumas constatações, as quais, esperamos, sejam tomadas em consideração pelos leitores mais dedicados aos problemas da agenda da filosofia do direito internacional. A experiência de levar adiante qualquer projeto interdisciplinar de investigação na área do Direito parece ter a vantagem de responder a anseios teóricos e críticos de inclusão de temas que tem sido sistematicamente esquecidos - ou propositalmente ignorados- pela academia em dado momento histórico. Na filosofia do direito internacional, especificamente, convergem-se questões da normatividade do direito, em sua totalidade, do global ao local, retornando aos juristas as alternativas para construção de argumentos em torno da legitimidade, democracia, justiça global, direitos humanos, diversidade, cooperação, transparência e responsabilidade. O que propugnamos, com a obra

"Filosofia do Direito Internacional", ora publicada pela respeitada Editora Almedina, é justamente a missão de estabelecer essa ponte concreta, na expectativa de que tantos outros acadêmicos e profissionais tenham condições de mantê-la firme e universal, alcançando várias regiões do globo.

SUMÁRIO

PARTE 1
BASES DO PENSAMENTO JUSFILOSÓFICO INTERNACIONAL

CAPÍTULO 1

A JURIDICIDADE E A AUTORIDADE DO DIREITO INTERNACIONAL: REVISITANDO AS PROPOSTAS TEÓRICAS POSITIVISTAS DE HART E KELSEN 27

1. INTRODUÇÃO METODOLÓGICA 27
2. O PENSAMENTO JUSFILOSÓFICO INTERNACIONAL DE HERBERT HART 28
3. O PENSAMENTO JUSFILOSÓFICO INTERNACIONAL DE HANS KELSEN 37
4. DIÁLOGO ENTRE HART E KELSEN 43
5. CONSIDERAÇÕES FINAIS 45
6. REFERÊNCIAS 46

CAPÍTULO 2

A NEGLIGÊNCIA DA FILOSOFIA DO DIREITO INTERNACIONAL E A EMERGÊNCIA DO PLURALISMO JURÍDICO 49

1. CONSIDERAÇÕES INICIAIS 49
2. O PROBLEMA DA NEGLIGÊNCIA DA FILOSOFIA DO DIREITO QUANTO DO DIREITO INTERNACIONAL 50
3. HART E O CUSTO DE OPORTUNIDADE DE SUA ANÁLISE DO DIREITO INTERNACIONAL 53

FILOSOFIA DO DIREITO INTERNACIONAL

4. O DESAFIO REALISTA ENFRENTADO POR BUCHANAN E GOLOVE:
RESPOSTA QUE PASSA PELA EXPANSÃO GLOBAL
DOS DIREITOS HUMANOS 59
5. CONSIDERAÇÕES FINAIS 66
6. REFERÊNCIAS 67

CAPÍTULO 3
RELEITURAS SOBRE A NARRATIVA HISTÓRICA E FILOSOFIA
DO DIREITO INTERNACIONAL: À PAZ PERPÉTUA DE KANT 69

1. INTRODUÇÃO 69
2. DA DISTINÇÃO ENTRE LIBERDADE
E NATUREZA À METAFÍSICA DA MORAL. 71
3. A FILOSOFIA DA HISTÓRIA DE KANT 74
4. À PAZ PERPÉTUA. 78
5. SOBRE A GARANTIA DA PAZ PERPÉTUA 88
6. CONCLUSÃO 92
7. REFERÊNCIAS: 92

PARTE 2
PERSPECTIVAS CONTEMPORÂNEAS
DA FILOSOFIA DO DIREITO INTERNACIONAL

CAPÍTULO 4
REALISMO, ESCOLHA RACIONAL E INTEGRIDADE
NO DIREITO INTERNACIONAL: uma análise do caso
Jurisdictional Immunities of the State julgado pela Corte Internacional de Justiça .. 97
CONSIDERAÇÕES INICIAIS 97
1 A TEORIA REALISTA NAS RELAÇÕES INTERNACIONAIS 99
2. TEORIA DA INTEGRIDADE E A TESE DWORKINIANA 108
3. STATE CENTERED RATIONAL CHOICE THEORY *110*
4. CASO EM ANÁLISE: *JURISDICTIONAL IMMUNITIES OF THE STATE*
(GERMANY V. ITALY: GREECE INTERVENING). 113
5. APLICAÇÃO DA TEORIA DA INTEGRIDADE E DA
STATE CENTERED RATIONAL CHOICE THEORY AO CASO EM ANÁLISE. 115
6. NOTAS CONCLUSIVAS 125
REFERÊNCIAS 126

SUMÁRIO

CAPÍTULO 5
A FILOSOFIA DO DIREITO INTERNACIONAL
NÃO ESCRITA POR RONALD DWORKIN

CONSIDERAÇÕES INICIAIS 129
1. DWORKIN E O LIBERALISMO DEMOCRÁTICO 130
2. DWORKIN E O COMUNITARISMO 134
3. A CONCEPÇÃO DE DWORKIN SOBRE O DIREITO INTERNACIONAL:
EXPOSIÇÃO E CRÍTICA 138
CONCLUSÃO 146
REFERÊNCIAS 148

PARTE 3
LEGITIMIDADE E DIREITOS HUMANOS

CAPÍTULO 6
O CONCEITO DE LEGITIMIDADE APLICADO
AO DIREITO INTERNACIONAL E SUAS INSTITUIÇÕES 151

1. INTRODUÇÃO 151
2. ESTUDO DA ANÁLISE DE ALLEN BUCHANAN
SOBRE A LEGITIMIDADE DO DIREITO INTERNACIONAL 152
3. ESTUDO DA ANÁLISE DE JOHN TASIOULAS
SOBRE A LEGITIMIDADE DO DIREITO INTERNACIONAL 162
4. UMA PROPOSTA PARA O ESTABELECIMENTO DE CRITÉRIOS
DE ANÁLISE DA LEGITIMIDADE DO DIREITO INTERNACIONAL 172
5. CONCLUSÃO 174
REFERÊNCIAS 177

CAPÍTULO 7
A NATUREZA DOS DIREITOS HUMANOS NO DIREITO
INTERNACIONAL: CONCEITO E FUNDAMENTOS DE AUTORIDADE 179

1. INTRODUÇÃO 179
2. A NATUREZA DOS DIREITOS HUMANOS 180
3. O PROBLEMA DA CONCEITUAÇÃO DA NATUREZA
DOS DIREITOS HUMANOS 184
4. DIREITOS CONTRA O ESTADO: A TEORIA

FILOSOFIA DO DIREITO INTERNACIONAL

DO JURISTA BRASILEIRO ANTÔNIO AUGUSTO 198
5. CONCLUSÃO 202
REFERÊNCIAS 203

PARTE 4
DEMOCRACIA E POBREZA NO DIREITO INTERNACIONAL

CAPÍTULO 8
DEMOCRACIA COMO ETHOS NO DIREITO INTERNACIONAL 207

1. INTRODUÇÃO 207
2. LEGITIMIDADE DEMOCRÁTICA E INSTITUIÇÕES INTERNACIONAIS. .208
3. INSTITUIÇÕES INTERNACIONAIS LEGÍTIMAS:
UMA PERSPECTIVA NEORREPUBLICANA 219
4. CONSIDERAÇÕES FINAIS 227
5. REFERÊNCIAS 228

CAPÍTULO 9
AS ORIGENS DOS DIREITOS DAS MINORIAS
E OS LIMITES DO DIREITO À AUTODETERMINAÇÃO DOS POVOS 231

1. INTRODUÇÃO 231
2. CONCEITOS DE MINORIAS NO DIREITO INTERNACIONAL 235
3. A EVOLUÇÃO DO PRINCÍPIO DE AUTODETERMINAÇÃO
DOS POVOS EM FOROS INTERNACIONAIS 248
4. CONSIDERAÇÕES FINAIS - O DIREITO À AUTODETERMINAÇÃO
COMO UM DIREITO DESTINADO ÀS MINORIAS 260
5. REFERÊNCIAS 261

CAPÍTULO 10
FOMENTO AO DESENVOLVIMENTO E COMBATE À POBREZA:
O PAPEL DESEMPENHADO PELO DIREITO INTERNACIONAL 265

1. INTRODUÇÃO 265
2. O DEVER DE ERRADICAÇÃO DA POBREZA SOB A PERSPECTIVA
DE THOMAS POGGE E DE TOM CAMPBELL 270
3. DIREITO INTERNACIONAL E O COMBATE À POBREZA:
METAS DO MILÊNIO 272

22

4. OMC E DESENVOLVIMENTO 276
5. A ORDEM POLÍTICA E ECONÔMICA NA MODERNIDADE LÍQUIDA:
POLÍTICAS REDISTRIBUTIVAS COMO INSTRUMENTO
PARA MITIGAÇÃO DA DESIGUALDADE 290
6. CONCLUSÃO... 293
7. REFERÊNCIAS 295

PARTE 1
BASES DO PENSAMENTO JUSFILOSÓFICO INTERNACIONAL

CAPÍTULO 1

A JURIDICIDADE E A AUTORIDADE DO DIREITO INTERNACIONAL: REVISITANDO AS PROPOSTAS TEÓRICAS POSITIVISTAS DE HART E KELSEN

Ana Luisa de Navarro Moreira

1. INTRODUÇÃO METODOLÓGICA

A reflexão sobre a juridicidade e a autoridade do direito internacional apresenta grandes desafios tendo em vista que a interdisciplinaridade entre a filosofia do direito e o direito internacional ainda é incipiente. Nesse sentido, esse artigo se propõe a analisar determinadas questões a fim de contribuir para o desenvolvimento de uma proposta teórica que aborde pontos problemáticos tanto no âmbito da filosofia do direito, como juridicidade e autoridade, quanto no âmbito da dogmática do direito internacional, como a soberania e a relação do direito internacional com o direito interno. Dessa forma, busca demonstrar a importância das discussões sobre questões filosóficas relevantes no âmbito do direito internacional.

Metodologicamente, o presente artigo foi dividido em três partes. A primeira analisa as premissas teóricas de Herbert Hart, apresentadas, principalmente, no capítulo X de sua obra "O Conceito de Direito". A partir destas, problematizou-se a questão da juridicidade do direito internacional e sua relação com a soberania dos Estados. Na segunda parte, foram analisadas as premissas teóricas de Hans Kelsen, apresentadas principalmente na obra "Princípios de direito internacional", pelas quais se abordou a relação entre direito internacional e direito interno e problematizou-se a questão da autoridade do direito internacional e sua fundamentação na norma fundamental hipotética kelseniana.

Assim, o artigo apresenta nas duas partes inicias um panorama das perspectivas positivistas de Hart e Kelsen e realiza, na terceira parte, um paralelo entre ambas as teorias para a fundamentação da juridicidade e autoridade do direito internacional.

Percebe-se que a juridicidade e autoridade de um direito internacional que se pretende universal e que seja aplicado a diferentes Estados é confrontada pela soberania que estes reivindicam para si constantemente. Demonstra-se, então, que os pontos apresentados pelas duas teorias positivistas adotadas ainda são relevantes para a construção de uma filosofia do direito internacional contemporânea, uma vez que abordam questões complexas como, por exemplo, a concepção de soberania, a necessidade do consentimento dos Estados e a existência de sanções para a estipulação de obrigações entre estes.

Por fim, demonstra-se que o direito internacional consolida ao longo dos anos a sua normatividade, ante o reconhecimento da sua juridicidade e autoridade diante dos diversos ordenamentos jurídicos internos dos Estados, e que, na relação destes com o direito internacional, torna-se como ponto importante o reconhecimento da unidade desse sistema normativo, como sistema jurídico universal.

2. O PENSAMENTO JUSFILOSÓFICO INTERNACIONAL DE HERBERT HART

a. A juridicidade do direito internacional: o direito internacional é realmente direito?

Um dos grandes questionamentos sobre a vinculatividade do direito internacional se relaciona diretamente com a problematização que se faz sobre o reconhecimento de sua juridicidade, se o direito internacional é reconhecido como direito válido.

A teoria proposta por Hart identifica como direito válido o sistema normativo que for caracterizado pela união de regras primárias e secundárias, união à qual concede especial importância. As regras primárias são as normas que determinam direitos e obrigações, com prescrições de sanções para o caso de descumprimento, e as regras secundárias são as que atribuem competência para identificação, criação, modificação, extinção e adjudicação das regras primárias. Dentre as regras secundárias, aquela que assume maior importância para a sua proposta teórica é a denominada regra de reconhecimento, cuja função é estabelecer, ou melhor, identificar o direito válido.

Desse modo, a regras primárias são identificadas a partir da relação direta que existe entre estas e as regras secundárias, especialmente a regra de reconhecimento.

Assim, para que determinado conjunto normativo seja reconhecido como direito válido deverá, então, apresentar esses dois tipos de regras, primárias e secundárias.

Partindo-se dessa premissa teórica, Hart aborda a questão da juridicidade do direito internacional e inicia sua análise pela observação de que o direito internacional se caracteriza pela "ausência de um poder legislativo internacional, de tribunais com jurisdição compulsória e sanções centralmente organizadas"[19].

A partir dessa observação, o direito internacional seria um sistema somente de regras primárias, uma vez que em termos formais se estrutura apenas em normas do tipo primárias, sem conceber as do tipo secundárias com a atribuição das competências das instituições que criam ou adjudicam as regras primárias.

Nesse sentido, o direito internacional, assemelhar-se-ia às formas primitivas de estrutura social, pois "a ausência dessas instituições significa que as normas aplicáveis aos Estados se assemelham ao tipo simples de estrutura social que consiste apenas em normas primárias de obrigação"[20].

Além de levantar esse critério que reconheceria o direito internacional como um sistema normativo primitivo, de estrutura social simples devido à ausência das regras secundárias, afirma ainda o autor que esse sistema normativo primitivo apresenta deficiências estruturais que inviabilizam

---

[19] HART, H. L. A. (2009). *O Conceito de Direito*. Martins Fontes, cap. 10, p. 276.
[20] HART, H. L. A. (2009). *O Conceito de Direito*, Cit., p. 276.

a identificação do direito válido, principalmente, por não apresentar uma regra de reconhecimento unificadora que identifique e vincule as normas como verdadeiramente aplicáveis. Hart sustenta

> "faltam ao direito internacional não apenas normas secundárias de modificação e julgamento, responsáveis pela existência do poder legislativo e dos tribunais, mas também uma norma de reconhecimento unificadora que especifique as "fontes" do direito e forneça critérios gerais para a identificação de suas normas"[21].

Assim, tendo em vista que o direito internacional não possui uma estrutura social complexa composta por regras primárias e secundárias constitutivas do sistema jurídico e não apresenta uma regra de reconhecimento unificadora, Hart questiona a natureza e a juridicidade do direito internacional e lança a seguinte reflexão: **o direito internacional realmente é direito?**

A dogmática apresenta elementos que distinguem o direito internacional do direito interno e que normalmente são reconhecidos, partindo-se, então, da premissa implícita de que ambos seriam *direito*. No entanto, questiona-se se deve essa distinção ser aceita ou problematizada.

O direito internacional comumente é denominado como direito, mas será que realmente o é? Em que se fundamenta a juridicidade do direito internacional? O propósito de Hart, portanto, é refletir sobre a fundamentação do direito internacional e estudar os princípios que o sustentam e o reconhecem como direito válido.

A partir dessas inquietações, Hart analisa dois questionamentos para construir sua proposta teórica sobre a juridicidade do direito internacional:

1. **O direito internacional** é vinculante? O que justifica a vinculatividade do direito internacional? Para responder a essa pergunta é preciso delimitar o que significa ser vinculante. Ser vinculante é ser capaz de gerar obrigações em face das quais são previstas *sanções centralmente organizadas*. Se o direito internacional não for vinculante nesse sentido, então, não poderá ser considerado *direito*, uma vez que "toda teorização sobre a origem do direito parte da suposição

---

[21] HART, H. L. A. (2009). *O Conceito de Direito*, Cit., p. 277.

de que a sua existência pelo menos torna obrigatórios determinados comportamentos"[22].

O primeiro questionamento parte do entendimento de que o direito consiste fundamentalmente em ordens sustentadas por sanções, de modo que a natureza das normas do direito internacional seria distinta da natureza das normas do direito interno pelo aspecto de que o direito internacional não prevê em suas normas como o direito interno faz *sanções centralmente organizadas.*

Mas, interpretar que o direito internacional não é vinculante por não prever *sanções centralmente organizadas* implicaria reconhecer que a obrigação que decorre do direito é necessariamente sustentada por esta sanção organizada, que, ainda, implica e se sustenta na ameaça da punição. Além disso, o direito é normalmente tido como ordem de ameaças, um sistema de normas tipicamente estabelecidas com sanções, mas precisamos refletir sobre essa concepção, uma vez que o direito não pode ser apenas entendido dessa forma simplista como ordem coercitiva.

Assim, Hart rejeita essa visão do conceito de obrigação com sanção e ameaça, pois para ele "essa identificação (direito com ameaça) distorce o papel representado pelas ideias de obrigação e dever em todo o pensamento e discurso jurídicos"[23]. Não existem razoes suficientes para simplificar a ideia normativa de obrigação em *normas apoiadas por sanções organizadas.*

Além disso, o pano de fundo factual do direito internacional é em muito distinto do pano de fundo do direito interno, uma vez que a agressão que ocorre entre os sujeitos de direito internacional, ou seja, entre os Estados é muito distinta da agressão que ocorre entre os indivíduos sujeitos de direito interno. Dessa forma, não há como reconhecer a mesma forma de sanções no âmbito internacional que existem no âmbito do direito interno. "O uso da violência entre os Estados é necessariamente público (....) e é praticamente certo que a agressão não permanecerá como um problema entre agressor e vítima"[24]. O pano de fundo factual do direito internacional envolve fortes conflitos de interesses com risco de guerras e risco de atos em que não se consegue prever os resultados com razoável segurança.

---

[22] HART, H. L. A. *O Conceito de Direito*, Cit., p. 280.
[23] HART, H. L. A. *O Conceito de Direito*, Cit., p. 281.
[24] HART, H. L. A. *O Conceito de Direito*, Cit., p. 283.

Nesse sentido, "a organização e o emprego de sanções podem envolver riscos terríveis e a ameaça de usá-las pouco acrescenta"[25].

Na verdade, para o autor, no âmbito do direito internacional haveria uma pressão pela obediência independente da expressa previsão de sanções, de modo que a própria desobediência da norma em si, ou seja, a transgressão da norma por si só justificaria determinada represália e exigência de reparação. Assim ser o direito internacional vinculante não dependeria da prescrição normativa de *sanções centralmente organizadas*.

O segundo questionamento de Hart é analisado no tópico seguinte.

b. Como manter a autoridade do direito internacional ante a soberania dos Estados?

Após refletir sobre a vinculatividade do direito internacional, Hart destaca que um ponto determinante para a reflexão sobre a obrigatoriedade e juridicidade do direito internacional se relaciona diretamente ao reconhecimento da soberania dos Estados. "Uma das fontes mais persistentes de perplexidade sobre o caráter obrigatório do direito internacional tem sido a dificuldade de aceitar ou explicar o fato de que uma nação soberana possa também estar vinculada pelo direito internacional e ter obrigações perante ele"[26]. Surge, portanto, o segundo questionamento:

2. **Se o Estado é soberano por que deve obedecer ao direito internacional?** O segundo questionamento aborda a autoridade do direito internacional e sua análise parte da diferenciação da natureza dos sujeitos de direito, quais sejam, os sujeitos de direito internacional e os sujeitos de direito interno, refletindo em especial sobre a soberania dos Estados, sujeitos de direito interno.

A percepção de ser o Estado soberano muitas vezes proporciona o equívoco de se entender ser este um sujeito de direito acima da própria lei, como um "ser essencialmente não sujeito ao direito"[27].

---

[25] HART, H. L. A. *O Conceito de Direito*, Cit., p. 283.

[26] HART, H. L. A. *O Conceito de Direito*, Cit., p. 284.

[27] HART, H. L. A. *O Conceito de Direito*, Cit., p. 285.

A JURICIDADE DO DIREITO INTERNACIONAL

O Estado soberano é um Estado dotado de autonomia, no sentido de que possui um grau de independência em relação ao controle que determinada autoridade poderia sobre ele exercer. No entanto, poderia esta autonomia ser limitada por determinada autoridade internacional.

Assim, compreender que *existem graus de independência* dos Estados permite ultrapassar o entendimento de que o Estado por ser soberano não pode estar sujeito ao direito internacional, de modo que não se vincularia ao direito internacional ante a sua soberania.

De acordo com esse entendimento, "a palavra "soberano" significa aqui apenas independente e, como esta última, tem sentido negativo: um Estado soberano é o que não está sujeito a certos tipos de controle e sua soberania refere-se àquela área de sua conduta na qual é autônomo"[28].

A extensão da soberania dos Estados, portanto, é determinada a partir das normas que decorrem da autoridade de direito internacional, de modo que o *uso acrítico da ideia de soberania* teria gerado o entendimento equivocado de que um Estado que é soberano não pode ser obrigado a respeitar outras normas, e que seria, então, como um legislador soberano que se encontra acima de quaisquer limitações jurídicas.

Nesse sentido, as normas de direito internacional limitam a autonomia dos Estados, mas estes continuam sendo soberanos, a partir da tensão constante que existe entre soberania dos Estados, autonomia e autoridade do direito internacional.

Mas, então, em que medida os Estados podem exercer a sua independência (reflexa da soberania)? Para identificar o grau do exercício da soberania é preciso olhar as normas de direito internacional. Ao olhar as normas de direito internacional Hart explicita a existência da teoria voluntarista ou teoria da autolimitação que

> "tenta conciliar a soberania (absoluta) dos Estados com a exigência de regras vinculantes do direito internacional, tratando todas as obrigações internacionais como se fosse autoimpostas pelos Estados, semelhantes às obrigações resultantes de uma promessa ou compromisso. (Na verdade, essas teorias equivalem, no direito internacional, às teorias do contrato social na teoria política)[29].

[28] HART, H. L. A. *O Conceito de Direito*, Cit., p. 287.
[29] HART, H. L. A. *O Conceito de Direito*, Cit., p. 289.

Sobre essa proposta teórica o autor apresenta, ao final, três questionamentos:

a. Por que devemos aceitar essa concepção de soberania (de que existem graus de independência e que os Estados são limitados por obrigações impostas pela autoridade internacional)?
b. Qual a relação entre ser um Estado soberano e estar vinculado à suas próprias normas? Por que um Estado soberano não pode estar vinculado a outras normas, que não lhe são próprias ou não são por ele mesmo criadas?
c. Por fim, essa teoria é coerente com a prática?

Os Estados poderiam se vincular a normas que não fossem por eles criadas, por meio de uma obrigação social voluntária que reconhece, por um determinado procedimento, que aquelas normas são obrigatórias, através do seu consentimento dos Estados como parte vinculada. Nesse sentido, não seria uma questão de graus de independência, mas de preservação da soberania e independência pelo procedimento e reconhecimento do Estado como parte vinculada. Destaca Hart que

> "Em toda sociedade, seja ela composta de indivíduos ou Estados, o que é necessário e suficiente para que os termos de uma promessa, acordo ou tratado gerem obrigações é que as normas que regulam a questão e que **especificam um procedimento** para essas operações autovinculantes sejam **geralmente aceitas**, embora não seja necessário que o sejam universalmente"[30].

Aparentemente, por esse raciocínio, não existiriam outras formas de obrigação para os Estados em relação ao direito internacional, senão aquelas que decorressem do consentimento dos Estados. No entanto, na prática teríamos duas situações de exceções: a constituição de Estado novo (em que este se encontra vinculado às obrigações gerais do direito internacional sem apresentar o seu consentimento) e a situação em que o Estado adquire novo território ou sofre mudança (o Estado que adquire território com acesso ao mar, por exemplo, automaticamente se submete às normas

---

[30] HART, H. L. A. *O Conceito de Direito*, Cit., p. 291.

de direito marítimo, sem que seja necessário o seu consentimento). Dessa forma, quando olhamos para a prática nem sempre todas as obrigações são verdadeiramente autoimpostas, o que retornaria a proposta teórica de graus de independência para o exercício da soberania.

Se há, então, tanto questionamento sobre o reconhecimento da juridicidade e autoridade do direito internacional, seria então um ramo da moral?

c. Problematizando-se, ainda, o direito internacional; seria este um ramo da moral?

Para responder a essa pergunta, partiremos da problematização que Hart realiza sobre a relação entre direito e moral. A relação estre estes é necessária? Caso seja, em que medida ela ocorre?

A análise sobre a relação entre direito e moral no âmbito do direito internacional pode ocorrer sob duas perspectivas.

A primeira concepção analisa a relação entre direito e moral para a identificação do direito tido como válido, ou seja, o primeiro ponto é ser o direito reconhecido como direito porque respeita critérios de moralidade.

O autor, no capítulo anterior ao capítulo X, analisa casos em que o direito, mesmo inserido em um sistema de regras primárias e secundárias, não foi reconhecido como válido devido à sua iniquidade moral contida na norma, de modo que haveria uma relação entre direito e moral como critério de identificação do direito válido.

A partir da análise desses casos concretos, Hart critica o não reconhecimento das normas como válidas por causa da sua natureza de iniquidade imoral, uma vez que se o sistema é composto por regras primárias e secundárias não haveria motivo para não reconhecer a sua juridicidade. Dessa forma, de acordo com essa concepção não haveria relação entre direito e moral para fins de identificação da norma como direito válido.

A segunda concepção, e a que mais se conecta com o discorrido nos tópicos anteriores, analisa a relação entre direito e moral a fim de identificar se as obrigações do direito internacional são obrigações não jurídicas ou obrigações morais. Nessa segunda perspectiva problematiza-se, então, se a obrigação que vincula o sujeito de direito ao cumprimento da obrigação prescrita na norma de direito internacional é uma obrigação jurídica ou uma obrigação de ordem moral.

A identificação do direito internacional com um sistema apenas de normas primárias induz ao pensamento de ser o direito internacional um ramo da moral, de modo que "as normas que regem as relações entre os Estados não passa(riam) de normas morais"[31]. Além disso, frequentemente se afirma que as normas do direito internacional se fundamentam na convicção de que os Estados possuem uma obrigação moral de obedece-las.

No entanto, apesar de dar atenção especial a essa composição de regras do ordenamento jurídico, Hart recusa o reconhecimento das normas do direito internacional como normas morais. "A avaliação do comportamento dos Estados em termos morais é evidentemente diferente da formulação de pretensões e exigências e do reconhecimento de direitos e obrigações sob as normas do direito internacional"[32].

Para o Autor, a moral social é caracterizada pelo apelo à consciência. No direito internacional, por outro lado, a argumentação utilizada pelos Estados um com os outros, embora possa ser acompanhada de um apelo moral à consciência, fundamenta-se, necessariamente, em precedentes, tratados e textos jurídicos, sendo assim argumentos frequentemente técnicos.

Nesse sentido, conclui Hart que "embora possa existir esse senso de obrigação moral, é difícil ver porque ou em que sentido ele precisa existir como condição para a existência do direito internacional"[33].

Dessa forma, após fundamentar sua teoria na distinção de regras primárias e secundárias, Hart reconhece o direito internacional como um sistema "primitivo".

Mas teria Hart acertado em seu diagnóstico? Será que realmente o Direito internacional não apresentaria normas secundárias? Para Waldron, Hart teria se equivocado, uma vez que apesar de o direito internacional não possuir uma instituição responsável pela criação das normas apresenta de forma clara o modo pelo qual as normas são criadas e produzidas, qual seja, pela elaboração de tratados e convenções.

Assim, no entendimento de Waldron, o direito internacional não seria um sistema normativo sem a presença de regras secundárias, pelo contrário, seria um sistema que conteria sim esse tipo de regras de acordo com a própria concepção hartiana.

[31] HART, H. L. A. *O Conceito de Direito*, Cit., p. 294.
[32] HART, H. L. A. *O Conceito de Direito*, Cit., p. 294.
[33] HART, H. L. A. *O Conceito de Direito*, Cit., p. 294.

A JURICIDADE DO DIREITO INTERNACIONAL

Poder-se-ia afirmar, então, que Hart teria sido negligente nesse ponto[34], de modo que para Waldron, "Hart não está autorizado a inferir – como o faz – que a ordem internacional é apenas um sistema de regras primárias (no que diz respeito às transformações legislativas) a partir do fato de que ela não possui um parlamento"[35].

Nesse sentido, para Waldron a concepção de Hart de regras primárias e secundárias poderia ser ajustada para que o direito internacional seja reconhecido como direito válido[36].

Assim, se aceitássemos as críticas de Waldron sobre o entendimento de Hart, a teoria seria aplicada de forma mais coerente, uma vez que explicaria de maneira mais consistente o reconhecimento do direito internacional como direito válido, reconhecimento que é de grande importância para a teoria do direito[37].

3. O PENSAMENTO JUSFILOSÓFICO INTERNACIONAL DE HANS KELSEN

a. A autoridade do direito internacional: o Direito internacional se fundamenta no direito nacional (interno)?

Diferentemente de Hart, Kelsen reconhece que o direito internacional é considerado direito válido no mesmo sentido que o direito interno, uma vez que o direito internacional constitui uma ordem coercitiva e possui um

---

[34] WALDRON, Jeremy. *International Law: 'A Relatively Small and Unimportant' Part of Jurisprudence?* In: *Public Law Research.* NYU School of Law, October 2013, paper Nº 13-56, p. 222-223.

[35] Tradução livre do trecho: *"So Hart is not entitled to infer – as he does – that the international order is just a system of primary rules (so far as legal change is concerned) from the fact that it has no parliament".* WALDRON, Jeremy. *International Law: 'A Relatively Small and Unimportant' Part of Jurisprudence?*, cit., p. 217. No mesmo sentido, problematizam Samantha Besson e John Tasioulas, de que o direito internacional não teria sido bem interpretado e que a filosofia do direito tem "negligenciado o direito internacional". BESSON, Samantha; TASIOULAS, John. Introduction. In: *The Philosophy of International Law.* Oxford University Press: New York, 2010, p.17.

[36] "A diferença é que essas regras não seriam exatamente iguais às dos sistemas legais municipais". ANJOS, LUCAS; CALIXTO, Vinícius. *Bases do pensamento jusfilosófico internacional.* Temas de Filosofia do Direito – A Filosofia do Direito Internacional: Fundamentos da Autoridade e suas Instituições. Programa de Pós-Graduação em Direito da Universidade Federal de Minas Gerais, 2015, p. 5.

[37] WALDRON, Jeremy. *International Law: 'A Relatively Small and Unimportant' Part of Jurisprudence?* Cit. p. 211.

conjunto de normas com sanções socialmente organizadas. Dessa forma, Kelsen não problematiza o reconhecimento da juridicidade do direito internacional. Ambos são reconhecidos como *direito*, tanto o direito interno como o direito internacional, mas apresentam algumas diferenças, sendo estas suficientes para que fossem estes identificados de forma autônoma[38].

A diferença mais importante para o autor é ser o direito internacional uma ordem coercitiva relativamente descentralizada, enquanto o direito nacional seria uma ordem coercitiva relativamente centralizada. A partir dessa distinção do modo pelo qual se estrutura a ordem coercitiva do ordenamento jurídico (descentralizado x centralizado), os métodos de criação e aplicação das normas também se estruturariam a partir desses modos distintos, o que se torna perceptível pela análise das fontes do direito internacional e da aplicabilidade das suas normas.

Em relação ao direito internacional, os costumes e os tratados são as suas principais fontes, enquanto que a legislação é a principal fonte do direito interno, ou seja, a criação das normas no direito internacional também é descentralizada em contraposição à criação das normas de direito interno, que são caracterizadas por um método centralizado. Quanto à aplicação das normas, o direito interno confere aos tribunais a competência de aplicar o direito e ao executivo a força de aplicar sanções, enquanto que no direito internacional, por ser descentralizado, não há previsão de órgãos específicos dotados de autoridade para a aplicação do direito.

Assim, seriam ambos reconhecidos como direito válido e dotados de juridicidade apesar de distintos em determinados elementos, como os que foram anteriormente supracitados.

Então, o ponto de reflexão que Kelsen desenvolve é outro: **como ocorre a relação que existe entre o direito internacional e o direito interno?** Kelsen apresenta duas teorias que propõem duas formas de leitura sobre essa relação:

a. Teoria monista, pela qual o direito internacional está conectado ao direito nacional.

---

[38] Enquanto o direito internacional é marcado pelas sanções da represária e pela guerra com responsabilidades coletivas o direito interno é marcado pelas sanções das penas e execuções civis com responsabilidades individuais, em regra baseadas na culpa.

A JURICIDADE DO DIREITO INTERNACIONAL

b. Teoria dualista ou pluralista, segundo a qual o direito internacional e o direito nacional são separados e interdependentes, com fontes completamente distintas.

Para a Teoria monista, as normas do direito internacional seriam incompletas, de modo que as normas do direito nacional complementariam o ordenamento do direito internacional, ou seja, existiria uma conexão necessária entre o direito nacional e o direito internacional, sendo que ambos constituem uma ordem jurídica universal[39]. Por outro lado, para a teoria dualista, as normas do direito internacional se encontram em vigor ao lado das normas de direito nacional[40], não havendo essa relação de completude de um em relação ao outro.

A postura do autor é de que o direito internacional e o direito nacional não podem ser considerados como dois sistemas normativos distintos, já que "as normas de ambos os sistemas são consideradas válidas para o mesmo espaço e o mesmo tempo. Assim, não é possível para Kelsen, do ponto de vista lógico, sustentar que normas válidas simultaneamente pertençam a sistemas distintos e independentes entre si"[41].

Dessa forma, o autor adotaria a teoria monista, ao contrário de Hart que adotaria a teoria dualista[42]. Sustentar como os dualistas que ambos os sistemas seriam válidos, mas de forma independente um do outro para Kelsen configuraria uma contradição, uma vez que "dois sistemas normativos serão, portanto, diferentes, se repousarem sobre duas normas fundamentais diferentes, independentes uma da outra e irredutíveis uma à outra"[43].

Para Kelsen, então, existe uma independência mútua entre o direito internacional e o direito nacional, independência que se justifica porque

---

[39] KELSEN, Hans (1965) *Principios de derecho internacional publico.*Traducciónpor Hugo Caminos y Ernesto C. Hermida. Al Ateneo. Buenos Aires, p. 345.

[40] KELSEN, H (2003) *Teoria Pura do Direito*. Martins Fontes. São Paulo, p. 370.

[41] KELSEN, Hans (1965) *Principios de derecho internacional publico*. Cit., p. 346.

[42] A doutrina dominante adota a teoria dualista, apesar de *logo abandonarem suas premissas* (KELSEN, Hans. As relações de sistema entre o direito interno e o direito internacional público. In: *Revista de direito internacional. Brazilian Journal of International Law*. Centro Universitário de Brasília, Programa de Mestrado em Direito do UniCEUB. - vol.8, no. 2 (jul./ dez. 2011) - . Brasília :UniCEUB, 2011- Disponível em: http://www.publicacoesacademicas. uniceub.br, p. 46)

[43] KELSEN, Hans. (2011) *Revista de direito internacional. Brazilian Journal of International Law.* Cit., p. 36.

regulam matérias distintas, o direito internacional regula a conduta dos Estados e o direito interno a conduta dos indivíduos. Mas, essa independência não os desconecta, de modo que não podem ser vistos de forma separada. O direito internacional e o direito nacional fazem necessariamente parte de um sistema harmônico[44] em que constituem "elementos de um sistema universal"[45]. A unidade do direito nacional com o internacional, nesse sentido, é um postulado epistemológico, "a unidade dentro da pluralidade das normas jurídicas é imanente a todo pensamento jurídico"[46].

Partindo, então, desse entendimento de que o direito internacional e o direito nacional integram uma unidade, um segundo ponto de reflexão se insurge: **como interpretar a relação entre estes?** Para responder a essa pergunta Kelsen propõe duas concepções sobre como pode ocorrer essa relação, uma relação de coordenação e uma relação de subordinação dos sistemas normativos:

1. Pela relação de subordinação o direito internacional é visto como superior ao direito nacional ou o direito nacional é visto como superior ao direito internacional, ou seja, um ordenamento é inferior ao outro, de modo que o ordenamento inferior retira do ordenamento superior o seu fundamento de validade.

2. Pela relação de coordenação o direito internacional e o direito nacional estão pareados e coordenados no mesmo nível, de modo que existe uma terceira ordem normativa que seria superior a ambos. Uma proposta atrelada à concepção da coordenação é de que a terceira ordem normativa seria a moral.

Para Kelsen não existe uma terceira ordem normativa, ou seja, adota o autor a concepção da relação de subordinação entre o direito internacional e o direito interno. Mas, se há uma relação de superioridade de um em relação ao outro, qual deles seria o superior? Existem duas respostas a essa pergunta que poderiam ser colocadas da seguinte forma:

[44] KELSEN, Hans. *Principios de derecho internacional publico*. Cit., p. 363.
[45] KELSEN, Hans. *Principios de derecho internacional publico*. Cit., p. 367.
[46] KELSEN, Hans. *Principios de derecho internacional publico*. Cit., p. 367.

a. Direito nacional é superior ao internacional.

b. Direito internacional é superior ao direito nacional.

Na primeira perspectiva, a validade do direito internacional está diretamente relacionada à aceitação que o Estado confere ao Direito internacional, "o reconhecimento do Estado é a razão de validade do direito internacional"[47]. O direito internacional será válido porque o Estado manifesta a sua *vontade* pelo reconhecimento tácito ou expresso do direito internacional que passa, então, a ser dotado de autoridade.

No entanto, se a construção jurídica começa a partir da segunda perspectiva, do direito internacional como válido superiormente, "o fundamento de validade do direito internacional não poderia se encontrar na vontade do Estado para o qual o direito internacional pretende ser válido"[48].

A perspectiva, portanto, muda de acordo com as maneiras diferentes de enfocar o direito internacional e o direito nacional e que resultam em modos distintos de se reconhecer a autoridade do direito internacional pela manifestação de vontade dos Estados. Assim, é necessário refletir sobre a soberania dos Estados e sobre a manifestação de vontade destes no reconhecimento da autoridade do direito internacional.

b. O primado do direito internacional e suas implicações no conceito de soberania

Do ponto de vista da soberania do Estado torna-se problemático reconhecer a vinculação do Estado ao direito internacional. Se não existe autoridade que lhe é superior, por que obedecer à ordem internacional[49]? A teoria da autolimitação explicita que o Estado somente se vincula porque há aceitação por parte dele. "Se o Estado pode ser obrigado somente por ele mesmo, quando o direito internacional o obriga, isso somente pode decorrer da própria vontade do Estado"[50].

Assim, adotada a perspectiva teórica da letra "a" do tópico anterior, em que há a primazia do direito nacional, o ordenamento jurídico nacional é considerado *autoridade suprema*, diante do qual não existe outro ordena-

---

[47] KELSEN, Hans. *Principios de derecho internacional publico*. Cit.,, p. 373.

[48] KELSEN, Hans. *Principios de derecho internacional publico*. Cit.,, p. 375.

[49] Como explicitado, Hart, também, se preocupou quanto a esse ponto.

[50] KELSEN, Hans. *Revista de direito internacional. Brazilian Journal of International Law*. Cit. p. 58.

FILOSOFIA DO DIREITO INTERNACIONAL

mento que lhe seja superior. O direito internacional, então, retiraria a sua autoridade do direito nacional, no sentido de que é valido somente como parte do direito nacional[51].

É a partir dessa construção que o autor reflete sobre a soberania do Estado. Deter soberania significaria ser o Estado uma *autoridade suprema*. No entanto, "não pode o Estado considerar-se uma autoridade jurídica suprema. O argumento de que o Estado pode modificar sempre o seu próprio direito e que assim estaria por cima do seu próprio direito é totalmente equivocado"[52].

Assim, a reflexão sobre a soberania dos Estados, portanto, interfere diretamente na perspectiva que será adotada, "a." ou "b.", pois envolve o ponto de ser o direito internacional uma ordem superior ou não ao direito nacional e limitar ou não a soberania dos Estados. Ocorre que para Kelsen ser ou não superior não é uma questão de fato, meramente descritiva; ao contrário, é uma "suposição feita por aquele que interpreta os fenômenos jurídicos"[53], de modo que é ônus do interprete do direito justificar a adoção de uma destas posições.

Quando se parte da perspectiva da validade e superioridade do direito nacional, o fundamento da autoridade do direito internacional ocorre através do reconhecimento dos Estados, da aceitação destes no exercício da sua soberania, como *autoridade suprema*. Mas, se ao contrario se parte da perspectiva da validade e superioridade do direito internacional, o fundamento de validade do direito nacional se assenta na ordem jurídica internacional, e não mais no exercício da soberania nesses moldes caracterizados.

O autor opta por adotar a posição de que o **direito internacional seria superior**. Ao se partir do direito internacional como ordem jurídica válida o conceito de Estado se relaciona diretamente ao direito internacional. Seria o Estado limitado apenas pelo direito internacional, pelo "domínio de validade territorial e temporal"[54], com pretensão à totalidade. Afirma o autor

"a soberania do Estado – que o primado do direito internacional exclui – é algo completamente diferente da soberania do Estado que

[51] KELSEN, Hans. *Principios de derecho internacional publico*. Cit.,, p. 376.
[52] KELSEN, Hans. *Principios de derecho internacional publico*. Cit.,, p. 377.
[53] KELSEN, Hans. *Principios de derecho internacional publico*. Cit.,, p. 378.
[54] KELSEN, Hans. (2003) *Teoria Pura do Direito*. Martins Fontes. São Paulo, p. 378.

é limitada pelo direito internacional. Aquela significa: autoridade jurídica suprema; esta: liberdade de ação do Estado"[55].

Kelsen, por fim, para justificar sua proposta de superioridade do direito internacional introduz, ainda, o princípio da efetividade, que está inserido no ordenamento jurídico internacional. O princípio da efetividade é uma norma do direito internacional positivo que fundamenta a validade e o domínio do direito nacional. "O começo e o termo da validade jurídica da ordem estatal regem-se pelo princípio jurídico da efetividade. O nascimento e o desaparecimento do Estado, vistos desta posição, apresentam-se como fenômenos jurídicos"[56].

Nessa perspectiva "somente a ordem jurídica internacional, e não qualquer ordem jurídica estadual é soberana"[57]. Mas como em sua teoria há a defesa de um fundamento último de validade das normas jurídicas, o reconhecimento do direito internacional, também, estaria diretamente relacionado à existência de uma norma fundamental pressuposta, ponto que se analisa a seguir.

4. DIÁLOGO ENTRE HART E KELSEN

a. A norma fundamental que justifica a juridicidade e autoridade do direito internacional?

A diferença das concepções que decorrem da teoria monista constitui uma diferença sobre o fundamento da validade do direito e, consequentemente, uma reflexão sobre o fundamento de autoridade e juridicidade do direito internacional, a qual, para Kelsen, se conecta diretamente à existência de uma norma fundamental pressuposta, ou seja, "relacionar uma determinada regra à norma fundamental é buscar a razão última de sua validade"[58]. Na busca por essa última razão afirma o autor que

---

[55] KELSEN, Hans. *Teoria Pura do Direito.* Cit., p. 382.
[56] KELSEN, Hans. *Teoria Pura do Direito.* Cit., p. 376.
[57] KELSEN, Hans. *Teoria Pura do Direito.* Cit., p. 377.
[58] KELSEN, Hans. *Revista de direito internacional. Brazilian Journal of International Law.* Cit., p. 37.

"Segundo a primeira, que tem o seu ponto de partida na validade de uma ordem jurídica estadual, **o fundamento de validade** do direito internacional é a norma **fundamental pressuposta** por força da qual a fixação da primeira **Constituição** histórica do Estado, cujo ordenamento forma o ponto de partida da construção, é um fato gerador de direito. Segundo a outra, que não toma o seu ponto de partida numa ordem jurídica estadual, mas no direito internacional, o fundamento de validade é a norma **fundamental pressuposta** por virtude da qual o **costumes** dos Estados e um fato gerador de direito"[59].

Assim, Kelsen defende que, como no direito interno, o direito internacional precisa ter uma norma fundamental, que para Hart poderia ser a regra de reconhecimento.

Importante destacar que a norma fundamental hipotética kelseniana é uma norma pressuposta, cuja validade é lógico-transcendental, ou seja, é uma norma cuja validade se pressupõe. A regra de reconhecimento de Hart por outro lado, não é uma norma pressuposta, pelo contrário, é uma prática social compartilhada por aqueles que reconhecem o direito.

Mas apesar da importância da diferença entre a norma fundamental e a regra de reconhecimento, aparentemente Hart se posicionaria em sentido diverso a Kelsen, uma vez que entende que "o direito internacional consistiria simplesmente num conjunto de normas primárias de obrigações separadas entre si"[60]. Nesse sentido, não haveria para Hart a necessidade de uma norma que unifique as demais no âmbito do direito internacional. As normas de direito internacional, então, podem ser reconhecidas como normas separadas sem que necessitem de uma norma fundante da qual as demais derivem a sua validade. Afirma o autor,

"Se as normas forem de fato aceitas como padrões de comportamentos e apoiadas pelas formas adequadas de pressão social características das normas obrigatórias, nada mais será necessário para demonstrar que são normas obrigatórias, mesmo que, nessa simples de estrutura social não haja algo que existe no moderno direito

---

[59] KELSEN, Hans. *Teoria Pura do Direito*. Cit., p. 378.
[60] HART, *O Conceito de Direito*. Cit., p. 301.

interno: uma maneira de demonstrar a validade das normas individuais mediante a referencia a uma norma norma última do sistema"[61].

Além disso, "o sistema de direito do âmbito internacional é distinto,
uma vez que não apresenta as mesmas características que o sistema de
direito do âmbito interno, de modo que não apresenta nos mesmos moldes deste a *verticalização de normas necessárias à existência de uma ordem jurídica eficiente*"[62].

Assim, para Hart, a regra de reconhecimento não é condição para que
existam normas obrigatórias e vinculantes no direito internacional, de
modo que a partir do não reconhecimento da necessidade de uma norma
fundamental, Hart distingue um sistema de normas de um conjunto de
normas, sendo que o direito internacional na verdade seria um conjunto
de normas separadas.

Nas formas mais simples de estrutura formal social como no direito
internacional, em que não há normas secundárias, a autoridade dessas
normas primárias existiria sem necessitar de uma regra de reconhecimento. Isso ocorre porque as normas são aceitas e funcionam como tal
de forma costumeira, pois "os Estados devem se comportar como o fazem
costumeiramente"[63]. Para o autor, então, a natureza da obrigação do direito
internacional seria factual, ao contrário de Kelsen, que relacionaria a obrigação do direito internacional à suas sanções reconhecidas validamente
pela norma fundamental.

5. CONSIDERAÇÕES FINAIS

Após serem apresentadas as perspectivas teóricas de ambos os autores,
percebemos que elas abordaram pontos delicados e importantes para a
construção de uma filosofia do direito internacional. Hart, apesar de fazer
considerações sobre a relação da soberania dos Estados e a autoridade
do direito internacional, dá primazia ao sistema como regras primárias e

---

[61] HART, H. L. A. *O Conceito de Direito*. Cit., p. 302.
[62] CUNHA, Mirlir, *A integridade no Direito Internacional: uma análise crítica das concepções jurídico-
-filosóficas presentes no caso 'Jurisdictional Immunities of the State' (Germany v. Italy, Greece Intervening), da Corte Internacional de Justiça*. Dissertação de Mestrado. UFMG, 2014, capítulo 3, p. 76.
[63] HART, H. L. A. *O Conceito de Direito*. Cit., p. 301.

FILOSOFIA DO DIREITO INTERNACIONAL

secundárias e restringe a concepção do direito internacional ao sistema que se assemelha ao tipo simples de estrutura social.

No entanto, como problematizado por Waldron, haveria um equívoco no reconhecimento do direito internacional como um sistema "primitivo". O Direito internacional, ao contrário do que teria diagnosticado Hart, apresentaria sim regras secundárias nos moldes da própria concepção do autor. Nesse sentido, Hart teria se equivocado segundo os parâmetros de sua própria teoria, de modo que complementar sua análise com as críticas de Waldron explicaria de maneira mais consistente o reconhecimento do direito internacional como direito válido.

Kelsen, por outro lado, reconhece a juridicidade do direito internacional e destaca que, apesar das divergências entre monistas e dualistas, o ponto principal é que independentemente da perspectiva adotada, o direito internacional e o direito interno formam um sistema jurídico universal, e que a unidade da relação entre estes se estabelece de acordo com o enfoque dado.

As relações entre direito internacional e direito interno seriam, assim, relações que ocorrem dentro de um mesmo sistema jurídico, dentro da unidade do direito (a unidade da ciência do direito que tem por objeto as regras do direito positivo), sendo que "garantir este unidade é, em efeito, o propósito essencial da doutrina"[64].

6. Referências

ANJOS, Lucas; Calixto, Vinícius. *Bases do pensamento jusfilosófico internacional*. Temas de Filosofia do Direito – A Filosofia do Direito Internacional: Fundamentos da Autoridade e suas Instituições. Programa de Pós-Graduação em Direito da Universidade Federal de Minas Gerais, 2015.

BESSON, Samantha; TASIOULAS, John. *Introduction*. In: *The Philosophy of International Law*. Oxford University Press: New York, 2010.

CUNHA, Mirlir, *A integridade no Direito Internacional: uma análise crítica das concepções jurídico-filosóficas presentes no caso 'Jurisdictional Immunities of the State' (Germany v. Italy, Greece Intervening), da Corte Internacional de Justiça*. Dissertação de Mestrado. UFMG, 2014, capítulo 3,

---

[64] KELSEN, Hans. *Teoria Pura do Direito*. Cit., p. 301.

HART, H. L. A. (1994). *The Concept of Law* (2. ed). Oxford: OUP, cap.10.

HART, H. L. A. (2009). *O Conceito de Direito*. Martins Fontes, cap. 10.

KELSEN, H. (1952), *Principles of International Law*. New York: Reinhart, 1952.

KELSEN, H (1965) *Principios de derecho internacional publico*. Traducción por Hugo Caminos y Ernesto C. Hermida. Al Ateneo. Buenos Aires.

KELSEN, H. (2011) As relações de sistema entre o direito interno e o direito internacional público. In: *Revista de direito internacional. Brazilian Journal of International Law*. Centro Universitário de Brasília, Programa de Mestrado em Direito do UniCEUB. - vol.8, no. 2 (jul./dez. 2011) - . Brasília :UniCEUB, 2011- Disponível em: http://www.publicacoesacademicas.uniceub.br.

KELSEN, H (2003) *Teoria Pura do Direito*. Martins Fontes. São Paulo.

WALDRON, Jeremy (2013) "International Law: 'A Relatively Small and Unimportant' Part of Jurisprudence?" In: *Public Law Research*. NYU School of Law, October 2013, Paper No. 13-56.

CAPÍTULO 2

A NEGLIGÊNCIA DA FILOSOFIA DO DIREITO INTERNACIONAL E A EMERGÊNCIA DO PLURALISMO JURÍDICO

Lucas Costa dos Anjos e Vinícius Machado Calixto

1. CONSIDERAÇÕES INICIAIS

Este trabalho analisa os textos de Jeremy Waldron, *International Law: a Relatively Small and Unimportant Part of Jurisprudence?*[1], e de Allen Buchanan e David Golove, *The Philosophy of International Law*[2], nos quais diversos aspectos da teoria contemporânea do Direito Internacional são abordados. Essa temática é particularmente relevante no diálogo que Waldron estabelece com a obra de H. L. A. Hart, *The Concept of Law*[3], no qual é questionada a

---

[1] WALDRON, Jeremy. International Law: 'A Relatively Small and Unimportant' Part of Jurisprudence? In: *Public Law Research*. NYU School of Law, October 2013, paper Nº 13-56. Disponível em: <http://papers.ssrn.com/sol3/papers.cfm?abstract_id=2326758>, acesso em 05 de abril de 2015.

[2] BUCHANAN, Allen; GOLOVE, David. The Philosophy of International Law. In: *The Oxford Handbook of Jurisprudence and Philosophy of Law*. Oxford: Oxford University Press, 2002, p. 868-934.

[3] HART, H. L. A. International Law. In: *The Concept of Law*. Oxford University Press: New York, 1994, p. 213-237. Disponível em <http://nw18.american.edu/~dfagel/Class%20Readings/

FILOSOFIA DO DIREITO INTERNACIONAL

análise que Hart faz sobre os fundamentos de validação do Direito Internacional como ramo sistemático do Direito.

Buchanan e Golove, por sua vez, concordam com a crítica de negligência feita à filosofia do direito internacional e apontam ao longo de seu texto questões que estão candentes nas discussões internacionais e que são discutidas no âmbito da filosofia política contemporânea, mas não da filosofia do direito internacional, como justiça distributiva, direitos de grupos e justiça transnacional, por exemplo.

Nesse contexto, mais do que simplesmente entender os motivos pelos quais há certa negligência teórica em relação ao estudo da filosofia do direito internacional, este trabalho procura investigar as discussões correntes referentes à natureza do direito internacional como teoria jurídica, bem como discorrer sobre a possibilidade de conceber uma teoria moral no âmbito do direito internacional.

Como proposta de análise dessas questões centrais de investigação, o presente artigo conta com cinco seções. Além deste primeiro item de introdução, no segundo item, o problema da negligência da filosofia do direito internacional será analisado sob a perspectiva de autores como Buchanan e Golove, por meio da contextualização de seu trabalho com as obras de outros teóricos sobre o tema. O terceiro item explora a crítica feita por Waldron a Hart, o chamado custo de oportunidade envolvido na falta de análise do direito internacional em sua obra. No item quatro, analisam-se os principais aspectos do desafio realista enfrentado por Buchanan e Golove no âmbito da teoria do direito internacional atualmente. Nas considerações finais, reforçam-se impressões de análise de recentes transformações ocorridas nessa área de estudo, bem como tendências para seu desenvolvimento futuro.

2. O PROBLEMA DA NEGLIGÊNCIA DA FILOSOFIA DO DIREITO QUANTO DO DIREITO INTERNACIONAL

Em *The Philosophy of International Law*, Buchanan e Golove discorrem sobre o que eles denominam de "negligência estranha" (*curious neglect*) conferida à filosofia do direito internacional. Segundo os autores, filósofos políticos

Hart/International%20Law%20Chapter%20From%20Concept%20of%20Law.pdf>, acesso em 03 de abril de 2015.

contemporâneos tenderiam a negligenciar as relações internacionais em seus estudos, tendo ainda menos a dizer sobre a teoria de temática filosófica no direito internacional. A maioria dos filósofos contemporâneos do direito por vezes atuam como se não houvesse um sistema jurídico internacional para ser teorizado[4].

Samantha Besson e John Tasioulas também suscitam essa negligência referente à filosofia do direito internacional, que acabou sendo deixada em segundo plano em um período ao qual estes autores se referem como o renascimento da filosofia do direito, ocorrido a partir de 1960 por meio das obras de Hart e de Rawls.[5]

Essa crítica condiz também com as observações que Jeremy Waldron faz em relação ao trabalho de Hart em International Law: a Relatively Small and Unimportant Part of Jurisprudence. Entre as críticas de Waldron às premissas estabelecidas por Hart no capítulo X de sua obra, *The Concept of Law*, está justamente a negligência em relação à área do direito internacional. Para Waldron, essa área de estudos perdeu academicamente com a omissão de Hart, que poderia ter contribuído melhor para o debate.

Mais problemático ainda é o fato de que a minoria dos filósofos políticos que buscam estender a visão normativa para o campo da ordem internacional, na maior parte, terem deixado de ser explícitos sobre o papel da teoria positiva nessa tentativa. De acordo com Buchanan e Golove, o caminho está livre nesse contexto até mesmo para o desenvolvimento de uma teoria moral do direito internacional. Segundo os autores, a estrutura da Teoria Moral seria composta dos seguintes elementos:

---

[4] Segundo Buchanan e Golove: "Filósofos políticos contemporâneos tendem a negligenciar as relações internacionais. A obra de Rawls tem dominado a filosofia política por mais de um quarto de século, mas só recentemente ele estendeu sua teoria à esfera internacional, e de uma forma ainda basilar". Tradução livre do trecho: *"Contemporary political philosophers tend to neglect international relations. Contemporary philosophers of law usually have even less to say about the philosophy of international law. Rawls's work has dominated political philosophy for more than a quarter of a century, but only recently has he extended his theory to the international sphere, and then only in a rather skeletal fashion. The major contemporary philosophers of law largely proceed as if there were no international legal system to be theorized about".* BUCHANAN, Allen; GOLOVE, David. *The Philosophy of International Law.* cit., p. 868.

[5] Segundo Besson e Tasioulas: "Até um período comparativamente recente, o renascimento da filosofia do direito no período pós-1960 tem negligenciado o direito internacional". Tradução livre do trecho: *"Yet it is also the case that, until comparatively recently, the post-1960 revival of legal philosophy has tended to neglect international law.".* BESSON, Samantha; TASIOULAS, John. *Introduction.* In: *The Philosophy of International Law.* Oxford University Press: New York, 2010, p.17.

"1. Os valores morais para os quais o direito internacional deve servir;
2. Uma articulação das razões morais para apoiar a instituição do direito internacional, como um meio de alcançar esses objetivos ou servir a esses valores;
3. Uma especificação das condições sob as quais o sistema jurídico internacional poderia ser legitimado, pelo menos no sentido de ser uma adequada justificação para o processo de criação e aplicação das regras do sistema;
4. Uma declaração e justificação dos princípios mais fundamentais. Como a implantação destes princípios poderia contribuir para atingir os objetivos morais básicos ou os valores fundamentais do sistema"[6].

Buchanan e Golove enumeram três fatores responsáveis por esse relativo estado subdesenvolvido da filosofia do direito internacional. Primeiramente, haveria uma negligência da teorização moral institucional. Isso significa que os princípios morais basilares do direito internacional seriam necessariamente difíceis de serem institucionalizados, devido ao fato de que seu abandono eventual (para a implantação de outros princípios institucionais na casuística, por exemplo) é proibitivo e demasiado restritivo[7].

O segundo fator estaria diretamente relacionado à teoria realista das relações internacionais[8], para a qual a teorização moral das relações inter-

---

[6] Tradução livre do trecho: *"The fundamental structure of a normative theory of international law, as ideal theory, would consist of the following elements: (1) an account of the moral point, or goals of the institution of international law, the most fundamental moral values it ought to serve, (2) an articulation of the moral reasons for supporting the institution of international law as a means of achieving those goals or serving those values, (3) a specification of the conditions under which the international legal system would be legitimate, at least in the sense of there being an adequate justification for the processes of creating and enforcing the rules of the system, (4) a statement of and justification for the most fundamental substantive principles of the system"* BUCHANAN, Allen; GOLOVE, David. *The Philosophy of International Law.* cit., p. 881-882.

[7] BUCHANAN, Allen; GOLOVE, David. *The Philosophy of International Law*, cit., p. 870.

[8] Segundo Amado Luiz Cervo, os fundamentos da Teoria Realista das relações internacionais podem ser rechaçados pela própria área de estudos: "O realismo, por exemplo, trilhou o caminho do sucesso nas universidades e meios intelectuais de todo o mundo, de modo incomparável. A desqualificação dessa corrente teórica inicia com as evidências de sua origem nos Estados Unidos, no início da Guerra Fria, por tal razão estabelecendo o Estado como agente principal das relações internacionais e a segurança como motivação primeira da ação externa.

nacionais e, portanto, do direito internacional, seria fútil. Embora nos últimos anos o Realismo tenha sido desafiado por fragmentadas críticas acerca de suas assunções mais importantes e, de forma mais sistemática, pela teoria positivista liberal, suas implicações pessimistas para a iniciativa normativa persistem. Isso é especialmente relevante no que diz respeito aos filósofos políticos e aos filósofos do direito que não têm familiaridade com as principais fraquezas dessa teoria (Realista)[9].

Em terceiro plano, muitos autores tendem a projetar uma perspectiva depreciativa do direito internacional em suas obras. De acordo com Buchanan e Golove, na melhor das hipóteses, essa área do direito é colocada apenas como uma sombra pálida do que chamamos de sistema jurídico[10]. A mais extrema forma dessa visão, o niilismo jurídico[11], chega ao cúmulo de negar a existência do direito internacional como direito.

3. HART E O CUSTO DE OPORTUNIDADE DE SUA ANÁLISE DO DIREITO INTERNACIONAL

O realismo propõe ao mundo interesses, valores e padrões de conduta do Ocidente. O realismo não é isento nem explica as relações internacionais como pretende. Às vezes pode convir a certas nações navegar contra o realismo, ensina Parola. E acrescenta: a moral dele foi excluída desde a origem. Por que não se moveriam as relações internacionais contra o realismo, capaz de produzir a ordem injusta?". CERVO, Amado Luiz. Conceitos em Relações Internacionais. In: *Revista Brasileira de Política Internacional*. Nº 51 (2), 2008, p. 10, disponível em <http://www. scielo.br/pdf/rbpi/v51n2/v51n2a02>, acesso em 05 de abril de 2015.

[9] BUCHANAN, Allen; GOLOVE, David. *The Philosophy of International Law*. cit., p. 871.

[10] BUCHANAN, Allen; GOLOVE, David. *The Philosophy of International Law*., cit., p. 871.

[11] Segundo Buchanan e Golove, existiriam "duas formas de compreender o Niilismo Jurídico: 1. Como uma afirmação analítica sobre as características que um sistema de regras deve ter para constituir um sistema jurídico, tendo em vista que o que nós chamamos de Direito Internacional não satisfaz essas condições; 2. Como uma afirmação de que um sistema de regras não é um sistema jurídico, a menos que suas regras efetivamente forcem ou determinem o comportamento daqueles aos quais suas regras são dirigidas, juntamente com a afirmação de que o Direito Internacional não é efetivo". Tradução livre do trecho: *"There are two ways the Legal Nihilist view can be understood: as an analytic claim about the features a system of rules must have if it is to constitute a legal system, paired with the assertion that what we call international law does not satisfy those conditions; or as a claim that a system of rules is not a legal system unless its rules effectively constrain or determine the behaviour of those to whom the rules are directed, along with the assertion that international law is not effective"*. BUCHANAN, Allen; GOLOVE, David. *The Philosophy of International Law*. cit., p. 877.

FILOSOFIA DO DIREITO INTERNACIONAL

Na mesma esteira das críticas de Buchanan e Golove, em *International Law: a Relatively Small and Unimportant Part of Jurisprudence?*, Jeremy Waldron analisa as premissas estabelecidas por Hart no capítulo X de sua obra, *The Concept of Law*. O título do texto de Waldron é um prelúdio da crítica ao teórico da filosofia do direito, que, segundo o autor, teria perdido a oportunidade de efetivamente analisar o caráter jurídico da ordem internacional, por meio das diferenças entre os chamados *sistemas legais municipais e os sistemas legais internacionais*[12]. Segundo Jeremy Waldron:

> O verdadeiro problema é o custo de oportunidade decorrente da negligência de Hart. O que sentimos falta é do que sua análise poderia ter sido. [...] É uma pena que o autor de *The Concept of Law* perdeu o fôlego e a tendência de análise antes de fazer isso em seu capítulo final, já que nos privou não apenas de profundos entendimentos, como também de um modelo que poderia ter inspirado alguns seguidores de Hart a seguir e a se comprometer com esse desafio[13.]

Ou seja, mais do que uma crítica, o texto de Jeremy Waldron é na verdade uma lamentação em relação à superficialidade com que o autor retratou o sistema legal internacional em 1961, que segundo Hart seria considerado primitivo[14]. Muitas das críticas elaboradas por Waldron se

---

[12] Essa distinção também é explicitada por Waldron, que define sistemas legais municipais como aqueles pertencentes a um Estado específico, como a França ou a Nova Zelândia, em oposição a um sistema legal internacional. WALDRON, Jeremy. *International Law: 'A Relatively Small and Unimportant' Part of Jurisprudence?*, cit.,, p. 209.

[13] Tradução livre do trecho: *"The real harm lies in the opportunity costs of Hart's negligence. What we miss is what might have been done. [...] It is a pity that the author of The Concept of Law ran out of steam or inclination before doing this in his final chapter, for it deprived us not only of comparable insights, but of an example that might have inspired some of Hart's followers in jurisprudence to take up and persue this challenge"*. WALDRON, Jeremy. *International Law: 'A Relatively Small and Unimportant' Part of Jurisprudence?*, cit., p. 222-223.

[14] Segundo o autor: "As duas formas de dúvida [em relação à natureza jurídica do Direito Internacional] decorrem de uma comparação negativa entre direito internacional e direito interno, que é visto como o exemplo claro e objetivo do que é direito. A primeira dúvida tem suas raízes na concepção do direito como um conjunto de ordens apoiado por ameaças, que contrasta a natureza das regras de direito internacional com aquelas do direito interno. A segunda forma de dúvida deriva da obscura crença de que os Estados são fundamentalmente incapazes de se sujeitarem a obrigações legais, e contrasta a natureza dos sujeitos de direito internacional com aqueles de direito interno". Tradução livre do trecho: *"Both forms of doubt*

devem à contemporaneidade desse autor, que pode se embasar em elementos posteriores à obra de Hart para fundamentar suas premissas, como a Convenção de Viena sobre o Direito dos Tratados (1969)[15], a atuação mais marcante da Corte Internacional de Justiça nas últimas décadas, bem como o surgimento de outros tribunais internacionais permanentes, após a década de 1960.

De acordo com Hart, qual seria então o status do direito internacional? Essa é a pergunta que ele deixa de responder ao longo de *The Concept of Law*. Segundo o autor, o direito internacional não teria regras secundárias, nem um poder legislativo organizado, muito menos tribunais com jurisdição compulsória[16]. Levando em consideração que esses são elementos basilares do conceito de direito e de ordem jurídica na teoria de Hart, quando eles são comparados à sistemática do direito internacional na década de 1960, sua organização estaria aquém do desenvolvimento de uma teoria do direito consagrada:

> A ausência dessas instituições [poder legislativo, tribunais com jurisdição compulsória e sanções organizadas de forma centralizada] significa que as regras para os Estados se assemelham àquela forma simples de estrutura social, consistente apenas de regras primárias de obrigações, que quando encontramos entre sociedades de indivíduos, estamos acostumados a contrastar com um sistema legal desenvolvido[17].

---

arise from an adverse comparison of international law with municipal law, which is taken as the clear, standard example of what law is. The first has its roots deep in the conception of law as fundamentally a matter of orders backed by threats and contrasts the character of the rules of international law with those of municipal law. The second form of doubt springs from the obscure belief that states are fundamentally incapable of being the subjects of legal obligation, and contrasts the character of the subjects of international law with those of municipal law ". HART, H. L. A. *International Law*, cit., , p. 216.

[15] BRASIL. *Convenção de Viena sobre o Direito dos Tratados*, promulgada em dezembro de 2009, por meio do Decreto nº 7.030. Disponível em <http://www.planalto.gov.br/ccivil_03/_Ato2007-2010/2009/Decreto/D7030.htm>, acesso em 06 de abril de 2015.

[16] HART, H. L. A. *International Law*, cit., p. 216.

[17] Tradução livre do trecho: *"The absense of these institutions means that the rules for states resemble that simple form of social structure, consisting only of primary rules of obligation, which when we find it among societies of individuals, we are accustomed to contrast with a developed legal system."* HART, H. L. A. *International Law*, cit., p. 214.

Ao longo de seu texto, Waldron contesta essa perspectiva, afirmando, por exemplo, que o direito internacional conteria sim regras secundárias, de acordo com a classificação de Hart. A diferença é que essas regras não seriam exatamente iguais às dos sistemas legais municipais. Mesmo assim, a própria definição de regras secundárias de Hart comportaria hoje uma adequação ao direito internacional[18].

Waldron cita a Corte Internacional de Justiça como base para contestar a assertiva de Hart, afirmando que o tribunal não atua como simples árbitro em seus julgados contemporaneamente. A Corte tem uma função consagrada no direito internacional público, tem presença contínua no cenário internacional, conta com prestígio entre Estados e organizações internacionais, emite decisões significativas e é composta de forma bastante equitativa[19].

Além disso, Waldron discorre sobre a diferente natureza do sistema de produção normativa no direito internacional, em detrimento dos sistemas legais municipais. Ainda que atue de forma distinta e não centralizada em um único órgão de poder legislativo, o caráter contratual e voluntário da produção de obrigações também estaria presente na elaboração de tratados:

[18] "A ideia básica de Hart é bastante simples. Regras Primárias seriam regras de conduta; elas dizem o que é legalmente obrigatório fazer (ou deixar de fazer) e quais são as consequências relacionadas a sua obediência ou desobediência. Assim, as regras de direito penal que proíbem o furto criminalizam determinada conduta e fornecem penas no caso de sua violação. Tecnicamente, a classe das Regras Secundárias inclui tudo exceto as Regras Primárias. A categoria de Regras Secundárias inclui regras legais que permitem a criação, a extinção e a alteração de Regras Primárias; essas Regras Secundárias conferem poder. Assim, o direito contratual confere poder a indivíduos e empresas a fazer contratos; mas os contratos por si só são uma coleção de regras primárias". Tradução livre do trecho: *"Hart's basic idea is quite simple. Primary rules* are rules of conduct; they tell you what your are legally obligated to do (or refrain from) and what consequences attach to obedience or disobedience. Thus, the criminal law rules that prohibit theft, forbid certain conduct and provide for penalties for violating the prohibition. Technically, the class of secondary rules includes everything except primary rules. The category of *secondary rules includes legal rules that allow for the creation, extinction, and alteration of primary rules; these secondary rules are power-conferring* rules. Thus, contract law empowers individuals and firms to make contracts; contracts themselves are usually collections of primary rules". LEGAL THEORY LEXICON. *Primary and Secondary Rules*. Disponível em <http://lsolum.typepad.com/legal_theory_lexicon/2004/06/legal_theory_le_2.html>, acesso em 05 de abril de 2015.
[19] WALDRON, Jeremy. *International Law: 'A Relatively Small and Unimportant' Part of Jurisprudence?*, cit., p. 216.

"Assim como indivíduos na ordem interna podem participar de contratos, também podem os Estados participar de tratados e variar suas obrigações uns em relação aos outros na ordem internacional. Esses poderes seriam incompreensíveis se a ordem internacional fosse somente um sistema de regras primárias. Então Hart não está autorizado a inferir – como o faz – que a ordem internacional é apenas um sistema de regras primárias (no que diz respeito às transformações legislativas) a partir do fato de que ela não possui um parlamento"[20].

Ou seja, apesar de contarem com diferentes estruturas e formas de sistematização para a produção e aplicação de obrigações, isso não significa que ordem internacional e a ordem interna sejam necessariamente díspares ou impossíveis de serem complementadas uma pela outra. Na verdade, assim como na ordem interna, a ordem internacional também possui normas produzidas por seus agentes, jurisdições previamente determinadas e posicionamentos jurisprudenciais críticos, seja por voluntarismo ou por consenso[21].

Outro aspecto levantado por Waldron é que a sistematicidade de ordens jurídicas, apesar de ser reconhecidamente importante para sua manutenção, é um elemento presente em maior ou menor grau em qualquer ordem jurídica, até mesmo nos sistemas legais municipais[22]. Segundo afirma o autor em *Human Rights: a Critique of the Raz/Rawls Approach*[23], é possível

---

[20] Tradução livre do trecho: *"As individuals in a municipal order may enter into contracts, so states in the international order may enter into treaties and vary their obligations too ne another accordingly. Such powers would be unintelligible if the international order were just a system of primary rules. So Hart is not entitled to infer – as he does – that the international order is just a system of primary rules (so far as legal change is concerned) from the fact that it has no parliament".* WALDRON, Jeremy. *International Law: 'A Relatively Small and Unimportant' Part of Jurisprudence?* , cit., p. 217.

[21] CUNHA, Mirlir; MOREIRA, Ana Luisa de Navarro. *Bases do pensamento jusfilosófico internacional: primeiras leituras.* Temas de Filosofia do Direito – A Filosofia do Direito Internacional: Fundamentos da Autoridade e suas Instituições, Programa de Pós-Graduação em Direito da Universidade Federal de Minas Gerais, em 17 de março de 2015, p. 13.

[22] WALDRON, Jeremy. *International Law: 'A Relatively Small and Unimportant' Part of Jurisprudence?* , cit., p. 220.

[23] WALDRON, Jeremy. *Human Rights: a Critique of the Raz/Rawls Approach.* In: *Public Law & Legal Research Paper Series.* NYU School of Law, June 2013, working paper Nº 13-32. Disponível em <http://papers.ssrn.com/sol3/papers.cfm?abstract_id=2272745>, acesso em 05 de abril de 2015.

FILOSOFIA DO DIREITO INTERNACIONAL

verificar um desenvolvimento maior da sistematização internacional em temas referentes aos direitos humanos, principalmente no que diz respeito a uma abordagem de "preocupação humana" (*human concern*), defendida por Joseph Raz e John Rawls[24]:

> [...] A "abordagem de preocupação humana" considera alguns direitos como direitos humanos porque a sua violação seria uma preocupação própria de todos os indivíduos. [...] Para alguns signatários dessa abordagem, a preocupação humana relevante sobre direitos não é apenas dependente da desaprovação de sua violação. É uma questão prática de preocupação política: esses teóricos afirmam que direitos humanos são direitos cujas violações exigem ação por parte do resto da humanidade contra seus violadores. Mais especificamente, visões desse tipo focam na resposta de governos e de agências internacionais. A ideia é que podemos definir uma classe de direitos de modo que nenhum governo, nem outra agência ou organização humana, seja até mesmo permitida a afirmar que a violação de um desses direitos não é de sua conta, independentemente de onde ocorrer"[25].

Apesar de criticar essa abordagem por outras razões, Waldron acredita que ela oferece uma base interessante para a definição de direitos humanos. O autor filia-se, contudo, à "abordagem do portador humano", que

---

[24] Segundo Waldron: "Os mais conhecidos proponentes da abordagem de preocupação humana são John Rawls, em *The Law of Peoples,* e Joseph Raz em um artigo intitulado *Human Rights without Foundations*", Tradução livre do trecho: *The best known proponents of the human concern approach are John Rawls, in The Law of Peoples, and Joseph Raz in an article entitled "Human Rights without Foundations".* WALDRON, Jeremy. *Human Rights: a Critique of the Raz/Rawls Approach,* cit., 2013, p. 3.

[25] Tradução livre do trecho: "*'the human concern approach', rights are designated as human rights because they are rights whose violation is the proper concern of all humans. [...] For some adherents of the human concern approach, the relevant human concern about rights is not just a matter of disapproving of their violation. It is practical political concern: these theorists say that human rights are rights whose violations appropriately elicits action on the part of the rest of humanity against the violators. More specifically, views of this kind focus on the response of governments and international agencies. The idea is that we can define a class of rights such that no government, nor any other human agency or organization, is even required or permitted to say that the violation of one of these rights is none of their business, no matter where it occurs.*" WALDRON, Jeremy. *Human Rights: a Critique of the Raz/ Rawls Approach,* cit. 2013, p. 2.

propõe direitos humanos como sendo aqueles portados por e pertencentes a todos os indivíduos em virtude de sua humanidade[26].

4. O DESAFIO REALISTA ENFRENTADO POR BUCHANAN E GOLOVE: RESPOSTA QUE PASSA PELA EXPANSÃO GLOBAL DOS DIREITOS HUMANOS

Na tentativa de discutir as possibilidades de concepção contemporânea de uma teoria moral do direito internacional, Buchanan e Golove se colocam diante do desafio apresentado pelas críticas já assentadas pelo realismo. Em sua análise, Buchanan e Golove sustentam que o realismo, em sua variante positivista pura, é um relato descritivo-explicativo da natureza das relações internacionais e desenha uma implicação que ele chama de meta-ética dessa teoria descritivo-explicativa, qual seja, que a moralidade não seria aplicável às relações internacionais[27.]

A maioria dos autores que se filiam a um relato descritivo-explicativo, no entanto, apontam uma importante implicação moral, mesmo negando a aplicação de princípios morais para as relações internacionais em geral – o princípio de que os Estados líderes devem agir nos seus próprios interesses sem considerar qualquer constrangimento moral.

De fato, observa-se, a partir do trabalho de dois proeminentes teóricos do realismo jurídico que se propuseram a analisar o contexto internacional, Jack L. Goldsmith e Eric Posner, que, de acordo com essa concepção, os Estados agiriam a partir de escolhas políticas, sendo pautados, portanto, por uma visão prudencial. O direito internacional é visto a partir dos interesses próprios dos Estados, demonstrados a partir da tomada de decisões políticas de maneira racional. Essas escolhas representam "um tipo próprio de política, que se baseia em precedentes, tradição, interpretação outras práticas e conceitos que são familiares para o direito interno" [28].

Nesse sentido, Buchanan e Golove sustentam que, para o realismo, a natureza das relações internacionais exclui a moralidade nessa esfera e

---

[26] WALDRON, Jeremy. *Human Rights: a Critique of the Raz/Rawls Approach*, cit. 2013, p. 2.

[27] BUCHANAN; GOLOVE, *The Philosophy of International Law*. cit., p. 873.

[28] Tradução livre do seguinte trecho: "*It is politics, but a special kind of politcis, one tha relies heavily on precedente, tradition, interpretation, and othe practices and concepts familiar from domestic law*" GOLDSMITH, J. L., POSNER, E. A. *The Limits of International Law*. Oxford University Press: New York, 2005, p. 202.

FILOSOFIA DO DIREITO INTERNACIONAL

por causa disso uma teoria moral do direito internacional seria um exercício de futilidade[29].

Os autores distinguem ainda o realismo positivista, que descreve as relações internacionais como um estado de guerra Hobbesiano, do que pode ser chamado de realismo fiduciário, para o qual as autoridades responsáveis dos Estados, refletindo sobre a natureza das relações internacionais, devem agir somente de modo a maximizar as perspectivas de sobrevivência de seus Estados, sem levar em consideração qualquer restrição moral.

Realistas fiduciários não são niilistas morais ou céticos. Eles acreditam que os líderes dos Estados possuem obrigações com seus próprios povos, mas obedecer a estas obrigações requer a rejeição de qualquer restrição moral no comportamento perante outros Estados. Realistas fiduciários desconsideram outros princípios morais em consideração à atuação pautada em uma obrigação moral primordial, qual seja, servir aos interesses do próprio Estado[30].

Nesse Estado Hobbesiano, descrito pelo realismo positivista, as relações internacionais possuiriam as seguintes características, de acordo com a análise de Buchanan e Golove:

> a. não há soberania global, nenhuma autoridade capaz de aplicar as regras de cooperação pacífica;
> b. existe aproximável igualdade de poder, de modo que nenhum estado pode permanentemente dominar todos os demais;
> c. a fundamental preferência dos estados é a sobrevivência;
> d. postas as condições a e b, o que é racional para cada estado é lutar com todos os meios para dominar os demais para evitar serem dominados (confiando no que Hobbes chama de princípio da antecipação);
> e. numa situação em que cada parte racionalmente antecipa que é racional para os outros a dominação sem restrição de quaisquer meios, então princípios morais não são aplicáveis.[31]

---

[29] BUCHANAN; GOLOVE, *The Philosophy of International Law*, cit., p. 873.

[30] BUCHANAN; GOLOVEx, *The Philosophy of International Law*, cit., p. 873.

[31] No original expresso nos seguintes termos: *(a) There is no global sovereign, no supreme arbiter capable of enforcing rules of peaceful co-operation. (b) There is (approximate) equality of power, such that no one state can permanently dominate all others. (c) The fundamental preference of states is to survive. (d) Given conditions (a) and (b), what is rational for each state to do is to strive by all means to*

De fato, Goldsmith e Posner sustentam que a melhor explicação para entender quando e porque os Estados obedecem as normas de direito internacional não é porque os Estados internalizaram esse direito, ou porque possuem o hábito de assim agirem, ou, ainda, porque são levados por um impulso moral; mas, simplesmente, porque agem de acordo com seus próprios interesses[32].

Para Buchanan e Golove, o realismo positivista consiste em uma série de duvidosas generalizações empíricas sobre a esfera internacional, enquanto o realismo fiduciário, considerando verdadeiras estas generalizações empíricas, conclui que a autoridade estatal desconsiderará qualquer restrição moral para a perseguição dos interesses do seu Estado.[33]

Buchanan e Golove sustentam que a maior parte dos trabalhos mais interessantes nas relações internacionais nas últimas duas décadas indica que as relações internacionais não são, de fato, um estado Hobbesiano de guerra de um contra todos. De acordo com estudos recentes, existem padrões estáveis de cooperação pacífica e regimes supranacionais efetivos, alguns bilaterais, outros regionais e alguns genuinamente globais no seu escopo – incluindo alianças militares de defesa, regimes financeiros, acordos de comércio, estruturas para cooperação científica, acordos ambientais e suportes internacionais para direitos humanos, desenvolvimento econômico e socorro a desastres.

No mesmo sentido, a capacidade de fazer compromissos credíveis para a cooperação pacífica é um ativo valioso para os Estados e para os indivíduos. As técnicas para a construção da confiança são variadas e onipresentes. Sobrevivência não é uma questão, nem a única questão, em vários contextos de interação estatal. Os Estados também não são iguais em poder e, portanto, em sua vulnerabilidade. Estados poderosos podem correr riscos no esforço de construir cooperação. Eles também enfrentam menos riscos quando agem de forma cooperativa, porque os custos para os outros ao quebrarem essa cooperação podem ser muito grandes.

---

dominate others in to avoid being dominated (to rely on what Hobbes calls 'the principle of anticipation'). (e) In a situation in which each party rationally anticipates that it is rational for others to dominate, without constraints on the means they use to do so, moral principles are inapplicable" BUCHANAN, A; GOLOVE, D., 2002, p. 872.

[32] GOLDSMITH, Jack L.; POSNER, Eric A. *The Limits of International Law.* cit., p. 225.

[33] BUCHANAN; GOLOVE, *The Philosophy of International Law,* cit., p. 874.

O minimalismo moral sustenta que o que distingue o direito internacional do direito interno é que o último possui um quadro de regras para aqueles que compartilham os mesmos fins enquanto o primeiro não. Entretanto, comumente é falado que em uma sociedade doméstica liberal a ordem pública não pode se assentar em fins compartilhados que não sejam segurança e justiça. Portanto, o minimalismo moral deve responder por qual razão a ausência de fins compartilhados exclui a teorização normativa do direito internacional, mas não a de uma sociedade doméstica liberal.

A afirmação de que não há uma concepção nuclear de justiça capaz de fornecer as bases para uma teoria do direito internacional moralmente robusta é uma afirmação empírica sobre a extensão de desacordo moral além das fronteiras dos Estados. Pode se argumentar, entretanto, que há de fato uma cultura global em expansão dos direitos humanos, que reflete um crescente consenso sobre uma concepção de justiça com base no reconhecimento da igualdade e da liberdade de todas as pessoas[34]. De acordo com essa visão, a noção de igualdade e de liberdade expressada nas principais convenções de direitos humanos pode fornecer a base para o desenvolvimento de uma teoria moral do direito internacional, cujo conteúdo é substancial.

Na verdade, o sistema jurídico internacional já inclui princípios, práticas e instituições que estão contribuindo para a emergência de um amplo consenso no conteúdo das normas de direitos humanos. Por exemplo, os vários processos pelos quais o cumprimento dos direitos humanos é monitorado, incluindo o funcionamento do Comitê Internacional dos Direitos Humanos. Esses processos contribuem para a formação de mais crenças compartilhadas e determinadas sobre o que os diversos direitos humanos são.

O argumento defendido por Buchanan e Golove acerca da existência de uma cultura global em expansão dos direitos humanos também está presente na teoria transconstitucionalista desenvolvida por Marcelo Neves. Ele sustenta que "os direitos humanos pretendem valer para o sistema jurí-

---

[34] Como é o caso da Declaração Universal dos Direitos Humanos, em seu artigo 1º: Todos os seres humanos nascem livres e iguais em dignidade e em direitos. Dotados de razão e de consciência, devem agir uns para com os outros em espírito de fraternidade. ORGANIZAÇÃO DAS NAÇÕES UNIDAS. *Declaração Universal dos Direitos Humanos*, 1948. Disponível em <http://www.ohchr.org/EN/UDHR/Documents/UDHR_Translations/por.pdf>, acesso em 07 de abril de 2015.

A NEGLIGÊNCIA DA FILOSOFIA DO DIREITO INTERNACIONAL

dico mundial de níveis múltiplos, ou seja, para qualquer ordem jurídica existente na sociedade mundial"[35].

Nesse sentido, ganha cada vez mais força a ideia de que a questão dos direitos humanos, que outrora era vista como um problema jurídico restrito ao âmbito dos Estados, hoje passou a estar frequentemente presente no âmbito não só das ordens estatais, mas também da ordem internacional, supranacional, transnacional e local.

Ao discutir a teoria chamada por ele de transconstitucionalismo pluridimensional dos direitos humanos, Marcelo Neves coloca os direitos humanos na fronteira do sistema jurídico, capaz inclusive de vinculá-lo a uma moral da inclusão e do dissenso, nos seguintes termos[36]:

> Cabe observar que as condições para o surgimento dos direitos humanos na sociedade moderna relaciona-se com a emergência de um dissenso estrutural, concernente não apenas à pluralidade de esferas de comunicação com pretensão de autonomia (complexidade sistêmica), mas também à heterogeneidade de expectativas, interesses e valores de pessoas e grupos. Nesse sentido, cabe delimitar o conceito de direitos humanos, para defini-lo como expectativas normativas de inclusão jurídica generalizada nas condições de dissenso estrutural da sociedade mundial. Assim compreendidos, os direitos humanos estão localizados na fronteira do sistema jurídico, vinculando-o a uma moral da inclusão e do dissenso, que circula com relevância no âmbito da sociedade mundial do presente, em concorrência com outros modelos morais. (g. n.)

Como forma de explicitar o caráter pluridimensional dos direitos humanos e a emergência do que Buchanan e Golove chamam de expansão da cultura global dos direitos humanos, Marcelo Neves traz à luz alguns casos concretos nos quais é possível perceber que atualmente a questão dos direitos humanos perpassa várias ordens jurídicas.

Em 2005, a Suprema Corte americana julgou o caso *Roper v. Simmons*[37], no qual se discutia a possibilidade de aplicação da pena de morte a um indi-

---

[35] NEVES, Marcelo. *Transconstitucionalismo*. São Paulo: Editora WMF Martins Fontes, 2009, p. 253.

[36] NEVES, Marcelo. *Transconstitucionalismo*, cit., p. 255.

[37] Roper, Superintendent, Potosi CorrectionalCenter v. Simmons, 543 U.S. 551 (2005).

víduo menor de idade, levando-se em consideração a proibição de punição cruel e não usual prevista pela Emenda VIII da Constituição Americana.[38]

Após terem sido condenados à pena de morte pelo júri, o caso chegou à Suprema Corte e em votação apertada (5-4) a pena de morte foi afastada, tendo sido asseverado no voto do *Justice* Anthony Kennedy que "os Estados Unidos, agora, estão sós em um mundo que se voltou contra a pena de morte para menores". Restou vencedora aqui a posição que privilegia o diálogo constitucional, demonstrando as possibilidades de articulação entre direito interno e práticas consolidadas fora do âmbito doméstico[39].

Nesse ponto, é importante mencionar que a decisão da Suprema Corte obteve grande reverberação, implicando na revogação de dezenas de sentenças de morte direcionadas a indivíduos que haviam cometido crimes quando ainda eram menores de idade. Essa questão explicita, de certa forma, a disseminação dentro de um ordenamento estatal de valores morais cunhados na comunidade internacional, o que serve para rechaçar a crítica da teoria realista de que o direito costumeiro internacional relativo aos direitos humanos teria pouca influência exógena sobre comportamentos estatais.[40]

Marcelo Neves, ao discorrer sobre esse caso, menciona ainda a análise de Jeremy Waldron quanto à questão. Waldron enxerga a decisão dos juízes americanos a partir da reconstrução do antigo conceito de *jus gentium*, indicando assim a formação de um conjunto de saberes que pode ser referenciado reciprocamente. Nas palavras de Marcelo Neves[41]:

> A partir dessa argumentação, Waldron sustenta que a citação de direito estrangeiro e internacional pela Suprema Corte americana não deve ser vista como uma prática aleatória em pedaços sem conexão, mas como um modelo de agir em rede de conexão entre várias ordens jurídicas, para a solução de problemas comuns.

---

[38] NEVES, Marcelo. *Transconstitucionalismo*, cit., p. 257.
[39] NEVES, Marcelo. *Transconstitucionalismo*, cit., p. 258.
[40] GOLDSMITH, J. L.; POSNER, E. A., *The Limits of International Law.*, cit., p. 133.
[41] NEVES, Marcelo. *Transconstitucionalismo*, cit., p. 260.

Outro exemplo prático que ilustra bem a expansão da cultura global dos direitos humanos é o caso *Hazel Tau x Glaxo e Boehringer*[42], que diz respeito à pretensão de acesso à medicação de combate ao HIV perante a Comissão de Competição da África do Sul. No caso, a decisão da Comissão de Competição sul-africana, ao fundar-se em dispositivo de lei nacional, foi favorável aos postulantes, asseverando que "o preço excessivo dos medicamentos antirretrovirais é diretamente responsável pelas mortes prematuras, previsíveis e evitáveis de pessoas que convivem com o vírus HIV, incluindo tanto crianças quanto adultos"[43].

Percebe-se, portanto, que em uma questão de propriedade intelectual, que traz elementos de direito nacional, internacional e transnacional, torna-se ainda mais clara a necessidade de se elevar a discussão a um ponto em que não se opte por uma solução simples baseada na prevalência de uma determinada ordem jurídica sobre outra. Marcelo Neves trata essa questão da seguinte forma:

> Além de levar à discussão do problema dos efeitos horizontais dos direitos fundamentais no âmbito transnacional, ultrapassando o âmbito nacional, essa discussão aponta para os problemas de entrelaçamento entre ordens de regulação. O simples recurso internacionalista a uma interpretação generosa do acordo TRIPS, ou a invocação exclusiva ao modelo transnacional de autorregulação ou, por fim, o argumento por uma solução estatal definitiva, com base na soberania do povo não se apresentam suficientemente complexos nesses casos. Os limites de legitimidade das respectivas ordens não podem também servir de argumento último para excluí-las do processo de busca de uma solução juridicamente consistente e socielmante adequada. Sem a *ultima ratio* presente em nenhuma das ordens, a solução transnacional referente aos direitos humanos, no caso mencionado, demonstra que o fundamental é restringir o caráter expansivo de certas ordens jurídicas em detrimento de outras (evitar o perigo da desdiferenciação), assim como limitar a expansão de ordens de regulação e as respectivas organizações que atuam no sentido da

---

[42] Hazel Tau vs. Glaxo and Boehringer, disponível em <http://www.tac.org.za/Documents/DrugCompaniesCC/HazelTauAndOthersVGlaxoSmithKlineAndOthersStatementOfComplaint.doc>, acesso em 07 de abril de 2015.

[43] NEVES, Marcelo. *Transconstitucionalismo*, cit. p. 267.

ampliação da exclusão e, portanto, da destruição do suporte biop-síquico da pessoa. (g. n.)

Portanto, ao destacar a distinção que Buchanan e Golove fazem acerca dos princípios de justiça transnacional - que seriam relacionados aos direitos e deveres entre os membros do mesmo Estado ou entre o governo e os membros do seu Estado que devem ser reconhecidos pelo direito internacional como sendo universal – é possível reconhecer que o progresso moral do direito internacional passa pela expansão da justiça transnacional, encabeçada pelo desenvolvimento de normas de direitos humanos[44] e [45]

5. CONSIDERAÇÕES FINAIS

Como se pode inferir, a arquitetura do direito internacional como ramo de estudo da filosofia do direito ainda tem espaço para maior desenvolvimento. A institucionalização de princípios, a expansão dos direitos humanos e a sedimentação de jurisprudência no âmbito das cortes internacionais têm suscitado mais reflexões e debates sobre esse tema.

Cada vez mais, autores contemporâneos como Jeremy Waldron, Allen Buchanan e David Golove, entre outros, têm contribuído para uma revisão das teorias jusfilosóficas em voga sobre a natureza do direito internacional. Seja em decorrência de interesses estatais, seja pelo avanço da agenda de organizações internacionais, esse debate também tem aumentado a atenção dispensada ao tema nos principais foros internacionais.

---

[44] BUCHANAN; GOLOVE, *The Philosophy of International Law*, cit., p. 887.

[45] Sob essa ótica, a justificação dos direitos humanos seria apresentada a partir dessas características: 1. princípios cuja efetiva institucionalização maximiza a utilidade geral; 2.são necessários para a efetividade de outros importantes direitos; 3.são necessários para satisfazer as necessidades básicas que todos os seres humanos precisam; 4. são necessários para cultivar capacidades humanas fundamentais que constituem ou são instrumentalmente valiosa para o bem-estar ou o florescimento humano; 5. como para o respeito à dignidade humana; 6. como concretização institucional para uma mesma concepção de justiça de acordo com cada membro da sociedade; 7. como requisito para o mais fundamental princípio de moralidade, qual seja, o principio da igual consideração e respeito pelas pessoas; 8. como princípios que podem ser utilizados pelas partes representando indivíduos em uma posição original global alocada atrás de um véu de ignorância; 9. como condições necessárias para a justificação intersubjetiva de princípios políticos e portanto como um requisito para a legitimidade política. BUCHANAN; GOLOVE, *The Philosophy of International Law*, cit., p. 889.

A NEGLIGÊNCIA DA FILOSOFIA DO DIREITO INTERNACIONAL

Embora exista a necessidade de melhor compreensão sobre a relação entre as diversas correntes do direito internacional e das relações internacionais, é possível compreender que a expansão dos direitos humanos indica, desde já, a possibilidade de concepção de uma teoria moral no âmbito do direito internacional.

A existência de uma cultura global em expansão dos direitos humanos está diretamente relacionada à convergência para uma concepção nuclear de justiça comum, e o progresso moral do direito internacional passa pelo aprimoramento da institucionalização dos princípios, bem como pela conformação de mecanismos que possibilitem a sua efetiva aplicação.

Na medida em que aumentam as formas de acesso a tribunais internacionais, que convergem regimes normativos de natureza transnacional e que avança a atuação dos sujeitos e atores na ordem internacional, surgem também novos conflitos e contradições para os teóricos da filosofia do direito, o que vem a contribuir para a apuração desses conceitos e inconsistências.

6. REFERÊNCIAS

BESSON, Samantha; TASIOULAS, John. *Introduction*. In: *The Philosophy of International Law*. Oxford University Press: New York, 2010.

BRASIL. *Convenção de Viena sobre o Direito dos Tratados*, promulgada em dezembro de 2009, por meio do Decreto nº 7.030. Disponível em <http://www.planalto.gov.br/ccivil_03/_Ato2007-2010/2009/Decreto/D7030.htm>, acesso em 06 de abril de 2015.

BUCHANAN, Allen; GOLOVE, David. The Philosophy of International Law. In: *The Oxford Handbook of Jurisprudence and Philosophy of Law*. Oxford: Oxford University Press, 2002, p. 868-934.

CERVO, Amado Luiz. Conceitos em Relações Internacionais. In: *Revista Brasileira de Política Internacional*. Nº 51 (2), 2008, p. 8-25, disponível em <http://www.scielo.br/pdf/rbpi/v51n2/v51n2a02>, acesso em 05 de abril de 2015..

CUNHA, Mirlir; MOREIRA, Ana Luisa de Navarro. *Bases do pensamento jusfilosófico internacional*: primeiras leituras. Temas de Filosofia do Direito – A Filosofia do Direito Internacional: Fundamentos da Autoridade e suas Instituições, Programa de Pós-Graduação em Direito da Universidade Federal de Minas Gerais, em 17 de março de 2015, p. 13.

GOLDSMITH, Jack L.; POSNER, Eric A. *The Limits of International Law*. Oxford University Press: New York, 2005.

HART, H. L. A. *International Law*. In: *The Concept of Law*. Oxford University Press: New York, 1994, p. 213-237. Disponível em <http://nw18.american.edu/~dfagel/Class%20Readings/Hart/International%20Law%20Chapter%20From%20Concept%20of%20Law.pdf>, acesso em 03 de abril de 2015.

LEGAL THEORY LEXICON. *Primary and Secondary Rules*. Disponível em <http://lsolum.typepad.com/legal_theory_lexicon/2004/06/legal_theory_le_2.html>, acesso em 05 de abril de 2015.

NEVES, Marcelo. *Transconstitucionalismo*. São Paulo: Editora WMF Martins Fontes, 2009.

ORGANIZAÇÃO DAS NAÇÕES UNIDAS. *Declaração Universal dos Direitos Humanos*, 1948. Disponível em <http://www.ohchr.org/EN/UDHR/Documents/UDHR_Translations/por.pdf>, acesso em 07 de abril de 2015.

WALDRON, Jeremy. International Law: 'A Relatively Small and Unimportant' Part of Jurisprudence? In: *Public Law & Legal Research Paper Series*. NYU School of Law, October 2013, working paper Nº 13-56. Disponível em: <http://papers.ssrn.com/sol3/papers.cfm?abstract_id=2326758>, acesso em 05 de abril de 2015.

WALDRON, Jeremy. Human Rights: a Critique of the Raz/Rawls Approach. In: *Public Law & Legal Research Paper Series*. NYU School of Law, June 2013, working paper Nº 13-32. Disponível em <http://papers.ssrn.com/sol3/papers.cfm?abstract_id=2272745>, acesso em 05 de abril de 2015.

CAPÍTULO 3

RELEITURAS SOBRE A NARRATIVA HISTÓRICA E FILOSOFIA DO DIREITO INTERNACIONAL: À PAZ PERPÉTUA DE KANT

Eduardo Lopes de Almeida Campos

1. INTRODUÇÃO.

Segundo Otfried Höffe, "apenas nas ideias de dois destacados pensadores ocidentais a paz conseguiu obter uma importância mais que meramente marginal: nos primórdios da teologia cristã, por intermédio de Santo Agostinho e, no auge da filosofia iluminista, por intermédio de Kant"[1]. Ainda assim, as bases do pensamento de Santo Agostinho sobre a paz eram eminentemente teológicas, inseridas em sua escatologia cristã, de modo que Kant foi o primeiro a pensá-la de forma secular, tratando não "[...] de uma paz perpétua reservada ao além, mas ao aquém, e que seria realizada por meio do Direito, em conformidade com seu conceito moral"[2].

A atualidade da obra À paz perpétua se mostra por diversas razões, entre elas sua influência de forma decisiva na criação da Liga das Nações e

---

[1] HÖFFE, Otfried. *A democracia no mundo de hoje.* Tradução Tito Lívio Cruz Romão; revisão da tradição Luiz Moreira. São Palo: Martins Fontes, 2005a (Coleção biblioteca universal), p. 301.
[2] *Ibidem.*

da ONU[3] e o fato de que continua sendo a principal interlocução de autores contemporâneos que discutem a possibilidade real de uma constituição cosmopolita, de uma república mundial ou, seguindo a ideia original, de uma liga de povos cujo respeito às normas conduziria à paz[4].

O presente trabalho busca situar, ainda que de forma propedêutica, a obra de Kant no contexto de seu sistema filosófico tendo em vista sua adequada compreensão. A tese que será defendida aqui é a de que a obra não busca tratar de um modelo ideal de tratado a ser seguido, mas sim das condições de possibilidade da concepção de uma paz que será atingida queiram os indivíduos ou não, por meio da realização dos objetivos ocultos da natureza que se realizam gradativamente ao longo da história. A crítica feita aqui é que, nesta linha, tais objetivos, nem sempre realizados por meios pacíficos e morais, encontram um meio de se justificarem. Em suma, o argumento aqui defendido é o de que a tese de Kant sobre a paz tem como principal protagonista sua filosofia da história e não sua filosofia do direito, o que é visto como um erro, na medida em que conduz a uma justificação retrospectiva da violência histórica.

A primeira parte deste texto, portanto, dedica-se à explicitação de uma das ideias motrizes do pensamento crítico kantiano formulado em *Crítica da razão pura*: a separação entre natureza e liberdade. Será necessário retomar brevemente a ideia da liberdade como pressuposto para racionalidade da ação moral e, em seguida, relacioná-la com o imperativo categórico e com a diferença entre liberdade interna e liberdade externa no pensamento kantiano. Então, será feita uma breve explanação da filosofia da história formulada por Kant para, finalmente, ser analisada a relação entre esses dois aspectos do seu pensamento e o texto sobre a paz perpétua.

---

[3] C.f. RAUBER, Jochen. *United Nations-A Kantian Dream Come True-Philosophical Perspectives on the Constitutional Legitimacy of the World Organisation*. The. Hanse L. Rev., v. 5, pp. 49-76, 2009 e BITTAR, Eduardo Carlos Bianca e ALMEIDA, Guilherme Assis de. *Curso de Filosofia do Direito*. 10. ed. São Paulo: Atlas, 2012, p. 638

[4] C.f., *v.g.*, BOHMAN, James; LUTZ-BACHMANN, Matthias. *Perpetual peace: essays on Kant's cosmopolitan ideal*. Mit Press, 1997; HABERMAS, Jürgen. *A constelação pós-nacional: ensaios políticos*. Tradução de Márcio Seligmann Silva. São Paulo: Littera Mundi, 2001; HÖFFE, Otfried. *Op. Cit.* e RAWLS, John. *The law of peoples: with, the idea of public reason revisited*. Boston: Harvard University Press, 2001.

2. DA DISTINÇÃO ENTRE LIBERDADE E NATUREZA À METAFÍSICA DA MORAL.

Inspirado no sucesso da revolução científica, Kant se indagava por que a mais antiga das filosofias, a Metafísica, não havia ainda trilhado os caminhos seguros de uma ciência rigorosa.

Na obra inaugural de sua fase crítica, publicada em 1781, Kant indagava se o exemplo da revolução subitamente ocorrida na matemática e na física não seria notável o suficiente para motivar um questionamento sobre o método da metafísica, que, na qualidade de um saber racional, deveria, tanto quanto possível, imitá-las. A crítica de Kant volta-se pelo modo como, até então, o conhecimento pretendia regular-se pelos objetos e não mediante tentativas de descobrir, mediante conceitos, um conhecimento *a priori* "que estabeleça algo sobre eles antes de nos serem dados". A reviravolta metodológica da física que inspira o método crítico kantiano partiu, certamente, da obra copernicana:

> Trata-se aqui de uma semelhança com a primeira ideia de Copérnico; não podendo prosseguir na explicação dos movimentos celestes enquanto admitia que toda a multidão de estrelas se movia em torno do espectador, tentou se não daria melhor resultado fazer antes girar o espectador e deixar os astros imóveis.[5]

Em suma, o erro da metafísica praticada até então era ter se voltado para os objetos do conhecimento e não para seu sujeito. Somente a crítica das possibilidades da razão seria capaz de promover a mesma revolução que a passagem do geocentrismo ao heliocentrismo possibilitou na física. A metafísica, então, deixa de ser o estudo dos objetos não físicos para se tornar o ramo da filosofia que estuda os limites e condições de possibilidade do próprio conhecimento.

Kant concebeu que a razão pura precede as experiências e que essas, portanto, é que são mediadas pela razão e não o contrário. Como consequência, as coisas em si, embora reais, não são imediatamente acessíveis pela razão, isto é, não são cognoscíveis enquanto tais. Somente as repre-

---

[5] KANT, Immanuel. *Crítica da razão pura*. trad. Manuela Pinto dos Santos e Alexandre Fradique Morujão. Lisboa: Fundação Calouste Gulbenkian, 2001, p. 18.

sentações, entendidas como a forma como os objetos da natureza, mediados pelos conceitos *a priori* da razão, aparecem em nossa intuição sensível são passíveis de conhecimento.

Todavia, o idealismo transcendental[6] de Kant não se confunde com qualquer tipo de irrealismo. Embora não seja possível conhecer as coisas em si, é possível supor sua existência. Caso contrário, existiriam fenômenos (aparências) sem uma causa, sem algo que aparecesse. Um exemplo que Kant utiliza para justificar a distinção entre a coisa em si e a representação é especialmente elucidativo acerca da influência de seu método crítico sobre sua filosofia moral: a liberdade. As ações do ser podem ser empiricamente conhecidas como determinadas pelo mesmo princípio que a razão utiliza para explicar todas as coisas na natureza: o princípio da causalidade. Contudo, se somente pudéssemos pensar as ações humanas como fenômenos, jamais poderíamos conceber a ideia de liberdade, pois todas as ações seriam determinadas por causas exteriores.

É porque podemos supor a existência da alma humana como coisa em si que podemos pensá-la fora do mundo fenomênico, independentemente das leis da causalidade e, portanto, dotada de vontade livre. Sem essa distinção, pensar a vontade livre seria impossível, pois a alma humana seria sempre determinada pelo mesmo mecanismo natural de determinação das coisas. Deve ser possível, então, afirmar que algo (a alma humana) pode estar sujeito ao mesmo tempo à causalidade natural e a algum outro princípio de determinação que independe da influência dos fatores internos; no caso, a vontade livre. Daí a tese kantiana de que:

> A causalidade segundo as leis da natureza não é a única de onde podem ser derivados os fenómenos do mundo em seu conjunto. Há ainda uma causalidade pela liberdade que é necessário admitir para os explicar.[7]

---

[6] Como não há espaço aqui para aprofundar-se nas diferentes interpretações sobre o idealismo transcendental, recomenda-se a leitura de ROHLF, Michael, "Immanuel Kant", *The Stanford Encyclopedia of Philosophy* (Summer 2014 Edition), Edward N. Zalta (ed.), URL = <http://plato.stanford.edu/archives/sum2014/entries/kant/>. Acesso em 06.07.2015.

[7] KANT, Immanuel. *Crítica da razão pura*. trad. Manuela Pinto dos Santos e Alexandre Fradique Morujão. Lisboa: Fundação Calouste Gulbenkian, 2001, p. 406.

A separação entre liberdade e natureza torna-se, então, fundamental para a compreensão da moral kantiana. A liberdade pressuposta, transcendental, é uma condição de possibilidade para a concepção da liberdade prática. Se não existisse uma causalidade pela liberdade, as ações humanas poderiam ser compreendidas tão somente como meras consequências da ação de agentes externos e não seria, portanto, livres. Isso significa que a fundamentação de uma metafísica dos costumes, se puder ser tratada cientificamente, deve ser elaborada exclusivamente com base em conceitos *a priori* da razão pura e não por meio da busca de fatores naturais ou teleológicos que determinam a vontade humana, como o instinto de auto conservação, a busca pela felicidade ou a providência divina.

O esforço de fundamentação da moral sobre critérios formais tem, em Kant, o escopo de conferir à ética um estatuto científico. Para tanto, ele considera necessário separar a parte empírica da moral (a *antropologia prática*) da sua parte racional (a *moral*), assim como o faz a física ao separar sua parte empírica de sua parte racional[8]. Como consequência, as máximas baseadas na experiência, que apenas poderiam orientar ações por meio de um imperativo hipotético, são completamente excluídas como critérios morais em sua ética. Isso porque, em primeiro lugar, o exame da experiência e do possível resultado das ações como critério de avaliação da moralidade torná-la-ia dependente de circunstâncias históricas, ou seja, situações não universais; em segundo lugar, a dependência da experiência negaria à ação moral seu caráter autônomo, tornando-a dependente de uma vontade heterônoma, que vincula o agente às inclinações externas que o afastam da obediência exclusiva ao próprio dever[9].

---

[8] KANT, Manuel. *Fundamentación de la metafísica de las costumbres; Crítica de las costumbres; Crítica de la razón práctica; La paz perpetua*. Estudio introductivo y análisis de las obras por Francisco Larroyo. 11 ed. Mexico, D. F.: 1998, p. 16.

[9] A este respeito, alerta Kant: Não se pode prestar serviço mais precioso àqueles que se riem de toda a moralidade como de uma simples quimera da imaginação humana exaltada pela presunção do que conceder-lhes que os conceitos do dever (exactamente como por preguiça nos convencemos que acontece também com todos os outros conceitos) têm de ser tirados somente da experiência; porque assim lhes preparamos um triunfo certo. [...] E então nada nos pode salvar da completa queda das nossas idéias de dever, para conservarmos na alma o respeito fundado pela lei, a não ser a clara convicção de que, mesmo que nunca tenha havido acções que tivessem jorrado de tais fontes puras, a questão não é agora de saber se isto ou aquilo acontece, mas sim que a razão por si mesma e independentemente de todos os fenômenos ordena o que deve acontecer; de forma que acções, de que o mundo até agora talvez

FILOSOFIA DO DIREITO INTERNACIONAL

Com isso, Kant refuta a ideia de que a moral possa se basear em imperativos hipotéticos de prudência, que orientam a ação em busca das virtudes necessárias para atingir a felicidade, ou em imperativos hipotéticos de destreza, que orientam a ação em busca de um fim qualquer. A ação livre não é aquela que busca a realização de um fim exterior, nem aquela que é conforme um dever heteronomamente determinado, mas aquela que tem como objetivo a própria obediência às regras autonomamente formuladas por uma razão livre, sendo identificada pelo imperativo categórico.

3. A FILOSOFIA DA HISTÓRIA DE KANT.

Em especial, a exclusão dos imperativos hipotéticos de prudência gera controvérsia com os teóricos adeptos da tradição ética aristotélica. Logo no prefácio de *A prudência em Aristóteles*[10], Pierre Aubenque ressalta a perda da importância do conceito e da virtude da prudência nas teorias morais modernas. Relegada ao rótulo de "virtude tola"[11], a prudência encontrou o auge de sua rejeição no seu banimento da filosofia moral de Kant. Mais do que isso, ele afirma que "a polêmica de Kant contra a doutrina tradicional da prudência contem *in nuce* a totalidade da sua filosofia prática."[12].

Por serem imperativos hipotéticos, os imperativos de prudência expressam a determinação de uma vontade heterônoma e, portanto, "incapaz de ser dita boa em si mesma"[13]. Enquanto busca dos meios adequados para a realização de um fim real – a felicidade -, eles determinam um agir condicionado pelas contingências externas da experiência, tornando-se inadequados para o domínio da moralidade, já que escapam à ideia de que "a verdadeira obrigação não resulta da adaptação dos meios ao fim (pois só

---

não deu nenhum exemplo, de cuja possibilidade poderá duvidar até aquele que tudo funda na experiência, podem ser intermitentemente ordenadas pela razão: por exemplo, a pura lealdade na amizade não pode exigir-se menos de todo o homem pelo fato de até agora talvez não ter existido nenhum amigo leal, porque este dever, como dever em geral, anteriormente a toda a experiência, reside na idéia de um razão que determina a vontade por motivos a priori. (1995, pp. 40 e 41)

[10] AUBENQUE, Pierre. *A prudência em Aristóteles*. Tradução de Marisa Lopes. 2. ed. São Paulo: Discurso Editorial, Paulus, 2008.

[11] *Ibidem, p. 12.*

[12] *Ibidem, p. 315.*

[13] *Ibidem, p. 317.*

um fim pode ser obrigatório), mas da subsunção de uma ação particular sob a regra geral das ações boas."[14]

Aubenque, contudo, atribui ao esforço kantiano de fundamentação formal da moralidade a raiz da incapacidade da moralidade moderna em assegurar a convivência pacífica:

> O formalismo da lei moral, com seus corolários que são a categorização do imperativo e o desinteresse tanto pelos meios quanto pelas conseqüências, corre o risco de conduzir à violência, especialmente no domínio político. O exemplo da Revolução Francesa, em relação a qual Kant reconhecia a justo título a primeira tentativa de moralização da política, estava lá para lembrá-lo que não é a prudência, mas o moralismo que, em política, conduz ao terror.[15]

O autor certamente se refere à avaliação positiva da Revolução Francesa feita em "O conflito das faculdades", obra publicada em 1790. Aqui, Kant afirma ser a causa da revolução "uma disposição moral do gênero humano", justificada por duas perspectivas:

> [...] primeiro, é a do direito de que um povo não deve ser impedido por outros poderes de a si proporcionar uma constituição civil, como ela se lhe afigurar boa; em segundo lugar, a do fim (que é ao mesmo tempo dever), de que só é em si legítima e moralmente boa a constituição de um povo que, por sua natureza, é capaz de evitar, quanto a princípios, a guerra ofensiva – tal não pode ser nenhuma outra a não ser a constituição republicana, pelo menos segundo a ideia, portanto apta para ingressar na condição graças à qual é afastada a guerra (fonte de todos os males e corrupção dos costumes), e assim se assegura negativamente ao género humano, em toda a sua fragilidade, o progresso para o melhor, pelo menos, não ser perturbado na progressão[16].

---

[14] *Ibidem, p. 316.*
[15] AUBENQUE, Pierre. *A prudência em Aristóteles.* Tradução de Marisa Lopes. 2. ed. São Paulo: Discurso Editorial, Paulus, 2008, p. 336.
[16] *Ibidem, pp. 105-106.*

Aqui, em primeiro lugar, Kant claramente atribui ao povo um poder constituinte, negando aos outros poderes constituídos o direito de impedir a criação de uma constituição civil boa. Em segundo lugar, Kant atribui ao povo o direito de criar para si uma constituição capaz de assegurar-lhes a paz, único meio de assegurar o progresso (ou ao menos de não atrapalhá-lo), que é a constituição republicana.

Ao justificar moralmente a revolução, Kant subverte a lógica hobbesiana, que fundamenta o absolutismo sobre a ideia de que a política está acima da moral, posicionando a moral acima da política. Ao mesmo tempo, contudo, Kant ataca a filosofia política hobbesiana em seu próprio fundamento, já que é a constituição republicana, e não a mera outorga de poder ao soberano, a única capaz de eliminar a guerra e garantir o progresso humano.

Aporeticamente, o direito que um povo tem de formular para si uma constituição moralmente boa para, assim, assegurar a paz, justifica a violência da revolução. Por isso Aubenque conclui que o resultado da exclusão do imperativo hipotético e da prudência na moral moderna é uma modernidade imprudente:

> O risco da moral kantiana é o mesmo que é inerente ao nosso mundo moderno, um mundo, no sentido rigoroso do termo, 'imprudente', onde a proliferação dos meios, consequências do progresso científico, torna paradoxalmente cada vez mais difícil a previsão das consequências e, por conseguinte, incerta a realização adequada dos fins, mesmo os mais morais.[17]

A confiança de Kant no imperativo categórico poderia resultar em possibilidades múltiplas de conflito entre a moral interior e as consequências exteriores. A perda do valor moral da prudência e da importância dos fins na ética kantiana em prol de um controle formal da moral traz, para Aubenque, a raiz de uma modernidade que, cada vez menos, se torna incapaz de controlar o resultado das próprias ações, principalmente diante do progresso científico e tecnológico que agrava a imprevisibilidade das ações humanas.

---

[17] *Ibidem, p. 342.*

É preciso observar, contudo, que esta aparente aporia kantiana só pode ser compreendida se considerada a sua filosofia da história, que via na natureza humana uma predisposição irresistível para o progresso:

> Os homens, enquanto indivíduos, e mesmo povos inteiros mal se dão conta de que, enquanto perseguem propósitos particulares, cada qual buscando seu próprio proveito e frequentemente uns contra os outros, seguem inadvertidamente, como a um fio condutor, o propósito da natureza, que lhes é desconhecido, e trabalham para sua realização, e, mesmo que conhecessem tal propósito, pouco lhes importaria.[18]

A filosofia do progresso garante que um critério formal seja suficiente para fundamentar a moralidade, independentemente da previsibilidade das consequências. Isso porque, os homens não necessitam agir deliberadamente, com base em fins previsíveis e desejáveis para sua ação. Na visão de Kant, a história possui um fio condutor *a priori* que aponta para um desenvolvimento moral progressivo da humanidade como um todo, queiram os indivíduos ou não e independentemente de seus objetivos particulares.

A filosofia da história de Kant, a princípio, asseguraria o bom resultado das ações humanas mesmo que elas não fossem relevantes sob o ponto de vista moral. Para o filósofo de Königsberg, o progresso da humanidade em busca da paz concerne à causalidade da natureza e não à causalidade da liberdade. É o que diz a oitava disposição da *Ideia de uma história universal de um ponto de vista cosmopolita*:

> Pode-se considerar a história da espécie humana, em seu conjunto, como a realização de um plano oculto da natureza para estabalecer uma constituição política (*Staatsverfassung*) perfeita interiormente e, quanto a este fim, também exteriormente perfeita, como o único estado no qual a natureza pode desenvolver plenamente, na humanidade, todas as suas disposições.[19]

---

[18] KANT, Immanuel. *Ideia de uma História Universal de um Ponto de Vista Cosmopolta. Organização Ricardo R. Terra; tradução Rodrigo Naves, Ricardo R. Terra. 2ª ed. São Paulo, Martins Fontes, 2004, p. 4.
[19] Ibidem, p. 17.

FILOSOFIA DO DIREITO INTERNACIONAL

O indivíduo, independentemente do resultado pretendido, não influencia o desenvolvimento da humanidade como um todo, pois, como afirma Ricardo Terra, "há como que um ardil da natureza fazendo com que os homens e os povos, mesmo procurando atingir apenas seus interesses, acabem por realizar um propósito mais amplo e elevado"[20].

Aliás, o caminho de que a natureza se serve para realizar seus desígnios é, para Kant, o próprio antagonismo entre as disposições individuais, que motiva a existência de leis para regular a sociedade e garantir a ordem necessária para o progresso[21]. Nesta ótica, existindo sempre a tensão entre interior e exterior, entre moralidade e legalidade, entre a conduta individual e os fins coletivos, não interessa muito que o resultado das ações seja deliberado e suas consequências sejam, na medida do possível, previsíveis, uma vez que é justamente o conflito e não a harmonia entre os interesses que garante o progresso e a paz. A filosofia da história, portanto, explica a convivência tensa entre a liberdade interior e a liberdade exterior, entre a moral e o direito, entre a conduta individual e os fins coletivos. Como afirma Ricardo Terra, "*a tensão entre o inteligível e o sensível, o idealismo político e a 'antropologia política', o direito político e as instituições políticas efetivas exige a filosofia da história*"[22].

Ora, se a natureza já garante o desenvolvimento histórico na rota do aperfeiçoamento da humanidade, qual seria, então, o propósito de um modelo de tratado fundamentado em concepções morais e orientado para a paz?

4. À PAZ PERPÉTUA.

Em sua obra À paz perpétua, Kant elabora os elementos essenciais de um tratado para estabelecer, de forma definitiva, a paz entre os Estados.

[20] TERRA, Ricardo Ribeiro. *A política tensa: Ideia e Realidade na Filosofia da História de Kant.* São Paulo/SP: Editora Iluminuras Ltda., 1995, p. 165.

[21] É o que diz Kant na quarta proposição de "Ideia de uma universal de um ponto de vista cosmopolita": "O meio de que a natureza se serve para realizar o desenvolvimento de todas as suas disposições é o antagonismo delas na sociedade, na medida em que ele se torna ao fim a causa de uma ordem regulada pelas leis desta sociedade." (2004, p. 8).

[22] TERRA, Ricardo Ribeiro. *A política tensa: Ideia e Realidade na Filosofia da História de Kant.* São Paulo/SP: Editora Iluminuras Ltda., 1995, p. 162.

Segundo Höffe[23], o ano de publicação da obra, 1795, ano da Paz de Basiléia, é significativo. No entanto, para ele, o propósito do texto é puramente filosófico e não possui pretensões políticas, contendo os princípios de uma filosofia integral do Direito e do Estado que só viria a ser sistematizada mais tarde, com a publicação da *Metafísica dos Costumes* (1797).

Mesmo assim, a mudança do posicionamento do filósofo ao longo dos anos que se seguiram à Revolução Francesa, em especial quanto ao direito de resistência (talvez agravada pela censura sofrida por Kant no reinado de Frederico II[24]), também podem conter elementos contextuais significativos para a compreensão da obra. Pode apresentar-se como sintomático que, seguinte aos anos de Terror que sucederam a Revolução Francesa, bem como aos conflitos entre a Prússia e a França revolucionária, Kant resolva tratar sobre a paz e manifestar-se contra a violência revolucionária, mesmo após seus elogios do espírito moral da Revolução Francesa em obra publicada no ano seguinte à sua eclosão.

O texto foi publicado em um contexto em que o racionalismo filosófico rivalizava com o realismo político[25]. Ele se estrutura na forma de um tratado, contendo uma primeira seção com seis artigos preliminares e uma segunda com três definitivos, além de dois suplementos e um apêndice sobre a relação entre a moral e a política. No seu início, o filósofo ironiza o desdém pelos políticos teóricos por parte dos políticos práticos, que consideram que o Estado deve basear-se apenas em princípios derivados da experiência. Sobre a imagem de um cemitério pintada na porta de uma estalagem holandesa com os dizeres "para a paz perpétua", Kant indaga se a paz do túmulo como única paz perpétua possível se aplica apenas aos seres humanos em geral ou também para os chefes de Estado, que nunca se fartam da guerra. A mensagem do filósofo é clara: convém ouvir os teóricos, já que a experiência dos políticos práticos somente fez conduzir aos cemitérios.

---

[23] HÖFFE, Otfried. *A democracia no mundo de hoje*. Tradução Tito Lívio Cruz Romão; revisão da tradição Luiz Moreira. São Palo: Martins Fontes, 2005a (Coleção biblioteca universal).

[24] C.f. HÖFFE, Otfried. *Immanuel Kant*. Tradução Christian Viktor Hamm, Valerio Rohden. São Paulo: Martins Fontes, 2005b, pp.23-28

[25] PERREAU-SAUSSINE, Amanda. *Immanuel Kant on International Law*. In: BESSON, Samantha; TASIOULAS, John (Ed.). *The philosophy of international law*. Oxford University Press, 2010, p. 54.

FILOSOFIA DO DIREITO INTERNACIONAL

A separação entre natureza e liberdade, que é basilar na filosofia kantiana, reaparece em À paz perpétua. No entanto, o esforço de Kant vai sempre no sentido de afirmar que, embora política e moral sejam distintas, não são conflitantes, como percebe Amanda Perreau-Saussine:

> Para Kant, o conhecimento da natureza humana que qualquer bom conselheiro ('político moral') precisa ter deve ser baseado na compreensão do que os seres humanos podem se tornar; isso requer conhecimento do que seres humanos devem fazer – uma metafísica dos costumes. Estudantes da natureza humana (a quem Kant chama de antropólogos morais) demandam princípios morais *a priori*, universais, para servirem de 'guias para o julgamento' e 'para a disciplina da mente na sua obediência ao dever, cuja percepção deve ser dada absolutamente apenas *a priori* pela razão pura'. Ao negar à razão o papel prioritário de guia para a observação do lado ermo da natureza humana, os realistas tornam o aperfeiçoamento impossível e perpetuam, tanto quanto podem, violações do direito. [...] Kant argumenta que a compreensão correta da natureza humana requer a metafísica dos costumes, uma compreensão reflexiva, arrazoada do julgamento moral e dos princípios morais em que o julgamento é baseado. E no centro da metafísica dos costumes reside o reconhecimento da liberdade humana: a liberdade deve ser pressuposta ou 'postulada' pela razão prática.[26].

A ausência de ameaça da filosofia moral para a política é reforçada por Kant no apêndice do tratado, em que ele cuida especialmente do acordo

---

[26] Traduzido do original "For Kant, the understanding of human nature that any good counsellor ('moral politician') requires must be based on an understanding of what human beings can become; this in turn requires knowledge of what humans ought to do— a 'metaphysics of morals'. Students of human nature (whom Kant calls moral anthropologists) require universal, *a priori* moral principles to serve as 'guides to judgment' and 'for the discipline of the mind in its obedience to duty, whose precept must absolutely be given only a priori by pure reason'. In denying to reason a guiding role prior to observation of the bleak side of human nature, realists make 'improvement *impossible* and perpetuate, as far as they can, violations of right'. [...] Kant argues that a correct understanding of human nature requires a metaphysics of morals, a reflective, reasoned understanding of moral judgment and the moral principles on which such judgment is based. And at the core of this metaphysics of morals lies a recognition of human freedom: freedom must be presupposed or 'postulated' by practical reason.". *Ibidem*, pp. 54-55

entre a moralidade e a política no que diz respeito ao conceito transcendental de direito público. No texto, ele reafirma a autoridade do dever moral, enquanto leis obrigatórias e incondicionais, mas afirma também a possibilidade de uma harmonia entre a política e a moral:

> A política diz: "Sede astutos como a serpente." A moral acrescenta esta condição limitativa: "e cândidos, como a inocente pomba". Se ambos os conselhos não puderem entrar em um mesmo preceito, existiria realmente uma oposição entre a política e a moral; mas se ambos devem ir unidos absolutamente, será absurdo o conceito da oposição, e a questão de como se há de resolver o conflito não poderá apresentar-se sequer como problema a ser resolvido.[27]

Como prova dessa harmonia possível, Kant concebe a figura do "político moral", ou seja, aquele que considere os princípios da prudência política como compatíveis com a moral[28]; o que não se confunde com o moralista político, aquele que forja a si mesmo uma moral *ad hoc* favorável às suas conveniências. Esta união entre os princípios de prudência política e a moral produz resultados bem mais moderados que o elogio da revolução feito anteriormente por Kant. Mais do que isso, ela visa evitá-la. O político moral de Kant esforça-se para adequar a constituição ao direito natural, mas age de forma comedida, deliberada e buscando o momento correto da realização desses feitos:

> Eis aqui a máxima fundamental que deverá seguir o político moral: Se na constituição do Estado ou nas relações entre Estados existem vícios que não se pôde evitar, é um dever, principalmente para os governantes, estarem atentos a remediá-los o mais pronto possível e a conformar-se ao direito natural, tal como a ideia da razão

---

[27] Traduzido de: "Politics says: 'Be ye as prudent as serpents', and morality adds to this, as a limiting condition, "and as innocent as doves." If both cannot coexist in a command, then there is really a conflict between politics and morality. If both coexist entirely, however, then the idea of their opposition is absurd, and the question as to how that conflict is to be resolved does not even present itself as a task to be pursued." KANT, Immanuel. WOOD, Allen W (Ed.). *Toward perpetual peace and other writings on politics, peace, and history.* Yale University Press, 2006, p. 94

[28] *Ibidem*, p. 96

FILOSOFIA DO DIREITO INTERNACIONAL

nos apresente ante os olhos; e isto deverá fazê-lo o político ainda sacrificando seu egoísmo. Romper os laços políticos que consagram a união de um Estado ou da humanidade antes de ter preparada uma melhor constituição, para substituí-la à anterior, seria proceder contra toda prudência política, que neste caso concorda com a moral[29].

A redenção da prudência vem, na filosofia de Kant, como uma constatação de que ela nem sempre conflita com a moral. A revolução súbita, sem a necessária ponderação do tempo adequado (o *kairós* lembrado por Pierre Aubenque[30]), é medida agora considerada imprudente e, ao mesmo tempo, imoral, de modo que o direito que um povo possui de formular uma constituição civil republicana pode ter que ceder lugar a uma reforma mais cautelosa até um momento histórico oportuno.

Estruturado como tratado, o texto de À paz perpétua carrega advertências como essas que mascaram seu caráter revolucionário, evitando o tom de imposição da filosofia moral sobre a política como se fosse um mero projeto de paz a ser perseguido e não uma intervenção de um filósofo em assuntos de Estado.

O primeiro artigo preliminar indica o que o tratado de fato deve ser, ou seja, um tratado para a paz definitiva: "Não deve considerar-se válido nenhum tratado de paz que tenha sido celebrado com a reserva secreta sobre alguma causa de guerra no futuro"[31]. Qualquer tratado de paz que contenha uma reserva secreta que motive uma guerra futura deve ser considerado inválido, não passando de um mero armistício.

O segundo artigo, "Nenhum Estado independente (grande ou pequeno) poderá ser adquirido por outro mediante herança, permuta, compra ou doação"[32], estende a segunda fórmula do imperativo categórico ao direito internacional, formulando, sobre as bases de sua filosofia moral, o princípio da autodeterminação. Um estado, segundo Kant, não pode ser tomado como patrimônio. Estados são, para ele, pessoas morais que não podem ser

---

[29] KANT, Manuel. *Fundamentación de la metafísica de las costumbres; Crítica de las costumbres; Crítica de la razón práctica; La paz perpetua*. Estudio introductivo y análisis de las obras por Francisco Larroyo. 11 ed. Mexico, D. F.: 1998, p. 237.

[30] Op. Cit.

[31] KANT, Immanuel. WOOD, Allen W (Ed.). *Toward perpetual peace and other writings on politics, peace, and history*. Yale University Press, 2006, p. 67.

[32] *Ibidem*, p. 68.

convertidos em coisas, de modo que se um monarca se casa com outro de outro Estado, ou é herdeiro de outro, por exemplo, o Estado adquire um novo soberano, mas o soberano não adquire um novo Estado. Da mesma forma, deve ser proibido contratar o exército de outro Estado para lutar contra um inimigo não-comum, pois, neste caso, os súditos que compõem o exército são tratados como coisas.

Em sua terceira cláusula, o texto condena a ideia de exércitos permanentes. Eles constituem permanente ameaça de guerra e estimulam outros Estados a superarem-se uns aos outros em poderio militar, de forma incessante. Além disso, a imoralidade reside no fato de manter, em troca de dinheiro, pessoas para serem usadas para matar ou morrer, o que significa trata-las como instrumentos nas mãos do Estado. Kant ressalva, contudo, o direito de os cidadãos envolverem-se em treinamentos militares periódicos e voluntários para defenderem suas pátrias. Do mesmo modo, Kant condena o acúmulo despropositado de recursos, pois isso seria considerado ameaça de guerra por outros Estados, motivando medidas de guerra preventivas.

O quarto artigo preliminar também se preocupa com o poderio econômico. "O Estado não deve contratar dívidas em conexão com seus assuntos internacionais"[33]. É legítimo contratar empréstimos para satisfazer necessidades da economia doméstica, mas o sistema de crédito, que Kant considera uma invenção ingênua das pessoas comercialmente ativas de seu século, se utilizado com instrumento de poder, representa um poder monetário perigoso[34].

O quinto artigo preliminar estabelece o princípio da não-intervenção. "Nenhum Estado deve intervir forçosamente na constituição e no governo

---

[33] KANT, Immanuel. WOOD, Allen W (Ed.). *Toward perpetual peace and other writings on politics, peace, and history. Yale University Press*, 2006, p. 94.

[34] A preocupação de Kant não é com o abuso do credor, mas sim com o abuso do devedor. Já que nem todos os credores cobrarão suas dívidas simultaneamente, um Estado pode, contraindo múltiplas dívidas, adquirir uma riqueza maior que a de todos os Estados juntos, o que apenas poderia ser impedido pela perda de receitas fiscais (que, no entanto, poderia ser mitigada pelo estímulo à economia pelo efeito do sistema de créditos na indústria e no comércio). Essa facilidade para financiar a guerra, combinada com a inclinação, que parece ser parte essencial da natureza humana, de promove-la, é então um grande impedimento à paz perpétua e deve ser proibida.

FILOSOFIA DO DIREITO INTERNACIONAL

de outro Estado"[35]. Nem mesmo o mal que o governo de outro Estado faz a seus próprios cidadãos pode servir de justificativa para a intervenção. Deve servir, ao invés, de mero exemplo negativo sobre os perigos da ilegalidade. Um caso à parte é o de um Estado que, por conflitos internos, se divide em duas partes (guerra civil). Um Estado externo que auxilia uma das partes, portanto, não poderia ser acusado de interventor, pois ali não há ordem; há anarquia. O auxílio é permitido, mas não a intervenção, pois um povo que luta contra suas próprias enfermidades internas não pode ser tolhido de sua autonomia.

No último artigo preliminar Kant se preocupa com o uso de táticas desleais em tempos de guerra. "Nenhum Estado deve permitir-se hostilidades tais em períodos de guerra que tornariam impossível uma confiança mútua em um período de paz futuro"[36]. Deve haver um mínimo de confiança na maneira do inimigo de pensar. Do contrário, a guerra se tornaria uma guerra de extermínio. A guerra é somente um expediente lamentável para determinar o direito de um pela força, já que não há uma autoridade legal superior para determiná-lo. Nenhuma das partes na guerra pode ser declarada um inimigo injusto, já que não há quem tenha autoridade para tal declaração. Uma guerra punitiva entre Estados também é inconcebível, já que não há hierarquia entre eles para determinar quem desobedeceu ao quê. Kant ressalta especialmente a proibição do uso de espiões, como meio de guerra malicioso em si mesmo, pois mesmo em tempos de guerra, os Estados devem ser capazes de manter uma esperança de paz futura.

Para o próprio Kant, os números 1, 5 e 6 são aplicáveis apesar de qualquer circunstância, enquanto 2, 3 e 4 permitem certa subjetividade na sua aplicação, dependendo das circunstâncias.

Em sua segunda seção, que contêm os artigos definitivos da paz perpétua entre os Estados, afirma-se que o estado de paz deve ser estabelecido por meio do direito, pois o estado de natureza é um estado de guerra ou de permanente ameaça de guerra. O direito é instrumento indispensável para a garantia da paz e das liberdades externas. No Estado de natureza, a mera presença do outro é ameaça. Nesta linha, tenho apenas duas opções: requerer que meu vizinho se junte a mim em um estado de direito (*common civil law*) ou removê-lo de minha vizinhança.

---

[35] KANT, Immanuel. WOOD, Allen W (Ed.). *Toward perpetual peace and other writings on politics, peace, and history.* Yale University Press, 2006, p. 70.

[36] *Ibidem*, p. 70.

O postulado de todos os artigos da paz perpétua é que todas as pessoas que podem exercer influência recíproca sobre as outras devem obediência a um dever moral que as obriga a ser parte de uma constituição civil. Ainda, qualquer constituição jurídica, toma uma das seguintes formas:

I. Uma baseada no direito dos cidadãos de um Estado governando os indivíduos de um povo (*ius civitatis*)

II. Uma baseada no direito internacional governando as relações de Estados uns com os outros (*ius gentium*);

III. Um baseado em um direito cosmopolita, na extensão de que indivíduos e Estados, que são relacionados externamente pelo exercício mútuo de influência uns sobre os outros, devem ser considerados como cidadãos de um Estado universal da humanidade (*ius cosmopoliticum*).

No primeiro artigo definitivo, Kant estabelece que "a constituição civil de todo estado deve ser republicana". A constituição republicana é estabelecida, em primeiro lugar, de acordo com um princípio de liberdade (externa, jurídica) dos membros da sociedade, que ele entende não como mera ausência de limitações externas, mas sim como "a autoridade de obedecer a nenhuma lei exterior que não seja aquela em que em fui capaz de dar meu consentimento"[37]. Em segundo lugar, é estabelecida com base em princípios de dependência de todos a uma única legislação comum (como sujeitos) e, em terceiro lugar, de acordo com a lei da equidade (como cidadãos do Estado). Tal ideia de equidade (também externa, jurídica) em um Estado é a de que ninguém pode estabelecer uma obrigação legal para uma pessoa sem, de forma similar, submeter-se a uma lei segundo a qual ele pode ser visto em uma obrigação similar pelo outro.

A constituição republicana é o único tipo de constituição que deriva da ideia de um contrato original, no qual todas as leis legisladas por um povo devem se basear. Essa ideia separa radicalmente Kant de Hobbes, na medida em que o contrato social neste é fruto do desejo de auto conservação, enquanto para aquele ele deriva de um dever moral, de uma ação orientada ao dever e não a fins exteriores. Além disso, em Hobbes, o con-

---

[37] KANT, Immanuel. WOOD, Allen W (Ed.). *Toward perpetual peace and other writings on politics, peace, and history. Yale University Press, 2006, p. 74.*

trato social fundamenta o absolutismo, enquanto que para Kant somente a constituição republicana é justificada pelo contrato social.

Além de ser a única, portanto, que deriva do conceito de direito, a constituição republicana é a única capaz de levar à paz perpétua. Isso porque, se na constituição republicana é necessário o acordo dos cidadãos para decidir entrar ou não em guerra, então nela a decisão seria muito mais cautelosa, já que são os próprios cidadãos quem suportarão as consequências da guerra (lutar, pagar os custos, reparar os danos e, sobretudo, assumir o fardo da dívida de prejudicar a paz). Em contraste, em uma constituição onde o soberano não é um cidadão do Estado, mas sim seu proprietário (como em Hobbes), é muito mais fácil declarar a guerra, que em geral tira a vida de soldados e sacrifica o povo, mas não ameaça as "[...] festas, caçadas, residências de verão, festas de corte e essas coisas [...]"[38] do soberano.

Kant também explica o que contrapõe a república ao despotismo, dizendo respeito não a quem governa, mas sim à forma como se governa. O republicanismo é o princípio segundo o qual o poder legislativo é separado do executivo e o despotismo é o princípio segundo o qual um único poder executa, em sua própria autoridade, leis que fez para si mesmo. O governo republicano só é possível em um sistema representativo, sem o qual o governo será despótico e violento.

Rege o segundo artigo definitivo da paz perpétua que "o direito internacional deve se basear somente no federalismo de estados livres". Para Otfried Höffe[39], em Kant o que fundamenta um tratado de paz perpétua é tanto um aspecto negativo (o temor da guerra) quanto um aspecto positivo (o republicanismo, baseado no dever moral). Mas, embora o contratualismo kantiano seja bem diferente da teoria do Hobbes no âmbito interno, no âmbito externo o apreço pela auto conservação tem papel de destaque.

Os Estados, assim como as pessoas, podem ser tomadas como indivíduos que, como no Estado de natureza (situação em que vivem independentemente de uma lei exterior), fazem mal uns aos outros pela simples proximidade entre si e que, pela necessidade de auto conservação, podem e devem demandar uns dos outros que se juntem em uma constituição civil. Da mesma forma que se desdenha a preferência dos povos primitivos por

---

[38] *Ibidem, p. 75.*
[39] HÖFFE, Otfried. *A democracia no mundo de hoje.* Tradução Tito Lívio Cruz Romão; revisão da tradição Luiz Moreira. São Palo: Martins Fontes, 2005a (Coleção biblioteca universal).

permanecerem na violência do Estado de natureza, povos civilizados devem ter pressa em sair de um Estado de natureza entre povos o quanto antes.

Contudo, já que cada Estado vê sua majestade como ausência de sujeição a um poder coercitivo externo, a forma que uma paz perpétua assumiria é a de uma federação e não a de um Estado supranacional. Como ressalta Perreau-Saussine[40], para muitos autores o fato de Kant levantar como razões para a não constituição de um Estado global questões práticas do domínio da experiência (como o risco de um despotismo generalizado ou de um estado anárquico generalizado) revela uma falta de coerência com seu sistema filosófico. Para a autora, no entanto, isso se deve a que, no estado de natureza entre indivíduos, existe um dever moral de deixar este estado e formar uma constituição civil, enquanto que no estado de natureza entre Estados esse dever moral inexiste. Já para Höffe[41], Kant, ao rejeitar uma república mundial, pondera o realismo com o argumento jurídico-moral, pois, embora fosse a medida mais racional, já que os Estados não abrem mão de sua soberania (no sentido de uma não sujeição a uma coerção externa), somente uma federação expansiva de Estados republicanos poderia prevenir a guerra.

O terceiro artigo definitivo da paz perpétua determina que "o direito cosmopolita deve ser limitado para as condições de uma hospitalidade universal". Ele aqui rejeita a ideia de que um direito cosmopolita poderia autorizar um direito de um estrangeiro em permanecer em um território alheio. O Direito cosmopolita tão somente outorga ao estrangeiro o direito de não ser tratado de forma hostil, enquanto se comporta pacificamente, como visitante. Com base nisso, Kant critica a política colonial, que considerava desocupada as terras da américa porque os nativos habitantes contavam como nada para eles; ou a atitude de levar tropas às índias, sob o pretexto de estabelecer postos comerciais.

---

[40] PERREAU-SAUSSINE, Amanda. *Immanuel Kant on International Law*. In: BESSON, Samantha; TASIOULAS, John (Ed.). *The philosophy of international law*. Oxford University Press, 2010, p. 56.

[41] HÖFFE, Otfried. *A democracia no mundo de hoje*. Tradução Tito Lívio Cruz Romão; revisão da tradição Luiz Moreira. São Palo: Martins Fontes, 2005a (Coleção biblioteca universal).

5. SOBRE A GARANTIA DA PAZ PERPÉTUA

Como se viu, Kant atribui inicialmente ao direito o papel de instrumento para a paz. No entanto, é preciso atentar-se para as considerações que Kant faz sobre a garantia da paz perpétua em sua obra, o que nem sempre é levado em conta pelos estudiosos do tema. Afinal, ainda que o direito seja o meio de efetivação da paz, qual é a garantia de sua perpetuidade?

Perreau-Saussine[42] argumenta que a paz perpétua é garantida pelo papel complementar dos direitos constitucional, internacional e cosmopolita na formação de uma comunidade ética que cresce gradativamente. Isto porque, embora a obediência às normas jurídicas não possua, de início, uma motivação moral, o constrangimento da lei faz com que o comportamento dos cidadãos se aproxime cada vez mais à virtude.

Embora o direito internacional não seja vinculante da mesma forma que o direito constitucional, o papel público do filósofo, visto por Kant como uma cláusula secreta do tratado constitutivo da federação[43], ao garantir que as decisões do Estado possam ser discutidas pelos filósofos publicamente assegura também o respeito daquele às leis. Assim, com o tempo, o respeito ao direito tanto por parte de cidadãos quanto de Estados contribui, na visão de Perrau-Saussine, para a formação de um espírito ético que asseguraria a paz perpétua a nível mundial.

Não obstante a autora reconheça que o papel da conformidade ao direito é restrito e insuficiente para a formação dessa comunidade ética, sua ênfase no papel público dos filósofos e na filosofia do direito para a garantia da paz perpétua[44] parece ignorar o papel significativo que a filosofia da história exerce como garantidora da paz.

---

[42] PERREAU-SAUSSINE, Amanda. *Immanuel Kant on International Law*. In: BESSON, Samantha; TASIOULAS, John (Ed.). *The philosophy of international law*. Oxford University Press, 2010.

[43] KANT, Immanuel. WOOD, Allen W (Ed.). *Toward perpetual peace and other writings on politics, peace, and history. Yale University Press, 2006, pp. 92 e ss.*

[44] "Está longe do espítiro kantiano de escrita sobre o Direito argumentar que ele 'falha' em propor um Estado mundial ou poderes maiores para uma federação internacional por covardia, porque ele 'pensou ahistoricamente' ou foi um reformista ou republican insuficientemente apaixonado. O ponto de Kant é mais revolucionário: que o nossa determinação final não pertence a nenhuma mera forma de governo, nenhum poder temporal, mas ao invés às leis morais elaboradas autonomamente dentro de uma sempre expansiva comunidade ética. Para Kant, a revolução deve vir dos corações humanos e espalhar para suas cabeças tanto pelo seu carater quanto pelas sua normas jurídicas; que a revolução deve ser liderada por filósofos."

O trecho em que Kant estabelece que a paz perpétua somente pode ser estabelecida pelo direito, uma vez que o estado de natureza entre Estados é necessariamente um estado de guerra, não pode ser interpretado separadamente da própria garantia inserida como primeiro suplemento de seu modelo de tratado, em que se afirma:

> O que garante a paz perpétua é nada mais que a grande artista *natureza (natura daedala rerum)*. O curso mecânico da natureza visivelmente revela um plano proposital de criar harmonia por meio da discórdia entre os povos, mesmo contra sua vontade. Assim, se entendida como a força coercitiva de uma causa cujas leis de operação são desconhecidas por nós, este plano é chamado *Destino*. Mas se, tendo em consideração o caráter proposital da natureza no curso do mundo, é entendido como a sabedoria subjacente de uma causa maior que é dirigida para o fim objetivo final da espécie humana e que predetermina o curso de seus eventos no mundo, é chamada *Providência*.[45]

Ora, se a natureza, cujo curso mecânico através da história revela as disposições de uma causa maior, seria a própria garantidora da paz perpétua, o papel do direito é o de tão somente servir de instrumento de realização dos desígnios da Providência. Isso significa que, ao contrário do que o corre internamente no estado, em que os cidadãos, motivados pelo dever moral de garantir a liberdade externa e a autodeterminação individual por meio do direito, abandonam o estado de natureza, a constituição de um tratado internacional de paz explica-se muito mais por uma causalidade natural

---

Traduzido de: "*It is far from the spirit of Kant's writing on law to argue that he 'fails' to propose a world state or greater powers for an international federation out of cowardice, because he 'thought unhistorically' or was an insufficiently 'passionate' reformer and republican. Kant's point is more revolutionary: that our ultimate allegiance belongs to no mere form of government, no temporal power, but instead to the moral laws elaborated autonomously within an ever-expanding ethical community. For Kant, the revolution must come within men's hearts, and spread via their heads both to their 'characters' and to their juridical laws; that revolution is to be led by philosophers*". PERREAU-SAUSSINE, Amanda. *Immanuel Kant on International Law*. In: BESSON, Samantha; TASIOULAS, John (Ed.). *The philosophy of international law*. Oxford University Press, 2010, p. 69.

[45] KANT, Immanuel. WOOD, Allen W (Ed.). *Toward perpetual peace and other writings on politics, peace, and history. Yale University Press, 2006, p. 85.*

FILOSOFIA DO DIREITO INTERNACIONAL

independente das vontades individuais do que pela autonomia dos sujeitos envolvidos, que pressupõe a causalidade pela liberdade.

A aparente contradição que o elogio que Kant faz da guerra em sua obra sobre a paz é verdadeiramente significativa. Para ele, é por meio da guerra que a humanidade ocupa todos os espaços do globo terrestre e por meio dela que os povos estabelecem sua primeira interação. Em suma, é por meio da guerra que a natureza inicialmente cumpre seus propósitos superiores, motivando a ordenação das relações sociais futuramente por meio do direito.

Höffe vê neste ponto da obra um simples reflexo da vicissitude da filosofia contemporânea a Kant, "derivadas dos clássicos latinos [...] e gregos[...], passando por Rousseau, pelos enciclopedistas [...] e por Adam Smith, que via na guerra uma vantagem moral, nomeadamente, um fator de regeneração moral."[46]. Supostamente, o que Kant elogia não é, na verdade, a guerra em si, mas as virtudes nela envolvidas, como a bravura. Essa visão, contudo, não condiz com o texto sobre a paz perpétua, que elogia a guerra por seu potencial exclusivo de tornar possível a expansão territorial e pelo fato de ser a guerra o que motiva os seres humanos a saírem do estado de natureza. Além disso, ao minimizar a importância do elogio à guerra feita por Kant, Höffe deixa de considerar um aspecto fundamental de seu sistema filosófico.

A contradição entre o apelo pela paz e o elogio da guerra em Kant é apenas aparente e desconsidera um elemento central de sua filosofia: a separação entre liberdade e natureza. Vale lembrar que a metafísica de Kant busca sempre a compreensão das condições de possibilidades do conhecimento, seja da razão pura, da razão prática, da moral ou do direito. No contexto de sua filosofia prática, defende-se aqui que os artigos da paz perpétua representam uma teoria sobre as condições de possibilidade para se conceber a paz entre os Estados, mas não o meio pelo qual ela pode ser atingida. Essa, lamentavelmente, escapa à sua filosofia prática, relegando a garantia da paz perpétua à causalidade natural e não ao direito:

A questão agora concerne à essência em almejar a paz perpétua: o que a natureza faz ao almejá-la, ou para ser preciso, ao almejar o

---

[46] HÖFFE, Otfried. *A democracia no mundo de hoje*. Tradução Tito Lívio Cruz Romão; revisão da tradição Luiz Moreira. São Palo: Martins Fontes, 2005a (Coleção biblioteca universal), p. 307.

fim que a própria razão constrói como um dever dos seres humanos e, portanto, para ansiar seu objetivo moral; e como a natureza garante aquilo que os seres humanos devem fazer de acordo com as leis da liberdade, mas que eles não fazem, pode ser assegurado sem afetar sua liberdade mesmo a natureza os compelindo a fazer e especificamente em consideração aos três tipos de direito público – direito constitucional, direito internacional e direito cosmopolita. Quando eu digo que a natureza quer que isso ou aquilo ocorra, não quero dizer que ela impõe um dever sobre nós para agirmos dessa forma (pois isso pode apenas ser feiro pela razão prática agindo livre de compulsão), mas, ao invés, que ela o faz ela mesma, independentemente de que desejemos ou não (*fata volentem ducunt, nolentem trahunt*)[47].

A violência da guerra, embora não se justifique pela causalidade pela liberdade, é perfeitamente compreensível sob o aspecto fenomênico da natureza, cuja coerência com a realização de seus propósitos superiores a história sempre confirma. Portanto, embora a razão livre dos indivíduos os ordene a busca da paz, a política e o direito ocupam um papel secundário, de mero instrumento, sendo a natureza, realizando seus desígnios no curso da história, a verdadeira responsável pela sua realização.

A consequência disso é que o conflito e o antagonismo de interesses realizados no curso da história perdem relevância moral, pois são explicáveis pela causalidade natural que determina o cumprimento dos propósitos da natureza. Em última instância, a filosofia da história mostra que, mesmo agindo mal, a humanidade sempre caminha para o progresso. Por

---

[47] Traduzido de: *The question now at hand concerns the essence with regard to perpetual peace: what nature does in this regard, or to be precise, with regard to the end that their own reason makes into a duty for human beings, and hence to further their moral aim; and how nature guarantees that that which human beings ought to do in accordance with the laws of freedom, but which they do not do, can be secured without injuring this freedom even through nature's compelling them to do so, and specifically with regard to all three types of public right, constitutional right, international right, and cosmopolitan right.—When I say that nature wills that this or that ought to happen, I do not mean that she imposes a duty upon us to act thus (for this can only be done by practical reason acting free of compulsion), but rather that she does it herself, regardless of whether we will it so or not (fata volentem ducunt, nolentem trahunt).* KANT, Immanuel. WOOD, Allen W (Ed.). *Toward perpetual peace and other writings on politics, peace, and history.* Yale University Press, 2006, p. 90.

fim, a obra de Kant sobre a paz serve, paradoxalmente, à naturalização e legitimação da violência.

6. CONCLUSÃO

Ao longo do texto, buscou-se compreender a obra À paz perpétua no contexto mais amplo do sistema filosófico Kantiano. Para tanto, foi preciso explicar, resumidamente, o papel da metafísica em compreender as condições de possibilidade do conhecimento e destacar a distinção que o filósofo faz entre natureza e liberdade, bem como a diferença fundamental entre as possibilidades de conhecimento dessas duas instâncias.

Além dessas distinções fundamentais, buscou-se enfatizar o papel determinante da filosofia da história para a correta compreensão de À paz perpétua. Defendeu-se a tese de que, mais do que a sugestão de um tratado, Kant buscou estabelecer as condições de possibilidade de um direito internacional e cosmopolita relegando, contudo, à natureza a explicação dos meios que garantirão sua realização.

A constituição de uma federação de Estados republicanos e livres representa, então, uma condição para a paz perpétua, mas que se realizará independentemente da vontade dos homens, por meio de uma determinação natural a ser implementada gradativamente no curso da história.

Nesta ótica, mesmo a violência das guerras se justifica na medida em que é o conflito entre os seres humanos que cria as condições para que os indivíduos se submetam às leis. Mais do que isso, ela também os instiga a buscarem a forma republicana, única capaz de evitar guerras futuras. O que não deixa de ser lamentável é que, embora moralmente condene a guerra, a filosofia de Kant, ao tratar a violência passada como parte do percurso natural de realização da paz, acaba a justificando. A tensão entre natureza e liberdade, por fim, atribui à história o papel de demonstrar que mesmo as piores ações individuais podem servir ao progresso da humanidade.

7. Referências:

AUBENQUE, Pierre. *A prudência em Aristóteles.* Tradução de Marisa Lopes. 2. ed. São Paulo: Discurso Editorial, Paulus, 2008.

BITTAR, Eduardo Carlos Bianca e ALMEIDA, Guilherme Assis de. *Curso de Filosofia do*

Direito. 10. ed. São Paulo: Atlas, 2012.

HÖFFE, Otfried. *A democracia no mundo de hoje.* Tradução Tito Lívio Cruz Romão; revisão da tradição Luiz Moreira. São Palo: Martins Fontes, 2005a (Coleção biblioteca universal).

_____. *Immanuel Kant.* Tradução Christian Viktor Hamm, Valerio Rohden. São Paulo: Martins Fontes, 2005b.

KANT, Immanuel. *Crítica da razão pura.* trad. Manuela Pinto dos Santos e Alexandre Fradique Morujão. Lisboa: Fundação Calouste Gulbenkian, 2001.

_____. *Ideia de uma História Universal de um Ponto de Vista Cosmopolta.* Organização Ricardo R. Terra; tradução Rodrigo Naves, Ricardo R. Terra. 2ª ed. São Paulo, Martins Fontes, 2004.

_____. *O Conflito das Faculdades.* Tradução Artur Morão. Covilhã: Lusosofia Press - Universidade da Beira Interior, 2008.

_____. WOOD, Allen W (Ed.). *Toward perpetual peace and other writings on politics, peace, and history.* Yale University Press, 2006.

KANT, Manuel. *Fundamentación de la metafísica de las costumbres; Crítica de las costumbres; Crítica de la razón práctica; La paz perpetua.* Estudio introductivo y análisis de las obras por Francisco Larroyo. 11 ed. Mexico, D. F.: 1998.

PERREAU-SAUSSINE, Amanda. *Immanuel Kant on International Law.* In: BESSON, Samantha; TASIOULAS, John (Ed.). *The philosophy of international law.* Oxford University Press, 2010.

TERRA, Ricardo Ribeiro. *A política tensa: Ideia e Realidade na Filosofia da História de Kant.* São Paulo/SP: Editora Iluminuras Ltda., 1995.

PARTE 2

PERSPECTIVAS CONTEMPORÂNEAS DA FILOSOFIA DO DIREITO INTERNACIONAL

CAPÍTULO 4

REALISMO, ESCOLHA RACIONAL E INTEGRIDADE NO DIREITO INTERNACIONAL: UMA ANÁLISE DO CASO *JURISDICTIONAL IMMUNITIES OF THE STATE* JULGADO PELA CORTE INTERNACIONAL DE JUSTIÇA

Cynthia Lessa da Costa e Platon Teixeira de Azevedo Neto

CONSIDERAÇÕES INICIAIS

O caso que se pretende analisar trata de uma demanda entre os Estados italiano e alemão em razão de situações ocorridas durante a Segunda Guerra Mundial. Como se sabe, a Itália esteve, durante um período, como aliada da Alemanha naquele conflito. Porém, em 1943, com a saída de Mussolini do poder na Itália, esta declarou guerra à Alemanha. Ocorre que havia parte das Forças Armadas da Alemanha na Itália e vice-versa. Os italianos, entretanto, acabaram sendo mais prejudicados com a ocupação alemã, tendo havido a execução de 203 civis, a deportação de membros da população civil para trabalharem como escravos na indústria bélica alemã, bem como a exploração da mão-de-obra forçada de italianos durante o período.

Não obstante tudo isso, o próprio Governo Italiano assinou um Tratado de Paz com a Alemanha em 1947, em que renunciava a todas as reivindicações contra a Alemanha e contra cidadãos alemães, decorrentes de crimes de guerra praticados por esses. Esse regime vigorou até 1953, quando a Alemanha adotou uma Lei Federal de Compensação, que estabeleceu a obrigação de minimizar os danos sofridos por indivíduos perseguidos durante o conflito mundial, mas não contemplou os cidadãos italianos. Estes buscaram reparação nas cortes alemãs, mas em decorrência daquela lei, seus pedidos não foram concedidos. Após insistentes ações e intensas negociações, houve emenda à Lei Federal de Compensação para abarcar outras situações, ainda assim, contudo, os italianos não foram indenizados.

Assim, os militares italianos — tidos como prisioneiros de guerra —, ficaram excluídos do sistema de compensação perante os tribunais alemães. Por outro lado, os tribunais italianos reconheceram a competência da jurisdição italiana para julgar ações contra a Alemanha e asseguraram direito aos prisioneiros italianos pelas lesões sofridas, o que restou mantido pelo Tribunal Supremo de Cassação da Itália. Nessas ações, a jurisdição italiana chegou a deferir medidas restritivas contra propriedades do Estado Alemão na Itália, a fim de garantir a execução das decisões, medida que gerou demanda, pela Alemanha, em face da Itália na Corte Internacional de Justiça, com base no direito internacional à imunidade de jurisdição.

As reflexões que serão oferecidas sobre o caso relatado emanam da análise de relevantes obras para o direito internacional: o artigo *"A new philosophy for international law"* de Ronald Dworkin, a dissertação de mestrado de Mirlir Cunha, intitulada *"A Integridade no Direito Internacional:* uma análise crítica das concepções jurídico-filosóficas presentes no caso *Jurisdictional Immunities of the State (Germany v. Italy: Greece Intervening)* da Corte Internacional de Justiça" e o livro *"The Limits of International Law"*, de Jack. L. Goldsmith e Eric A. Posner.

A primeira é uma formulação, não acabada, do que parece ser uma teoria da integridade aplicada ao Direito Internacional. A segunda trata, sobretudo, do caso ora analisado e caminha pelas correntes do Positivismo, Jusnaturalismo, Realismo e Pós-positivismo, enquanto a terceira aborda pontos de estrangulamento do direito internacional por meio da chamada *State Centered Rational Choice Theory.*

Nessa esteira, a presente obra se apresentará em três partes.

Na primeira parte, serão traçadas as linhas gerais do realismo, das reflexões de Dworkin e da teoria da Escolha Racional, formulada por Posner e Goldshmidt.

Na segunda parte, relatar-se-á, com maior minúcia, o caso *Jurisdictional Immunities of the State (Germany v. Italy: Greece Intervening)* e se apresentará a perspectiva de Mirlir Cunha sobre o caso.

Em seguida, analisar-se-á o referido caso sob as lentes das teorias de Dworkin e da *State Centered Rational Choice* de Posner/Goldshmidt com o intuito de somar às reflexões já construídas por Mirlir Cunha contribuindo para as discussões acerca dos fundamentos do direito internacional.

Considerando as ideias centrais das três teorias que serão abordadas, quais sejam, o realismo, as reflexões de Dworkin e a teoria da escolha racional, propõe-se a reflexão sobre algumas questões: qual a relevância dos valores, como a moral e a justiça, para as relações internacionais? Pode-se afirmar que as relações e ocorrências domésticas são de pouca importância para as relações internacionais? A decisão tomada no caso *Jurisdictional Immunities of the State (Germany v. Italy: Greece Intervening)* foi pautada na prudência ou na moral? Seria viável a criação de entes centrais como um "parlamento global" ou Cortes com jurisdição sobre todos os Estados, conforme proposto por Dworkin?

Adverte-se, o leitor, contudo, que a conclusão a que se chegará é que as respostas a tais indagações não podem ser dadas senão mediante a escolha de alguma teoria das relações internacionais, pois que na breve análise feita, verificou-se que há uma tendência a formulação de tais teorias com objetivos bem delimitados: a defesa de uma posição que se pretende tornar hegemônica.

1 A TEORIA REALISTA NAS RELAÇÕES INTERNACIONAIS[1]

1.1 A disciplina das teorias das relações internacionais

As teorias sobre as relações internacionais nascem de uma necessidade específica das sociedades – em especial nos Estados Unidos da América e no Reino Unido[2] – em pensar as realidades externas que as afetam, pas-

---

[1] As notas a seguir esboçam apreensões às quais se chegou a partir da leitura das obras de Morgenthau, Nogueira e Messar, Mingst, Cunha, Donnely e Pecequilo, razão pela qual a remissão a estas obras só será feita quando necessário para citações textuais, para ilustrar compreensões ou pontuar percepções específicas.

[2] CERVO, Amado Luiz. Formação de conceitos brasileiros de relações internacionais. *Carta Internacional*, Universidade de São Paulo (Nupri), v. 3, n. 1, fev. 2008, p. 1-7.

FILOSOFIA DO DIREITO INTERNACIONAL

sando a interferir no encaminhamento destes processos de forma a administrá-los. As Relações Internacionais consistem em uma forma organizada de pensar as relações sociais que se estabelecem além das fronteiras dos Estados, fornecendo-nos parâmetros e instrumentos para interpretar e compreender este campo de ação externo[3.]

O primeiro centro destinado especificamente ao estudo da matéria foi um departamento de relações internacionais criado em 1917 na Universidade de Aberysrwyth (Escócia). O objetivo era organizar uma disciplina em torno da questão da guerra com vistas a minorar suas consequências nefastas4. Até então, era uma disciplina estudada de forma compartimentada por diplomatas e economistas, sem a conformação própria de uma disciplina autônoma[5]. Em 1939, o britânico Edward Hallett Carr publicou uma obra intitulada "Vinte anos de crise"[6] na qual, dentre outras reflexões, apontou a existência de duas frentes de pesquisa, uma voltada a investigações de alta conotação ética e moral, utópica análise que se imergia no "dever ser" com o objetivo de teorizar sobre como tornar o mundo mais pacífico, e outra que se ocupava de investigações sobre como o mundo "é", ou seja, sobre a realidade, com o objetivo de desvendar meios à disposição dos Estados que garantissem sua sobrevivência. A essa dualidade

---

[3] PECEQUILO, Cristina Soreanu. *Introdução às relações internacionais*: temas, atores e visões. 9ª ed. Petrópolis: Vozes, 2012, pp.14-15.

[4] NOGUEIRA, João Pontes; MESSAR, Nizar. *Teoria das Relações Internacionais*: correntes e debates. Rio de Janeiro: Elsevier, 2005, p. 3.

[5] Nesse sentido: "A análise das relações internacionais passou a ter sua importância reconhecida no início do século XX. Até a eclosão da Primeira Guerra Mundial, o estudo das relações internacionais estivera a cargo de diplomatas, historiadores e juristas. A partir dessa data a situação mudou: notáveis esforços passaram a ser realizados no sentido de fazer, das Relações Internacionais, um campo de estudo específico e autônomo. Na prática, isso tem se traduzido no trabalho de definir, com alguma precisão, os limites da realidade das relações internacionais, bem como de produzir um dispositivo conceptual que resulte em análises integradas, as quais, por sua vez, possam permitir ir além das análises parciais produzidas pela Economia Internacional, pelo Direito Internacional, pela História Diplomática e pela Política Internacional". GONÇALVES, Williams. *Relações Internacionais*. CEDEP: Rio Grande do Sul, 2003. Disponível em http://www.cedep.ifch.ufrgs.br/Textos_Elet/pdf/WilliamsRR.II.pdf.

[6] CARR, Edward Hallett. *Vinte anos de crise: 1919-1939*. Uma introdução ao Estudo das Relações Internacionais. Trad. Luiz Figueiredo Machado. Brasília, Editora Universidade de Brasília, Instituto de Pesquisa de Relações Internacionais, Imprensa Oficial do Estado de São Paulo. 2ª edição, 2001.

ontológica atribuiu-se o nome de "o primeiro grande debate": idealistas[7] *versus* realistas.

O "segundo debate" foi metodológico. A Segunda Grande Guerra irradiou a crença do triunfo da tese realista, de modo que a partir de então a discussão deixou de ser "o que estudar" e passou a ser "como estudar", sugerindo a necessidade de tornar a pesquisa mais rigorosa cientificamente (nos moldes das ciências exatas) e, ao mesmo tempo, de deixar as reflexões serem permeadas por outras áreas do conhecimento.

---

[7] Trata-se de uma escola com ampla gama de pensadores em vetores distintos, entretanto, é possível identificar alguns conceitos comuns. A preocupação central é com a liberdade do indivíduo, uma vez que decorre do Iluminismo e foi desenvolvida no seio da modernidade em seu sentido mais restrito, ou seja, parte da compreensão de que o indivíduo é dono de seu destino. Compreende, dessa maneira, os indivíduos como seres iguais, pois já nascem dotados de capacidade de decidir o que é bom e justo para si, assim como com direitos inatos (naturais) pelo simples fato de serem humanos. Nessa esteira, uma das principais preocupações dos teóricos que aqui se inserem é ordenar a sociedade, tanto no âmbito doméstico, como no internacional, de modo a viabilizar o exercício daquela liberdade, pois a busca da realização individual traz consigo vantagens para toda a sociedade, já que é capaz de produzir um equilíbrio natural (autorregulação). Acreditam que, se a sociedade for bem organizada, os vícios individuais podem gerar vantagens para todos: a ambição pode gerar crescimento econômico, que conduz ao bem-estar geral, por exemplo. Outro ponto importante sobre esta escola é que seus pensadores são extremamente otimistas em relação ao futuro. Acreditam que livre das amarras da tradição e da religião, por meio de sua racionalidade, o homem é capaz de se conduzir e, por consequência, levar a sociedade a um desenvolvimento ótimo, a avanços tecnológicos, sociais e econômicos ilimitados. Decorrência desta perspectiva é que o Estado passa a ser visto como um mal necessário para a manutenção da ordem essencial ao desenvolvimento das liberdades (proteção contra ameaças externas e internas), mas também, em si, é considerado uma ameaça em potencial. O Estado é, portanto, tomado como um ator que ao mesmo tempo tem a capacidade de garantir e de extorquir a liberdade. Uma vez que é guiado pela ideia de poder, no plano interno pode vir a se tornar tirano e no plano externo a promover guerras e conflitos que ameaçam a paz e, por consequência, a estabilidade da própria ordem interna que preserva as liberdades. Por tais razões, assenta na promoção da paz social a maior tarefa da política externa. Nesse ponto é que se coloca o maior problema do pensamento liberal: como conciliar a proteção interna contra ataques externos e, ao mesmo tempo, promover a paz? enquanto os realistas atribuem à cooperação papel estritamente estratégico na consecução de seus objetivos "egoístas", os liberais a enxergam como de vital importância na construção do objetivo último dos povos: a paz. Vários são os pensadores inseridos nessas escola, sendo certo que não há, na doutrina consultada, consenso em relação a todos eles, daí porque optou-se por fazer uma explanação panorâmica da escola com base na conjugação da leitura dos textos de Mingst, Nogueira e Messar e Pecequilo, já que as teorias liberais não ocupam a posição central deste artigo, mas ao contrário, servem apenas para situar o leitor no debate das relações internacionais.

FILOSOFIA DO DIREITO INTERNACIONAL

Após a Guerra Fria, tanto as revoluções tecnológicas, que elevaram a importância da atuação das grandes corporações transnacionais a um novo patamar tornando-as, de forma definitiva, atores internacionais, quanto a solidificação de organismos internacionais alteraram a dinâmica das relações internacionais que antes se baseavam na atuação dos Estados.

Essa nova realidade provocou uma revisão das teorias das relações internacionais (neorrealismo e neoliberalismo[8]), o surgimento de novas escolas - como as teorias críticas[9] - e a categorização de todas estas teorias de modo dicotômico: racionalistas x reflexivistas[10].

---

[8] As correntes que revisitam o liberalismo colocam em seu centro de discussão o aprofundamento da interdependência, da transnacionalidade e da globalização, chegando, em autores mais radicais, a retirar do Estado o cedro de ator central nas relações internacionais como decorrência do desaparecimento de uma das suas características mais contundentes: seus contornos geográficos. NOGUEIRA; MESSAR, *Op. cit.*, 2005.

[9] Foram encontradas na doutrina uma diversidade de teorias, tais como a teoria marxista e a teoria crítica, o construtivismo e o desconstrutivismo, dentre várias outras, conforme levantamento de William Gonçalves: "Ole Waever considera a existência de três paradigmas: Realismo, Pluralismo/Interdependência e Marxismo/Radicalismo. Graham Evans e Jeffrey Newham consideram os sete paradigmas seguintes: Realismo, Behaviorismo, Neorrealismo, Neoliberalismo, Teoria do Sistema Mundial, Teoria Crítica e Pós-Modernismo. Charles W. Kegley, Jr. e Eugene R. Wittkopf enumeram seis paradigmas: História Imediata (Current History), Liberal Idealismo, Realismo, Behaviorismo, Neorrealismo e Neoliberalismo. Robert Jackson e Georg possuem uma visão seletiva das relações internacionais. Igual a qualquer outra lente, a leitura através dela permite que determinadas características apareçam mais fortemente, enquanto outras características quase desapareçam". WAEVER, Ole. *The rise and fall of the inter-paradigm debate.* In: SMITH, Steve; BOOTH, Ken; ZALEWSKI, Marysia (Eds.). *International theory: positivism & beyond.* Cambridge: Cambridge University Press, 1996. p. 149-185. EVANS, Graham; NEWHAM, Jeffrey. *The Penguin Dictionary of International Relations.* London: Penguin Books, 1998, p. 275. KEGLEY, Charles W.; WITTKOPF, Eugene R. World Politics: *Trend and Transformation.* New York: St. Martin's Press, 1997, p. 18. Sorensen destaca quatro paradigmas: Realismo, Liberalismo, Sociedade Internacional e Economia Política Internacional. E, por último, Hedley Bull indica apenas três paradigmas: Hobbesiano ou Realista, Kantiano ou Universalista e Grotiano ou Internacionalista. Entretanto, em razão das limitações próprias de um artigo científico, optou-se por um recorte que se centrasse no caso analisado, nas proposições da teoria formulada por Posner e Goldsmith e por Dworkin. GONÇALVES, Williams. *Relações Internacionais.* CEDEP: Rio Grande do Sul, 2003. Disponível em http://www.cedep.ifch.ufrgs.br/Textos_Elet/pdf/WilliamsRR.II.pdf.

[10] NOGUEIRA; MESSAR, *Op. cit.*, 2005.

1.2 Realismo e neorrealismo

Inserida na categoria de escolas positivistas ou racionalistas, a escola do realismo propõe-se a discutir a natureza de toda a política.

Esta escola parte de suas concepções sobre o próprio homem para delinear uma teoria das relações entre os Estados: o homem é imperfeito, daí a imperfeição do mundo, do ponto de vista racional. Ele possui conflitos internos e interesses divergentes entre si, daí porque atingir a perfeição moral é um ideal inalcançável, assim para tornar o mundo melhor é necessário utilizar as forças inerentes ao homem, em lugar de lutar contra elas, buscando um equilíbrio, sempre provisório, entre tais forças. Por tais razões é que a solução dos conflitos sempre será precária. Assim, a escola realista invoca conhecimentos históricos, em lugar de teóricos e abstratos, buscando apenas o mal menor e não o bem absoluto.

Nessa esteira, a escola assenta-se na premissa de que o medo de deixar de existir levaria os Estados à guerra (Tucíades)[11] e ao uso da balança de poder (Maquiavel) para "sobreviverem" em meio à anarquia característica do plano internacional por inexistência de um poder central e legítimo (Hobbes)[12]. Por tratar-se de uma luta pela sobrevivência no estado de natureza não se atribui qualquer relevância a valores como moral e justiça.

Conforme se adiantou, analisam o Estado a partir da própria natureza humana. Com uma visão negativista do homem, consideram que o medo e o prestígio explicam os atos dos Estados assim como explicam os atos dos seres humanos.

Nogueira e Messar[13] afirmam que, embora a escola realista contenha em si grande diversidade de análises e reflexões, é possível identificar algumas

---

[11] Sobre a leitura feita pelos realistas de Thucydides, é interessante verificar a ponderação feita por David Welch: *"What we need to do is recover our distance from Thucydides. We Will than be able to appreciate his richness and complexity on the one hand, and put him in perspective on the other. Thucydides may be the unwitting intellectual forbear on the dominant paradigm in IR today, but we must remember that the paradigm evolved in large part from a particular reading of Thucydides reinforced over the centuries by a self-referential hermeneutic."* WELCH, David A. Why IR theorists should stop reading Thucydides. *In Review of international studies*. V. 29, n.3, Jul. 2003. Clearence Center: Danvers.

[12] VIOTTI, Paul R.; KAUPPI, Mark. *International Relations Theory: realism, pluralism, globalism.* 2nd Ed. Allyn and Bacon: Massachussetts, 1993.

[13] NOGUEIRA, João Pontes; MESSAR, Nizar. *Teoria das Relações Internacionais*: correntes e debates. Rio de Janeiro: Elsevier, 2005.

FILOSOFIA DO DIREITO INTERNACIONAL

premissas comuns a todas essas análises: centralidade do Estado[14], busca de sua sobrevivência[15] que só pode ser garantida pelo poder manifestado em ações independentes (autoajuda[16]) ou por meio de alianças no anárquico[17] plano internacional.

No seio desta escola, as relações e ocorrências domésticas são de pouca importância para as relações internacionais.

Enquanto alguns realistas defendem que o Estado deve buscar o *poder* [18]como um fim em si mesmo, outros advogam tese sobre a importância da *balança de poder*[19].

---

[14] Os Estados acumulariam duas funções precípuas: garantir suas fronteiras e a segurança de seus cidadãos em relação a ameaças externas. São considerados um ator racional e unitário, que age de modo uniforme e homogêneo na defesa do interesse nacional. (NOGUEIRA; MESSAR, *Op. cit.*, 2005).

[15] Interesse nacional supremo ao qual se submetem todos os outros. Para se garantir a sobrevivência dos indivíduos, é necessário garantir a sobrevivência dos Estados. Todos os objetivos do governante só são considerados legítimos se submeterem-se a este fim. (NOGUEIRA, MESSAR, *Op. cit.*, 2005).

[16] Princípio cardeal do realismo segundo o qual os Estados não podem contar com nenhum outro para garantir sua manutenção e segurança (sobrevivência), nem mesmo com os Estados aliados, pois estes podem sempre, em algum momento, se tornar ameaça para a soberania nacional. Disso decorre a necessidade de permanente estado de vigilância entre os Estados. (NOGUEIRA, MESSAR, *Op. cit.*, 2005).

[17] Sobre o conceito: "Anarquia é o conceito definidor do realismo nas relações internacionais. O que se entende por anarquia não é propriamente o caos, mas sim a ausência de uma autoridade suprema, legítima e indiscutível que possa ditar as regras, interpretá-las, implementá-las e castigar quem não as obedece. [...] O que existe nas relações internacionais é a coexistência entre múltiplos soberanos que, por serem soberanos sobre seus próprios cidadãos, não podem abdicar do uso legítimo da força em favor de nenhuma terceira parte" (NOGUEIRA; MESSAR, *Op. cit.*, p. 26).

[18] Entre os representantes do realismo é possível encontrar várias definições de poder, desde a soma das capacidades internas dos Estados até sua capacidade de influência no sistema internacional. Em Morgenthau, por exemplo o poder visa à expansão, ao prestígio ao à manutenção do *status quo*, já em Waltz seria meio para se garantir a sobrevivência e a segurança. Em qualquer caso, o poder ocupa lugar central: ou os Estados se juntam ao poder ou contra ele (NOGUEIRA; MESSAR, *Op. cit.*, 2005).

[19] Não há, entre os realistas, consenso sobre o conteúdo da expressão, conforme apontam Nogueira e Messar, em Morgenthau: "[...] a existência de uma balança de poder é necessária, já que a define como mecanismo para garantir a estabilidade do sistema internacional. A balança de poder reflete a visão de estadistas que criam e se envolvem em alianças internacionais para defender seu interesse nacional. Para Morgenthau, só o poder limita o poder." Por outro lado, "Waltz afirma que a balança de poder não resulta da ação deste ou daquele estadista, mas existe devido à distribuição de poder entre os Estados." Essa distribuição pode

Acreditando na objetividade das leis, o realismo tenta desvendá-las, desenvolver uma teoria racional que reflita as leis naquele seio apuradas, ciente que isto é possível apenas parcialmente ou de forma imperfeita, uma vez que a atividade humana não é perfeita.

A formulação de tal teoria é balizada por seis princípios[20]:

1. **Análise da experiência política sob parâmetros racionais.** Estes pesquisadores isolam atos de política externa, colocam-se no lugar do estadista que as promoveu, verificam as condições de mundo em que aquele ato foi praticado e tentam identificar quais as opções de ações e prováveis resultados de cada uma. A partir daí, supondo que os atos de política externa são resultados de decisões racionais, extraem qual foi o objetivo daquele estadista ao tomar aquela decisão;

2. **Interesse definido em termos de poder.** Analisando a história, verifica-se que os estadistas pautam seus atos *políticos* no interesse em poder. A partir daí, verifica-se uma coerência entre os atos praticados por estadistas de distintas gerações em um dado país, isto porque nuances como economia e a moral não são o objetivo, mas apenas variáveis naquele caminho, podendo, oscilar sem tirar do eixo o foco no poder.

---

ser bipolar ou multipolar (NOGUEIRA; MESSAR, *Op. cit.*, p. 30). Por vezes, um mesmo autor possui mais de uma compreensão sobre o instituto:*"Although balance of Power has been a constant theme in realist writings down to the century, it has also come in for a great deal o a great deal of abuse. Balance of power has been criticized for creating definitional confusion. Hans Morgenthau, a realist himself, discerned at least four definitions: (1) a policy aimed at a certain state of affairs; (2) an objective or actual state of affairs; (3) an approximately equal distribution of power, as when a balance of power exists between the United States and the Soviet Union; and (4) any distribution of power including a preponderance of power, as when the balance of power shifts in favour of either superpower."* VIOTTI, Paul R.; KAUPPI, Mark. *International Relations Theory: realism, pluralism, globalism.* 2nd ed. Allyn and Bacon: Massachusetts, 1993. Uma boa tentativa de sistematizar a compreensão do conceito pode ser encontrada em VASQUEZ, John A.; ELMAN, Collin. Realism and the balancing of Power: a new debate. Person Education: New Jersey, 2003.

[20] MORGENTHAU, Hans J. *A Política Entre as Nações*: a luta pelo poder e pela paz. São Paulo: Imprensa Oficial do Estado de São Paulo, 2003.

FILOSOFIA DO DIREITO INTERNACIONAL

Assim, ao analisar as decisões e atos do estadista, deve-se atentar para dois possíveis erros: o interesse por motivações pessoais e o interesse por razões ideológicas. Isto porque, o interesse por motivações pessoais invadem o âmbito psicológico daquele homem e, não obstante, ainda que fosse possível conhecer tais motivos, a história mostra que não são eles que ditam definitivamente as decisões de política externa. Muitas vezes um estadista que possuía elevada moral e senso de justiça praticou atos de política externa moralmente condenáveis, portanto, o interesse por motivações pessoais não explica as decisões políticas e tampouco os interesses ideológicos, pois no mais das vezes as decisões são tomadas no sentido de maximização dos benefícios e minimização dos prejuízos.

O que o realismo propõe, enfim, é uma teorização racional da política externa, não apenas a partir do ser, mas também do próprio dever-ser, pois não ignora que muitos atos são praticados de forma irracional, ao contrário, parte desta irracionalidade para formular uma estratégia desejável em termos racionais de modo a maximizar os benefícios para o Estado.

3. **Não se compreende o conceito de interesse como poder de modo definitivo e estanque, mas variável conforme o tempo e lugar.** Admite que a configuração de mundo atual pode ser alterada, mas não em razão de planos e objetivos morais e abstratos, e sim de manipulações do globo pelo poder perpétuo em um sentido ou em outro.

4. **O realismo tem consciência do lugar que ocupa o imperativo moral e do constante conflito entre este e uma "boa" (eficaz) política externa.** Entretanto, parte da ideia de que o Estado possui uma responsabilidade pela consequência de seus atos, tanto no plano interno quanto no internacional. Enquanto uma pessoa pode guiar-se pela máxima "faça-se justiça ainda que o mundo pereça", o Estado não tem este direito, daí porque sua decisão dever ser antes consequente que moral. Em outros termos, embora importante, a palavra de ordem não é moral, mas prudência. Daí afirmar-se que a ética em si, abstratamente considerada, julga as ações por sua conformidade com as leis da moral enquanto que a ética política julga as ações por suas consequências.

5. **Todas as nações são tentadas a universalizar suas próprias aspirações e concepções morais, o que torna suas políticas irracionais.** Por esta razão, defende que a atuação do Estado deve se pautar pelo interesse no poder e deve assim ser enxergada, pois apenas com esta lente é possível respeitar os demais Estados e compreender suas ações.

6. **Para os realistas, aos estadistas interessa o poder, portanto, a pergunta central de um realista político deve ser: "Como é que esta política influencia o poder da nação?".** Defende-se, por esta fórmula, a autonomia da ciência política por meio de uma visão "purificadora" desta. Não se quer, contudo, afirmar que a política é o único aspecto relevante da existência e atuação do Estado, ao contrário, este à semelhança do homem, é político, moral, religioso, econômico, etc. Entretanto, tal qual ocorre com o homem, é necessário abstrair as demais nuances de um homem para entender seu aspecto religioso, seria necessário afastar todos os outros interesses do Estado para compreender o político.

Após severas críticas[21] e diante de sua clara inaptidão para explicar eventos posteriores à Segunda Grande Guerra, tais como a ocupação de espaços de poder cada vez maiores por atores não estatais no ambiente internacional, a escola recebeu uma "revisão". À tal releitura confere-se a denominação de "neorrealismo".

Essencialmente, o que o neorrealismo, ou realismo estrutural, considera é que a conduta dos Estados é definida segundo sua posição e capacidades dentro do arcabouço do sistema internacional e não somente por suas motivações puras de poder[22].

Consideram, assim, os neorrealistas que os Estados não agem apenas em nome do interesse nacional definido em termos de poder (maximização do poder), mas prioritariamente no sentido de garantir seu espaço de ação, na preservação de sua posição relativa no sistema internacional, mantendo ou melhorando o desenvolvimento de suas capacidades. Entretanto,

---

[21] GUZZINI, Stefano. The enduring dilema of realism in international Relations. *In European Journal of Internacional Relations.* V. 10, n. 4, dez. 2004. SAGE: Londres.
[22] PECEQUILO, Cristina Soreanu. *Introdução às relações internacionais*: temas, atores e visões. 9ª ed. Petrópolis: Vozes, 2012, p. 134.

FILOSOFIA DO DIREITO INTERNACIONAL

como as estratégias permanecem dirigidas à conquista e à manutenção do poder, a cooperação com outros Estados restaria prejudicada[23].

Por outro lado, tentam corrigir os equívocos realistas introduzindo o elemento estrutural:

> *For both realists and neorealists, differently constituted states behave differently and produce different outcomes. For neorealists, however, states are made functionally similar by the constrains of the structure, with the principal differences among them defined according to compatibilities. [...] Neorealists concentrate their attention on the central, previously unasked question in the study of international politics: How can the structure of an international-political system be distinguished from its interacting parts? Once that question is answered, the attention shifts to the effect of structure on interacting units. Theorists concerned with structural explanations need not ask how variations in units affect outcomes, even though outcomes find their causes at both structural and unit levels. Neorealists see states as like units; each state "is like all the other states in being an autonomous political unit." Autonomy is the unit-level counterpart of anarchy at the structural level.*[24]

A "revisão" da escola realista pelo movimento neorrealista é feita a partir da ideia de que a explicação sobre quais serão os passos e estratégias de um ator internacional não pode ser buscada apenas nas características deste Estado, mas, principalmente, na posição que ele ocupa diante dos demais Estados no sistema.

2. TEORIA DA INTEGRIDADE E A TESE DWORKINIANA

Como crítica à compreensão unívoca do direito, defendida pelo positivismo jurídico, que compreendia a interpretação como uma questão de verificação de validade, não havendo, assim, normas válidas injustas, Dworkin elaborou uma teoria calcada na ideia de *integridade*, trazendo para a aplicação do direito outros elementos, a fim de se buscar uma decisão mais justa.

---

[23] Em sentido contrário do que defendem as teorias liberais, dentre outras, tais como a desenvolvida por Posner e Goldsmith, segundo os quais a cooperação é base da evolução e aprimoramento das relações internacionais.

[24] WALTZ, Keneth N. *Foundations of international relations theory*. Saint Martins Press: New York, 1995, p. 80.

Nessa visão pós-positivista, o direito assume uma postura argumentativa que se origina de um interesse pela extensão do poder coercivo do direito. Para Dworkin, "questões de direito são questões de moralidade a respeito das instituições e práticas jurídicas que temos. Ao mesmo tempo, sua teoria pretende-se prática, no sentido de evidente e atraente, e nega qualquer importância à distinção entre o mundano e o abstrato"[25].

A ideia de integridade de Dworkin não se coaduna com o convencionalismo ou com o pragmatismo. Para o jusfilósofo, os juízes pragmáticos pensam de modo instrumental sobre as melhores regras para o futuro, mas não interpretam a prática jurídica em sua totalidade, enquanto o convencionalismo "exige que os juízes estudem os repertórios jurídicos e os registros parlamentares para descobrir que decisões foram tomadas pelas instituições às quais convencionalmente se atribui poder legislativo"[26].

Do mesmo modo, ao tomar decisões sobre casos específicos, o juiz convencionalista não interpreta o registro legislativo como um todo.

O direito como integridade seria, então, diferente, por ser tanto o produto de uma interpretação abrangente da prática jurídica, que considera diversos elementos, como a história, como sua fonte de inspiração. Por consequência, a interpretação do direito, nos casos difíceis, é tarefa para um "juiz Hércules"[27] que contribui para um "romance em cadeia"[28].

Especificamente em relação ao Direito Internacional, Dworkin, também num esforço de argumentação "imaginativo", supõe a existência de um tribunal internacional com jurisdição sobre todas as nações do mundo. Sugere, outrossim, um Parlamento composto por todos os países, cada um

---

[25] GUEST, Stephen. *Ronald Dworkin*. Tradução de Luís Carlos Borges. Rio de Janeiro: Elsevier, 2010, p. 19.

[26] DWORKIN, Ronald. *O império do direito*. Tradução Jefferson Luiz Camargo; revisão técnica Gildo Sá Leitão Rios. 2ª ed. São Paulo: Martins Fontes, 2007, p. 272.

[27] Na obra "Levando os Direitos a Sério", Dworkin supõe um juiz com capacidade, sabedoria, paciência e sagacidade sobre-humanas, a quem chamou de Hércules. Na interpretação do direito, o juiz Hércules deve levar em conta a Constituição, as leis existentes e, no *common law*, o precedente. *Cf.*: DWORKIN, 2002, pp. 165 *et seq.*

[28] No projeto denominado "romance em cadeia", segundo Dworkin, "um grupo de romancistas escreve um romance em série; cada romancista da cadeia interpreta os capítulos que recebeu para escrever um novo capítulo, que é então acrescentado ao que recebe o romancista seguinte, e assim por diante. Cada um deve escrever seu capítulo de modo a criar da melhor maneira possível o romance em elaboração, e a complexidade dessa tarefa reproduz a complexidade de decidir um caso difícil de direito como integridade". Cf. DWORKIN, 2007, p. 276.

FILOSOFIA DO DIREITO INTERNACIONAL

possuindo direito a apenas um voto. Desse modo, seria possível legislar de forma mais democrática, sem que a normativa internacional se embasasse apenas no interesse das nações mais poderosas. Para Dworkin, o problema do sistema westfaliano é justamente a falta de um órgão legislativo com poder para resolver os graves problemas surgidos dos confrontos entre as nações. A solução das questões internacionais dar-se-ia com a aplicação do princípio chamado por Dworkin de princípio da "saliência": um número significativo de Estados, envolvendo uma população significativa, desenvolveria um código consensual de práticas, seja por tratado ou outra forma de coordenação, havendo, assim, uma maior legitimidade na ordem internacional como um todo. Isso garantiria a integridade dos princípios constitucionais das nações. Esse princípio da saliência propiciaria, inclusive, uma explicação melhor para as fontes do direito internacional contidas no artigo 38 do Estatuto da Corte Internacional de Justiça do que a teoria do consentimento[29].

3. *STATE CENTERED RATIONAL CHOICE THEORY*

A ideia central desta corrente, que tem Posner e Goldsmith como seus principais representantes, pode ser assim delineada: "*International law emerges from states acting rationally to maximize their interests, given perceptions of the interests of other states and the distribution of state power*"[30].

Partem da premissa de que, usada corretamente, a teoria "*state centered rational choice*" é capaz de fornecer valioso método para a compreensão do direito internacional. O objetivo do emprego deste método é oferecer bases para a apreensão da dinâmica do direito internacional a partir, principalmente, das seguintes indagações: por que algumas normas são observadas pelos Estados[31] e outras não? O que impulsiona um Estado a cumprir a norma e que tipo de norma tende a ser cumprida?

[29] DWORKIN, Ronald. *A New Philosophy for International Law*. In. Philosophy and Public Affairs, vol. 41, n. 1, pp. 1-31, 2013.
[30] Em tradução livre: "O Direito Internacional surge da atuação racional dos Estados no sentido de maximizar seus interesses, considerando tanto estes quanto a distribuição de poderes entre os Estados." GOLDSMITH, Jack L.; POSNER, Eric A. *The Limits of International Law*. New York, Oxford University Press, 2006, p. 4
[31] Afirmam que a existência do Estado depende do parâmetro psicológico de seus cidadãos: se eles reconhecem aquele espaço geográfico de incidência de um poder central como Estado, então ele o será. O exemplo fornecido é o seguinte: os Estados Unidos da América só são considerados um Estado porque seus cidadãos se reconhecem como cidadãos america-

Em suma, analisam a interação entre os Estados de modo a demonstrar os limites do direito internacional, ou mais claramente, os limites da regulamentação das ações dos Estados por meio da lei.

A antítese, ou a principal tese com a qual dialogam é a de que *"the states comply with international law for noninstrumental reason. They do so because it is the morally right or legitimate thing to do."*[32] À sua titularidade se referem de modo generalizado como *"mainstream international law scholars".*

A premissa conceitual central parte do que chamam de *"state interest".* Os autores atribuem à expressão o significado de preferências dos Estados no que se refere a resultados *"states preferences about outcomes"*[33]. Ainda que os Estados assumam diferentes prioridades, estabelecidas pelos mais diversos grupos e instituições, seria possível identificar um núcleo de preferências. Os autores, contudo, não se prestam a identificar o conteúdo dessas preferências, tanto por considerarem que elas variam conforme o contexto, líderes, grupos que sobre eles exercem influência, etc. quanto por considerarem que aquelas predileções não são dotadas de teor moral. Por não intentarem preencher o conteúdo de tais preferências ou prioridades é que dizem se distanciar da escola realista[34] que categoricamente identifica o poder, a segurança e a riqueza como conteúdo do interesse estatal.

Outro conceito que os autores consideram relevante explicitar é o de *"rational choice"*[35]: teoria chave para se compreender o comportamento ins-

---

nos, e não como cidadão do Texas, de Nova Iorque, etc. O estabelecimento dessa premissa se demonstra relevante quando os autores discutem a possibilidade de um Estado assumir uma posição cosmopolita de altruísmo, o que seria defendido por alguns estudiosos dos direitos humanos (parte 2, capítulo 4). Segundo os autores, a dificuldade de tal alteração na postura estatal sofreria uma série de limitações, dentre as quais, a vontade dos cidadãos. Nesse sentido: "The state itself does not act except in a metaphorical sense. Individual leaders negotiate treaties and decide whether to comply with it or to breach them." GOLDSMITH; POSNER, *Op. cit.*, p. 4.

[32] Em tradução livre: "os Estados observam a norma não por razões instrumentais, mas por obrigação moral ou por ser a atitude mais legítima." GOLDSMITH, Jack L.; POSNER, Eric A. *The Limits of International Law*. New York, Oxford University Press, 2006, p.16.

[33] GOLDSMITH; POSNER, *Op. cit.*, p.6.

[34] Os autores afirmam inserirem-se na escola institucionalista (GOLDSMITH, Jack L.; POSNER, Eric A. *The Limits of International Law*. New York, Oxford University Press, 2006, p. 16.).

[35] Os autores identificam outras teorias, mas as consideram menos eficientes no cumprimento do objetivo de explicar o funcionamento do direito internacional. São elas: **"social choice theory"**: teoria que impugna a afirmativa de que coletividades possuem preferências coerentes, segundo os autores, se eivada de razão, tal teoria retiraria qualquer sentido do

FILOSOFIA DO DIREITO INTERNACIONAL

trumental. Advertem, contudo, que é utilizada apenas como instrumento para organizar as ideias, intuições e clarear suas presunções:

But we do not claim that the axioms of rational choice accurately represent the decision-making process of a "state" in all its complexity, or that rational choice theory can provide the basis for fine-grained predictions about international behavior. Rather, we use rational choice theory pragmatically as a tool to organize our ideas and intuitions and to clarify assumptions [...] we do not deny that states sometimes act irrationally [...].[36]

Por fim, os autores irão explicar o cumprimento – ou não – das normas internacionais por meio de quatro categorias. Todas as atitudes dos Estados se enquadrariam em uma (ou na combinação de algumas) dessas situações. São a base da aplicação do método da *"state centered rational choice"* aplicada ao direito internacional:

I. **Coincidência de interesses:** situação em que o padrão de comportamento dos Estados resulta exclusivamente de sua ação em interesse próprio, sem qualquer interferência ou consideração em relação ao comportamento de outro Estado;

II. **Coordenação:** situação em que os Estados se comportam de uma maneira idêntica ou simétrica à de outros Estados porque alcançam melhores resultados ao fazê-lo;

---

direito, seja doméstico, seja internacional; **"cognitive psichology"**: teoria que demonstra que indivíduos, inclusive lideres de governos, incorrem em erros cognitivos, as vezes sistematicamente, o que redunda na tomada equivocada de decisões. A crítica dos autores é que tal teoria não logrou, até o momento, demonstrar os efeitos macro, desses erros de cognição, nas relações internacionais; **"construtivism"**: esta escola, segundo os autores, possui muitas similaridades com a teoria tradicional do direito internacional, segundo a qual, várias ações e mesmo preferências do Estados são influenciadas pelo direito internacional e suas instituições. A tese dos autores tenta desconstruir essa conclusa, em suas palavras: " A successful theory of international law must show why states comply with international law rather than assume they have a preference for doing so" (p.10)

[36] Em tradução livre: "Mas nós não afirmamos que o axioma da decisão racional representa de forma precisa o processo de tomada de decisões de um Estado em toda a sua complexidade, ou que a teoria pode oferecer bases para uma previsão apurada sobre o comportamento no âmbito internacional. Ao contrário, usamos a teoria da decisão racional de forma pragmática, como uma ferramenta para organizar nossas idéias e instituições e para clarear nossas presunções. [...] Nós não negamos que, por vezes, os Estados agem de forma irracional." GOLDSMITH, Jack L.; POSNER, Eric A. *The Limits of International Law*. New York, Oxford University Press, 2006, pp.7-8.

III. Cooperação: situação em que os Estados deixam de agir conforme maior interesse ou preferência imediatos para que atinjam maiores benefícios a longo ou médio prazo;

IV. Coerção: situação em que um Estado mais poderoso força um Estado mais fraco a desempenhar atos contrários a seus próprios interesses por receio de represálias.

Aplicando as referidas variáveis, os autores levantam a hipótese de que, ao contrário do que defendem *"the mainstream international scholars"*, os Estados não cumprem normas que são contrárias a seus interesses, mas em sentido oposto, criam normas compatíveis com seus interesses. A norma não seria, portanto, uma forma que adéqua os interesses e ações dos Estados a si, mas, ao avesso, é resultado desses interesses e preferências.

Feitas as notas necessárias para a construção de reflexões acerca do julgamento *jurisdictional immunities of the state (Germany v. Italy: greece intervening)*, passa-se a relatar o caso objeto de análise.

4. CASO EM ANÁLISE: *JURISDICTIONAL IMMUNITIES OF THE STATE (GERMANY V. ITALY: GREECE INTERVENING)*.[37]

Conforme já se adiantou, o caso objeto da presente análise refere-se a uma disputa instaurada pela Alemanha na Corte Internacional de Justiça em decorrência de atos das cortes internas italianas que julgaram, condenaram e determinaram a pratica de atos executivos expropriatórios contra o Estado alemão a fim de levar a cabo pretensão indenizatória de seus cidadãos contra aquele.

Em substância, a Alemanha produz as seguintes alegações perante a Corte Internacional de Justiça: que a Itália violou seu direito internacional à imunidade de jurisdição ao admitir e julgar ações cíveis intentadas contra aquela nos tribunais italianos que buscavam reparação por danos causados por violações de direito humanitário internacional, cometidas pelo Reich alemão durante a Segunda Guerra Mundial; que a Itália também violou a imunidade da Alemanha pela tomada de medidas de restrição patrimonial contra Villa Vigoni, propriedade do Estado alemão situado

---

[37] Tradução livre de parte do relatório do processo < **http://www.icj-cij.org/docket/files/143/16899.pdf** > Acesso em 07/05/2015.

FILOSOFIA DO DIREITO INTERNACIONAL

em território italiano e ainda ao declarar executáveis na Itália as decisões de tribunais civis gregos contra a Alemanha.

A Corte recorda que o pleito da Alemanha foi apresentado com base no artigo 1º da Convenção Europeia para a solução pacífica de controvérsias, que dispõe:

As Altas Partes Contratantes submeterão à apreciação do Tribunal Internacional de Justiça todas as disputas legais internacionais que possam surgir entre eles incluindo, em particular, as que dizem respeito:

(A) a interpretação de um tratado;
(B) qualquer ponto de direito internacional;
(C) a existência de qualquer fato que, se comprovado, constitua uma violação de uma obrigação internacional;
(D) a natureza ou extensão da reparação a ser feita para a violação de uma obrigação internacional.

Observa, ainda, o Tribunal, que o artigo 27, parágrafo (a), da mesma convenção limita o âmbito de aplicação desse instrumento *ratione temporis*, afirmando que ele não se aplica às "disputas relacionadas a fatos ou situações anteriores à entrada em vigor da presente Convenção, entre as partes em litígio".

A Convenção entrou em vigor como entre a Alemanha e a Itália em 18 de abril de 1961.

Observa-se, contudo, que quando da apresentação de pedidos pela Alemanha em face da Itália ambos já eram partes da Convenção Europeia, sendo que o Tribunal considerou que o referido artigo 27, que institui uma limitação temporal, não seria aplicável às reivindicações da Alemanha.

Por outro lado, os "fatos ou situações" que deram origem ao litígio pendente na Corte são constituídos por decisões judiciais italianas que negavam à Alemanha a imunidade de jurisdição ao impor medidas coercivas aplicadas a bens pertencentes à Alemanha. Assim, considerando que a adoção dessas medidas se deu entre 2004 e 2011, após a entrada em vigor da Convenção Europeia, a Corte considerou-se competente para lidar com a disputa.

A Corte Internacional de Justiça (CIJ) observou que, embora as partes não discordassem da análise acima exposta, eles haviam debatido a extensão da jurisdição do Tribunal de Justiça no contexto de alguns dos argumentos apresentados pela Itália e concernentes à alegação de inexecução pela Alemanha da sua obrigação de reparação às vítimas italianas e gregas dos crimes cometidos pelo Reich alemão em 1943-1945. Afirmou, a este respeito, que, embora já não seja chamado a pronunciar-se sobre a questão de saber se a Alemanha tem o dever de reparação para com as vítimas italianas dos crimes cometidos pelo Reich alemão (decidido em 6 de Julho de 2010) deve determinar se a falha de um Estado no cumprimento um indiscutível dever de reparação, gera efeitos sobre a existência e o alcance da imunidade de jurisdição desse Estado perante tribunais estrangeiros.

A CIJ observou que, se essa resposta for afirmativa, a segunda questão será saber se, nas circunstâncias específicas do caso, tendo em conta o comportamento da Alemanha sobre a questão da reparação, os tribunais italianos tinham motivos suficientes para afastar a imunidade da Alemanha.

Por doze votos a três, a Corte entendeu que a Itália violou o direito à Imunidade do Estado alemão ao admitir ações reparatórias por danos contra o direito humanitário em face desse Estado no âmbito de sua jurisdição doméstica.

Da mesma forma, entendeu a Corte, por quatorze votos a um, que aquela violação também ocorreu em razão dos atos de constrição determinados e considerados executáveis pelos Tribunais italianos em face de bens do Estado alemão.

Por quatorze votos a um, entendeu também a CIJ que o Estado italiano deveria adotar medidas legislativas, ou de outra natureza, para garantir que suas cortes cessem a violação, bem como se abstenham de praticar atos futuros de violação ao direito à imunidade de jurisdição do Estado alemão.

Por unanimidade, rejeitaram todos os demais pedidos formulados pelo Estado Alemão.

5. APLICAÇÃO DA TEORIA DA INTEGRIDADE E DA *STATE CENTERED RATIONAL CHOICE THEORY* AO CASO EM ANÁLISE

5.1 Análise de Mirlir Cunha

Mirlir Cunha, em sua Dissertação de Mestrado defendida na Universidade Federal de Minas Gerais, critica a decisão da Corte Internacional de Justiça no caso *Jurisdictional Immunities of the State*, por ter partido de uma visão formalista e pragmática, contrariando "evidente tendência do

FILOSOFIA DO DIREITO INTERNACIONAL

direito de ampliar os mecanismos de proteção do indivíduo no âmbito internacional"[38]. A decisão se pautou numa preocupação, conforme registrou o juiz Mohamed Bennouna, de impedir a flexibilização do princípio da imunidade de jurisdição, a fim de evitar a abertura da "caixa de Pandora" dos pleitos individuais de reparação por todas as vítimas de conflitos armados[39], o que seria reprovável, em razão de utilizar argumentos de política para afastar direitos humanos.

A análise feita na obra citada revisita quatro correntes do pensamento jurídico: o jusnaturalismo, o positivismo, o realismo e o pós-positivismo.

Para a autora, "o jusnaturalismo sustenta que o direito internacional não é restrito às fontes identificadas como 'formais do direito', conforme prega o positivismo". Assim, para os jusnaturalistas, "a validade do direito internacional é metajurídica e depende dos valores que se manifestam por si mesmos". Todavia, tal corrente não pode ser aplicável por "se ater a uma racionalidade e à 'consciência imutável' para a identificação do direito aplicado ao caso"[40].

Do mesmo modo, o positivismo não serviria para embasar adequadamente a decisão, por ser carente de tese substantiva do direito e por precisar recorrer a técnicas instrumentais a fim de indicar qual o direito a ser aplicado. Ressalta que "o ambiente onde se dá a realização do direito internacional não oferece as mesmas condições jurídicas de análise que são encontradas no ambiente doméstico do direito nos Estados". Ademais, "no âmbito internacional, não há os elementos constitutivos de uma soberania típicos do Estado nacional constitucional, tais como território delimitado, população estável e governo centralizado dotado de capacidade e coerção"[41].

Segundo Mirlir Cunha,

---

[38] CUNHA, Mirlir. *A integridade no Direito Internacional*: uma análise crítica das concepções jurídico-filosóficas presentes no caso 'Jurisdictional Immunities of the State' (Germany v. Italy, Greece Intervening) da Corte Internacional de Justiça. Dissertação de Mestrado. UFMG, 2014, p. 48.

[39] CUNHA, *Op. cit.*, p. 72.

[40] CUNHA, Mirlir. *A integridade no Direito Internacional*: uma análise crítica das concepções jurídico-filosóficas presentes no caso 'Jurisdictional Immunities of the State' (Germany v. Italy, Greece Intervening) da Corte Internacional de Justiça. Dissertação de Mestrado. UFMG, 2014, pp. 98-124, *passim*.

[41] CUNHA, *A integridade no Direito Internacional. cit.*, p. 76.

REALISMO, ESCOLHA RACIONAL E INTEGRIDADE NO DIREITO INTERNACIONAL

[...] nem o positivismo nem o jusnaturalismo encontram em suas premissas a legitimidade democrática para fazer evoluir o direito internacional com segurança. Isso ocorre porque ambas as teorias são destituídas do valor necessário à concepção democrática. Enquanto o jusnaturalismo não é justo, nem sábio ou democrático, porque ele prega a aplicação de um direito que não foi posto por nenhuma instituição, o positivismo não é mais democrático, porque, nos casos difíceis, aceita a postura criativa do juiz positivista que age com discricionariedade[42].

A adoção do realismo também é refutada, por ser uma corrente que "tende a tomar posições que visam à preservação do poder dos Estados soberanos e da estabilidade da ordem internacional". Ademais, o "realismo nas relações internacionais tem postura voltada para a garantia das práticas políticas e não traz a normatividade como uma das suas preocupações"[43].

Noutra perspectiva, a teoria da integridade é a mais aceita na obra referida, pois tida como aquela que "supera os limites do pensamento jurídico realista ou positivista sem apelar para os argumentos transcendentais jusnaturalistas". Na visão da teoria mencionada, "o direito não surge como um fato político ou moral, mas se comunica com esses dois ramos do saber social em um estado de constante diálogo". Nesse sentido, a teoria dworkiniana da integridade pode ser encarada como pós-positivista, pois o seu modelo de direito traz em si um dever de coerência argumentativa com o direito posto, entendido como conhecimento jurídico voltado à orientação do desenvolvimento social e jurídico.

Nesse diapasão, entende a autora que a teoria da integridade responde adequadamente às questões tratadas no caso *Jurisdictional Immunities of the State* por oferecer uma postura conciliatória entre as cortes de justiça e a análise sobre a mudança do direito costumeiro, aliando eficiência e segurança do direito, sem descurar da integridade. Assim, a mencionada teoria leva em consideração a dignidade humana e as ameaças que o poder faz a essa dignidade, atenta à questão dos direitos humanos, que não pode se ver dissociada do direito internacional[44].

---

[42] CUNHA, *A integridade no Direito Internacional*, p. 115.
[43] CUNHA, *A integridade no Direito Internacional. cit.*, pp. 50-53.
[44] CUNHA, *A integridade no Direito Internacional. cit*, pp. 150-157.

FILOSOFIA DO DIREITO INTERNACIONAL

5.2 *Jurisdicional Immunities* como um *hard case:* aplicação da teoria de Dworkin

Os "casos difíceis" são aqueles enfrentados pelos tribunais quando não existe uma regra simples ou clara de aplicação na circunstância posta em análise ou que envolva, por natureza, uma questão de alta indagação. De tal modo, não somente quando ocorra uma lacuna, mas também se uma situação posta exige uma reflexão maior, faz-se mister recorrer aos princípios constitucionais, reveladores da política adotada em determinada localidade.

A grande preocupação dworkiniana, quanto ao julgamento dos *hard cases*, é estabelecer um critério de interpretação que não fique submetido ao alvedrio dos intérpretes da lei, rechaçando subjetivismos e decisionismos dos julgadores, o que acaba por afastar a tese positivista hartiana de que, nos casos de lacuna da lei, existe um poder discricionário do juiz desprovido de um percurso a ser seguido.

Sobre o tema, Hart defendia:

O poder discricionário que assim lhe é deixado pela linguagem pode ser muito amplo; de tal forma que, se ela aplicar a regra, a conclusão constitui na verdade uma escolha, ainda que possa não ser arbitrária ou irracional. A pessoa opta por acrescentar a uma série de casos um caso novo, por causa das semelhanças que podem razoavelmente ser consideradas, quer como juridicamente relevantes, quer como suficientemente próximas. No caso das regras jurídicas, os critérios de relevância e de proximidade da semelhança de fatores (sic) muito complexos que atravessam o sistema jurídico e das finalidades ou intenção que possam ser atribuídos à regra[45].

Diferentemente, Dworkin sustenta haver uma resposta correta nos casos controversos. Para alcançá-la, sugere uma analogia com uma interpretação literária e defende que o julgador deve agir como faz um romancista, escrevendo um capítulo após o outro. Insiste que interpretar é diferente de inventar. Na realidade, cabe aos julgadores, segundo o jusfilósofo, interpretar os argumentos que lhe são apresentados, considerando os padrões morais da comunidade envolvida. Defende, pois, haver uma resposta correta mesmo nos casos difíceis, o que significa haver sempre um princí-

---

[45] HART, H. L. A. *O Conceito de Direito.* Lisboa: Calouste Gulbenkian, 2001, p. 140.

118

pio a fundamentar a decisão judicial[46]. Esse princípio não é um artifício metafísico, "mas sim algo que, argumentativamente, se constrói, isto é, de maneira articulada e consistente com as práticas jurídicas e sociais da comunidade"[47].

Nem sempre, entretanto, o passado há de ser considerado. Como explica Dworkin:

O direito como integridade, portanto, começa no presente e só se volta para o passado na medida em que seu enfoque contemporâneo assim o determine. Não pretende recuperar, mesmo para o direito atual, os ideais ou objetivos práticos dos políticos que primeiro o criaram. Pretende, sim, justificar o que eles fizeram (às vezes incluindo, como veremos, o que disseram) em uma história geral digna de ser contada aqui, uma história que traz consigo uma afirmação complexa: a de que a prática atual pode ser organizada e justificada por princípios suficientemente atraentes para oferecer um futuro honrado. O direito como integridade deplora o mecanismo do antigo ponto de vista de que 'lei é lei', bem como o cinismo do novo 'realismo'. Considera esses dois pontos de vista como enraizados na mesma falsa dicotomia entre encontrar e inventar a lei. Quando um juiz declara que um determinado princípio está imbuído no direito, sua opinião não reflete uma afirmação ingênua sobre os motivos dos estadistas do passado, uma afirmação que um bom cínico poderia refutar facilmente, mas sim uma proposta interpretativa: o princípio se ajusta a alguma parte complexa da prática jurídica e a justifica; oferece uma maneira atraente de ver, na estrutura dessa prática, a coerência de princípio que a integridade requer[48].

Portanto, uma das características do pós-positivismo dworkiniano é justamente a de repelir decisionismos que fiquem ao alvedrio do julgador, pois mesmo nas situações em que não haja uma lei expressa prevendo uma consequência ou numa circunstância não antes examinada especificamente por um precedente (situação relevante apenas no *common law*), o juiz tem o *dever* (e não a faculdade) de descobrir quais são os direitos das

---

[46] DWORKIN, Ronald. *Uma questão de princípio*. Tradução de Luís Carlos Borges. São Paulo: Martins Fontes, 2001, pp. 235-237.

[47] CHUEIRI, Vera Karam de. Verbete Ronald Dworkin. *In: Dicionário de Filosofia do Direito*. Coordenação de Vicente de Paulo Barreto. São Leopoldo: Unisinos, 2009, p. 261.

[48] DWORKIN, Ronald. *O Império do Direito*. Tradução de Jefferson Luiz Camargo. São Paulo: Martins Fontes, 1999, p. 274.

FILOSOFIA DO DIREITO INTERNACIONAL

partes envolvidas, não podendo "inventar novos direitos retroativamente[49]. Esclarece Dworkin que "nos casos difíceis, a argumentação jurídica versa sobre os conceitos contestados, cuja função e natureza são muito semelhantes ao conceito das características de um jogo"[50].

5.3 Aplicação da *State Centered Rational Choice Theory*

O caso apresentado ilustra bem a complexidade das questões próprias das relações internacionais: ainda quando há consenso entre os Estados sobre suas responsabilidades, a concretização do direito internacional no plano fático pode não ocorrer. Essa constatação torna o estudo da teoria de Posner e Goldsmith relevante, pois embora os autores não proponham uma solução para o problema, eles apresentam bases que devem ser consideradas na explicação desse tipo de ocorrência, bastante ordinária nas relações internacionais.

A aplicação da teoria dos autores estudados ao caso deve passar pelos seguintes pontos: como funcionam tratados multilaterais como os que declaram direitos humanos, dispõem sobre responsabilidades dos Estados por ilícitos decorrentes de guerra e instituem tribunais? Sua sistemática é regida por relações de coordenação, cooperação, coerção ou coincidência de interesses? Por que um Estado firmaria acordos internacionais se não se considera obrigado a cumpri-los? O que determina o cumprimento ou não desses acordos? O Estado possui obrigações morais? Por que mesmo concordando com necessidade de afirmação dos direitos humanos, os Estados não se submetem às decisões de tribunais constituídos por acordos multilaterais? É possível que os Estados disponham da de sua imunidade de execução, conforme argumento levantado por Cançado Trindade em seu voto de divergência[51]?

Passa-se agora às propostas de respostas.

1) *Como funcionam tratados multilaterais como os que declaram direitos humanos, dispõem sobre responsabilidades dos Estados por ilícitos decor-*

---

[49] DWORKIN, Ronald. *Levando os direitos a sério.* Tradução e notas de Nelson Boeira. São Paulo: Martins Fontes, 2002, p. 127.

[50] DWORKIN, *Levando os direitos a sério, cit.,* p. 164.

[51] A íntegra do voto está disponível em http://www.icj-cij.org/docket/files/143/16891.pdf. Acesso em 07/05/2015.

rentes de guerra e instituem tribunais? Sua sistemática é regida por relações de coordenação, cooperação, coerção ou coincidência de interesses?

A sistemática que rege os acordos multilaterais, segundo os autores[52], normalmente, é a da coordenação ou da cooperação, isso porque se o caso for de coincidência de interesses ou de coerção, não há necessidade de se efetuar gastos com a fixação de tratados.

A vantagem dos acordos multilaterais se baseia em uma lógica que compreende dois passos: primeiro os Estados se reúnem e fixam os termos comuns, em momento posterior a cooperação (ou não) se dá em pares, um Estado observa os termos comuns se o outro Estado também os observar[53].

O primeiro passo é um sistema de cooperação entre Estados mais poderosos, cooperação esta que não lança muitos custos, pois os referidos Estados sabem que sempre podem usar o direito de reservas ou, simplesmente, renegociar os termos no subsistema de pares que se mostra empiricamente pelo fato de que a observância ou não dos termos é uma decisão que avalia a probabilidade e custo de retaliação, o que como regra, só é feita pelo Estado afetado, o que confirma que a relação real é sempre de pares em um repetido dilema bilateral do prisioneiro[54].

No caso que ora se analisa, essa perspectiva defendida pelos autores se faz muito clara: existem vários acordos multilaterais (assim como a própria decisão da CIJ) que obrigariam a Alemanha a indenizar os cidadãos italianos pelos ilícitos da Segunda Grande Guerra, entretanto, os demais países signatários destes tratados não avocam para si qualquer obrigação de materializar o cumprimento de tais obrigações pelo Estado alemão, de modo que, quando ocorreu a violação, a relação tornou-se bilateral – Itália v. Alemanha.

Assim, os tratados de direitos humanos e de instituições de cortes, como ora se analisa, podem ser compreendidos como resultante de uma forma de cooperação que pode decorrer da necessidade de se mostrar um aliado a pretensos parceiros para os mais diversos fins. Por outro lado, as relações que efetivamente se estabelecem são de formato bilateral.

---

[52] GOLDSMITH, Jack L.; POSNER, Eric A. *The Limits of International Law.* New York, Oxford University Press, 2006, pp. 85-90.

[53] GOLDSMITH, Jack L.; POSNER, Eric A., A. *The Limits of International Law,* Cit., pp. 85-90.

[54] GOLDSMITH, Jack L.; POSNER, Eric A., A. *The Limits of International Law.* Cit.., pp. 85-90.

FILOSOFIA DO DIREITO INTERNACIONAL

2) *Por que um Estado firmaria acordos internacionais se não se considera obrigado a cumpri-los? O que determina o cumprimento ou não desses acordos?*

Os autores afirmam[55] que os Estados optam por assumir o custo transacional de se firmar acordos internacionais porque tanto os tratados quanto os acordos "não obrigatórios" aprimoram a qualidade das informações à disposição dos Estados, de modo que se torna mais claro quais os benefícios aferidos pelo outro Estado com a transação, bem como quais atos correspondem a uma cooperação ou coordenação desejável – capaz de fornecer os benefícios almejados – daí sua superioridade em relação ao direito consuetudinário.

Alegam se simpatizarem com a teoria institucionalista de que os acordos multilaterais reduzem os custos transacionais de comunicação, aprimorando a transparência das informações, mas divergem sobre a tese de que a fiscalização é aprimorada pela cooperação estabelecida em tratado. Fundamentam a divergência na inexistência de bases empíricas que realmente sustentem essa parte da tese, mas ao contrário, se considerar-se que os custos da sanção pela violação irão recair apenas sobre o Estado interessado em sancionar, de modo que o que não há um "jogo coordenado", mas "dilemas multilaterais do prisioneiro".

No que se refere às razões do cumprimento ou não das normas que os Estados firmam em sede de acordo multilateral, alegam[56] os autores que as várias teorias possuem, em suma, dois fundamentos: os Estados cumprem a norma porque acreditam (ou quem os administra acredita) que cumprir a norma é a coisa certa a se fazer ou o fazem por escolha racional no seu melhor interesse considerando as possibilidades de retaliação e de mancharem sua reputação.

Filiam-se à segunda corrente (*rational choice*), entretanto conferem menos relevância à segunda motivação, qual seja, manutenção de uma boa reputação. Isso porque, empiricamente, observa-se que o custo da reputação de "violador" pode ser inferior aos benefícios da violação. Há Estados que cumprem determinados tipos de tratados, mas descumprem outros, sem que, com isso, sejam considerados Estados pouco confiáveis para futuras parcerias. Além disso, uma reputação ou outra podem ser

[55] GOLDSMITH, Jack L.; POSNER, Eric A. *The Limits of International Law*. New York, Oxford University Press, 2006, pp. 91-104.
[56] GOLDSMITH, Jack L.; POSNER, Eric A., *The Limits of International Law*, cit., p.100.

vantajosas: os Estados poderosos podem auferir mais vantagens violando, pois que isso demonstra seu poder, ao passo que pequenos Estados podem auferir vantagens de uma imagem inconstante, pois que os demais Estados ficarão mais atentos a eles. Por outro lado, alguns tratados são mal feitos ou feitos para não durarem por decorrerem de situações muito específicas, de modo que sua violação não importa em qualquer conclusão sobre a confiabilidade do Estado violador.

Por outro prisma, tratando especificamente dos acordos sobre direitos humanos, os autores demonstram em uma série de exemplos que a reputação ou possível retaliação de um Estado por violação de direitos humanos não guarda nenhuma relação com sua ratificação ou não de um tratado. Em outros termos, quando um Estado viola direitos humanos, as consequências que eventualmente lhe sejam atribuídas não dependem de ele ter assinado ou não determinado tratado de direitos humanos, de modo que o custo de participar de um tratado é muito baixo e irrelevante, como consequência, Estados assinam tratados que não têm a intenção de cumprir, assim como deixam de assinar outros que já cumprem em alguma medida. Por esse mesmo raciocínio, criticam a posição de alguns autores de que os tratados de direitos humanos deveriam ser mais claros e precisos. Se o forem, nenhuma diferença fará no grau de cumprimento da norma, pois ou os Estados farão mais reservas ou deixarão de cumprir caso os custos do cumprimento sejam superiores aos da violação.

A dinâmica se altera em relação a tratados que versem sobre o comércio[57], pois o custo da violação é maior, seja porque importará em retaliação, seja porque abalará a confiabilidade dos Estados nesse objeto particular (comércio), limitando suas opções de cooperação internacional.

No episódio analisado, caso a Alemanha estivesse sob fundado receio de uma retaliação, é possível que ela agisse conforme suscitou Cançado Trindade, ou seja, disporia de seu direito à imunidade e cumpriria a obrigação de indenizar. Entretanto, não sendo este o caso, optou pela atitude que, ao mesmo tempo, não trouxesse prejuízo ao seu povo e não lhe ferisse a reputação: reconheceu os erros e desculpou-se publicamente.

3) *O Estado possui obrigações morais? Por que mesmo concordando com necessidade de afirmação dos direitos humanos, os Estados não se submetem às*

---

[57] GOLDSMITH, Jack L.; POSNER, Eric A. *The Limits of International Law*. Cit., pp. 135-162.

decisões de tribunais constituídos por acordos multilaterais? É possível que os Estados disponham da de sua imunidade de execução, conforme argumento levantado por Cançado Trindade em seu voto de divergência?

Contra o discurso de que os Estados devem cumprir o direito internacional por se tratar de uma obrigação moral, os autores demonstram[58] que a moralidade é própria dos atos humanos, que pode se refletir nas normas domésticas porquanto um ente central decide o que é justo em cada situação por meio da lei democraticamente construída. Ocorre que no âmbito internacional, nenhuma dessas condições existe: não há um ente centralizador dos conceitos de moral, justo e certo e as normas não são construídas de forma democrática, inviabilizado a formação de um juízo de valor ou de qualquer caráter moral, amoral ou imoral aos Estados.

Sobre o argumento cosmopolita de defesa e afirmação dos direitos humanos, os autores demonstram que os governantes possuem, antes de tudo, uma obrigação em relação aos seus próprios cidadãos de colocar o interesse deles antes do interesses de qualquer outro povo ou Estado, razão pela qual os Estados não ingressam em nenhuma instituição que contrarie seus interesses.

No caso em análise, se a Alemanha optasse por renunciar ao seu direito às imunidades, estaria contrariando os interesses de seus próprios cidadãos, competência que o Estado não possui, sob pena de violar a própria constituição e o sistema democrático em seu âmbito doméstico.

Da mesma forma, a ratificação de um tratado que conferisse a uma corte, ou outro órgão central qualquer, poderes para executar decisões que atingiriam negativamente seus próprios cidadãos estaria eivada de falta de legitimidade pelo Estado signatário.

Em suma, o caso em apreço, ainda que possa ser alvo de outras formas de análise, não foge ao sistema proposto por Posner e Goldsmith, pois comprova que um Estado não agirá - seja espontaneamente, seja por obrigação, seja estabelecendo maiores poderes para entes internacionais - de forma contrária aos seus interesses (neste caso, o interesse de proteção do patrimônio de seus cidadãos).

---

[58] GOLDSMITH, Jack L.; POSNER, Eric A. *The Limits of International Law.* Cit.., pp. 110-135.

6. NOTAS CONCLUSIVAS

A exposição das linhas gerais de algumas das teorias das relações internacionais, e sua aplicação a um concreto julgado pela Corte Internacional de Justiça teve por objetivo amparar reflexões sobre o papel das teorias das relações internacionais na construção, solidificação e concretização do Direito Internacional.

Esse tipo de análise confirma a hipótese de autores como William Gonçalves[59] de que as teorias das relações internacionais tendem a compor um projeto maior, um discurso com vistas à manutenção de um poder ou posição de dominação.

Enquanto a corrente realista, ainda hegemônica no terreno das relações internacionais[60], explicaria o resultado do julgado por meio de seus paradigmas de balança de poder, a teoria da escolha racional utilizaria o caso para demonstrar que, de fato, os Estados são atores amorais.

A teoria de Dworkin, por outro lado, demonstraria a necessidade de se estabelecer objetivos moralmente defensáveis em escala global ao lado de um sistema de jurisdição mundial que atraísse para si todas as questões relativas àqueles objetivos e se fizesse cumprir independentemente dos interesses dos demais atores internacionais.

A aplicação da teoria da integridade ao Direito Internacional, no entanto, levaria à introdução de outros elementos, como a história mundial, a ideia de justiça e a consideração dos princípios de direito internacional público, porém esbarraria na ausência de uma legislação internacional efetivamente legítima e democrática, garantidora de participação equânime entre as nações, bem como na inexistência de um sistema de adjudicação amplamente aceito e inconteste.

---

[59] "As razões determinantes dessa primazia anglo-saxônica no domínio dos estudos de Relações Internacionais são largamente conhecidas e podem ser decompostas, para fins analíticos, em três ordens, a saber: econômicas, acadêmicas e de poder." GONÇALVES, Williams. *Relações Internacionais*. CEDEP: Rio Grande do Sul, 2003. Disponível em http://www.cedep.ifch.ufrgs. br/Textos_Elet/pdf/WilliamsRR.II.pdf. Acesso em 07 de maio de 2015.

[60] "Não há teoria das Relações Internacionais que escape de tão abrangente arco crítico; todavia, por ser a teoria mais influente no campo das Relações Internacionais, a Teoria Realista é a mais visada pelos críticos pós-modernos."GONÇALVES, Williams. *Relações Internacionais*. CEDEP: Rio Grande do Sul, 2003. Disponível em http://www.cedep.ifch.ufrgs.br/ Textos_Elet/pdf/WilliamsRR.II.pdf. Acesso em 07 de maio de 2015.

FILOSOFIA DO DIREITO INTERNACIONAL

De todo modo, sob qualquer perspectiva de enfrentamento, não há dúvida de que o caso analisado se trata de um *hard case*, a desafiar um exame bastante acurado que leve em conta todas as características presentes no cenário internacional hodierno.

Todavia, conforme arremata Jack Donnelly[61], a questão não é saber se o realismo, liberalismo ou qualquer outra escola está certa, mas como cada teoria internacional pode contribuir para a compreensão de situações que nos interessem.

A partir dessas ilações, questiona-se: qual a relevância dos valores, como a moral e a justiça, para as relações internacionais? Pode-se afirmar que as relações e ocorrências domésticas são de pouca importância para as relações internacionais? A decisão tomada no caso *Jurisdictional Immunities of the State (Germany v. Italy: Greece Intervening)* foi pautada na prudência ou na moral? Seria viável a criação de entes centrais como um "parlamento global" ou Cortes com jurisdição sobre todos os Estados, conforme proposto por Dworkin?

Diante das conclusões a que esta pesquisa levou, a resposta a cada uma dessas perguntas parece ser uma só: a réplica dependerá de qual a corrente teórica adotada, pois nenhuma delas está ocupada em se concretizar, apenas em estabelecer-se como um discurso que ampare algum interesse.

REFERÊNCIAS

CARR, Edward Hallett. *Vinte anos de crise: 1919-1939*. Uma introdução ao Estudo das Relações Internacionais. Trad. Luiz Figueiredo Machado. Brasília, Editora Universidade de Brasília, Instituto de Pesquisa de Relações Internacionais, Imprensa Oficial do Estado de São Paulo. 2ª edição, 2001.

CERVO, Amado Luiz. *Formação de conceitos brasileiros de relações internacionais. Carta Internacional*, Universidade de São Paulo (Nupri), v. 3, n. 1, fev. 2008.

BERMAN, Paul Schiff B. *Review Essay: 'Seeing Beyond the Limits of International Law,' Jack L. Goldsmith and Eric A. Posner, 'The Limits of International Law '*. In: http://scholarship. law.gwu.edu/cgi/viewcontent.cgi?article=1082&context=faculty_publications. Acesso em 07/05/2015.

---

[61] "The issue is not wether realism (or liberal internationalism, or constructivism, or whatever) ´is right` but where particular realist insights and theories can help us to understand and explain things that interest us." DONNELLY, Jack. *Realism and International Relations*. New York: Cambridge University Press, 2000.

CHUEIRI, Vera Karam de. Verbete Ronald Dworkin. *In*: *Dicionário de Filosofia do Direito.* Coordenação de Vicente de Paulo Barreto. São Leopoldo: Unisinos, 2009

CUNHA, Mirlir. *A integridade no Direito Internacional: uma análise crítica das concepções jurídico--filosóficas presentes no caso 'Jurisdictional Immunities of the State' (Germany v. Italy, Greece Intervening) da Corte Internacional de Justiça.* Dissertação de Mestrado. UFMG, 2014.

DONNELLY, Jack. *Realism and International Relations.* New York: Cambridge University Press, 2000.

DWORKIN, Ronald. *Levando os direitos a sério.* Tradução e notas Nelson Boeira. São Paulo: Martins Fontes, 2002.

_____. *O império do direito.* Tradução Jefferson Luiz Camargo; revisão técnica Gildo Sá Leitão Rios. 2ª ed. São Paulo: Martins Fontes, 2007.
_____. *A new philosophy for international law. In* Philosophy and Public Affairs, vol. 41, n. 1, pp. 1-31, 2013.

GOLDSMITH, Jack L.; POSNER, Eric A. *The Limits of International Law.* New York, Oxford University Press, 2006.

GONÇALVES, Williams. *Relações Internacionais.* CEDEP: Rio Grande do Sul, 2003. Disponível em http://www.cedep.ifch.ufrgs.br/Textos_Elet/pdf/WilliamsRR.II.pdf.

GUEST, Stephen. *Ronald Dworkin.* Tradução de Luís Carlos Borges. Rio de Janeiro: Elsevier, 2010.

GUZZINI, Stefano. The enduring dilema of realism in international Relations. In *European Journal of Internacional Relations.* SAGE: Londres. V. 10, n. 4, Dez. 2004.

HART, H. L. A. *O Conceito de Direito.* Lisboa: Calouste Gulbenkian, 2001.

MINGST, Karen A. *Essentials of international relations.* 2. ed. New York: W. W. Norton & Company, 2003.

MORGENTHAU, Hans J. *A Política Entre as Nações: a luta pelo poder e pela paz.* São Paulo: Imprensa Oficial do Estado de São Paulo, 2003.

NOGUEIRA, João Pontes; MESSAR, Nizar. *Teoria das Relações Internacionais*: correntes e debates. Rio de Janeiro: Elsevier, 2005.

PECEQUILO, Cristina Soreanu. *Introdução às relações internacionais: temas, atores e visões.* 9ª Ed. Petrópolis: Vozes, 2012.
VIOTTI, Paul R.; KAUPPI, Mark. *International Relations Theory: realism, pluralism, globalism.*

FILOSOFIA DO DIREITO INTERNACIONAL

2nd ed. Allyn and Bacon: Massachussetts, 1993.

WALTZ, Keneth N. *Foundations of international relations theory*. Saint Martins Press: New York, 1995.

WELCH, David A. Why IR theorists should stop reading Thucydides. *In Review of international studies*. V. 29, n.3, Jul. 2003. Clearence Center: Danvers.

Outras fontes:
http://www.icj-cij.org/docket/index.php?p1=3&p2=3&case=143&code=ai&p3=10. Acesso em 07 de maio de 2015.
https://www.law.uchicago.edu/files/files/126.pdf. Acesso em 07 de maio de 2015.

http://www.icj-cij.org/docket/files/143/16899.pdf. Acesso em 07 de maio de 2015.

CAPÍTULO 5

A FILOSOFIA DO DIREITO INTERNACIONAL NÃO ESCRITA POR RONALD DWORKIN

GRÉGORE MOREIRA DE MOURA E IGOR DE CARVALHO ENRIQUEZ

CONSIDERAÇÕES INICIAIS

Em sua obra, Ronald Dworkin busca mostrar que a prática jurídica trabalha com a ideia de que o Direito, seja ele interno ou internacional, possui um propósito, uma finalidade. O ordenamento jurídico pode ser entendido como um projeto coletivo comum no sentido de que indivíduos livres e iguais produzem normas capazes de regular suas vidas em comunidade. Embora essa crença encontre-se associada preferencialmente à ideia de Constituição, como a norte-americana, é a comunidade e seu conjunto de valores o verdadeiro foco central de sua obra.

A adesão de um grupo a um conjunto de normas (direito ou regras de cortesia, por exemplo) é o elemento capaz de criar a normatividade, ou seja, a imposição de um propósito, uma finalidade, de modo a tornar esse conjunto de práticas o melhor que ele possa ser. Para essa noção, Dworkin dá o nome de integridade do direito ou direito como integridade, que no âmbito do Direito Internacional está relacionada à ideia de uma morali-

FILOSOFIA DO DIREITO INTERNACIONAL

dade política que englobe toda a humanidade, mas sem o abandono completo da perspectiva atual de soberania.

Portanto, a teoria de Dworkin pode ser perfeitamente utilizada como um dos fundamentos do Direito Internacional, sob a perspectiva de integridade, comunidade, fraternidade e, principalmente, constitucionalismo global, ainda mais no momento em que há uma mudança de paradigma mundial na busca da formação de blocos econômicos e na tentativa de sanar suas crises.

Assim, o Direito Internacional passa por diversas transformações na atualidade, principalmente tendo em vista uma ordem mundial mais relacional, isto é, o mundo globalizado cada vez mais aproxima os Estados, obrigando-os a manterem relações jurídicas mais próximas e interdependentes, o que gera a necessidade de uma ordem normativa compatível com esta evolução.

Para tanto, é preciso resgatar os conceitos básicos da teoria de Ronald Dworkin e relacioná-los com sua filosofia inacabada do Direito Internacional, com o fim de aferir o enorme desafio de conciliar a noção de fraternidade e legitimidade com um novo internacionalismo jurídico global que respeite a moralidade política de cada Estado. Eis, pois, o objetivo do presente estudo.

1. DWORKIN E O LIBERALISMO DEMOCRÁTICO

A teoria de Ronald Dworkin defende que o direito é um projeto político para uma determinada comunidade que se vê constituída como uma associação de homens livres e iguais. Assim, argumenta que a notável distinção entre igualdade e liberdade no debate político contemporâneo é superficial e aparente, já que ambas as noções são na verdade inseparáveis, devido à necessidade de um sentido fraco para a igualdade. Isso porque, ao afirmar-se que o ser humano é um fim em si mesmo, qualquer tentativa de promover a igualdade de maneira absoluta produz mais malefícios do que benefícios e ao afirmar-se que as pessoas devem ser tratadas igualmente, pode-se cair no erro de graduar as pessoas e legitimar a desigualdade, mesmo quando se busca combater a pobreza[1].

---

[1] GUEST, Stephen. *Ronald Dworkin*. Rio de Janeiro: Editora Campus. 2010. p. 218.

A FILOSOFIA DO DIREITO INTERNACIONAL NÃO ESCRITA POR RONALD DOWRKIN

Para contornar esse problema, Dworkin faz a distinção entre tratar as pessoas como iguais e dar às pessoas igual tratamento, sendo que na primeira hipótese o ideal pode estar sendo alcançado enquanto na segunda, que é daquela derivada, pode-se estar produzindo distorções. O tratamento igual, por exemplo, pode fazer um deficiente físico receber a mesma quantidade de recursos da coletividade de um não deficiente, sendo que deve receber mais recursos devido a sua condição especial. O direito a tratamento como igual é fundamental enquanto o direito a igual tratamento depende da situação específica[2].

Esse argumento é utilizado no combate à visão juspragmática, que, baseada em uma interpretação equivocada da igualdade, defende uma equiparação numérica entre indivíduos, ao invés de analisar sua real consideração enquanto indivíduo. Logo, qualquer tentativa de justificação do uso de objetivos comunitários que se sobreponha à autonomia pessoal está equivocada, pois estimula um incentivo à desigualdade de respeito para com o outro, sendo, muitas vezes, apenas uma intervenção estatal coerciva em matérias de consciência[3].

Ao estabelecer seu pensamento como liberal-democrático, Dworkin tenta definir a noção de igualdade, deixando clara a sua compatibilidade com a ideia de liberdade. Para tanto, ele afirma extrair o que chama de melhor sentido do direito, ou seja, seu melhor sentido moral e, consequentemente, extrair seu melhor significado diante da liberdade[4]. Ao focar na distribuição de recursos, por exemplo, ele defende a não alcançabilidade da igualdade de bem-estar, pois é impossível verificar o que ela constitui para diferentes pessoas e distribuir proporcionalmente para cada uma o que considera ausente.

Em sentido diverso, a teoria dworkiniana propõe que a igualdade do tipo bem-estar fracassa pela falta de meios de mensurar, de forma descontextualizada, como deve ser feita a distribuição dos recursos, sendo, portanto, necessário o abandono das opiniões pessoais e noções de recursos

---

[2] DWORKIN, Ronald. *Taking Rights Seriously*. Cambridge: Harvard University Press, 1978. p.227.

[3] Na obra de Ronald Dworkin, o igual respeito e consideração estão intrinsicamente ligados à noção de autonomia individual. Sua visão política pode ser denominada liberalismo de esquerda, pois promove a defesa da justiça distributiva com a valoração da autonomia dentro da coletividade na qual se está inserido.

[4] GUEST, Stephen. *Ronald Dworkin*. Rio de Janeiro: Editora Campus. 2010. p. 245.

até então usadas. Logo, ele defende que a mensuração da justiça distributiva deve ser calculada pelo impacto, em termos de recursos, que uma decisão individual custa aos outros, tendo cada indivíduo que decidir o tipo de vida que levará e quais as consequências que esse estilo de vida imporá às outras pessoas do meio onde vive[5]. Busca-se, assim, conciliar autonomia individual com o impacto de cada decisão pessoal na sociedade na qual se está inserido.

Para tanto, Dworkin concilia a ideia de pessoas serem respeitadas na sua condição de seres humanos, havendo a necessidade de tratamento igualitário para deficientes e minorias, com a valorização da noção de indivíduos diferirem em interesses pessoais, havendo uma consequente influência disso em talentos e possibilidades de sucesso. A importância da igualdade, entendida como virtude soberana, provoca, assim, a necessidade de uma distribuição adequada no sentido de não prejudicar gostos e ambições pessoais, mas não ignorar os impactos da falta de talento e incapacidade física, que precisariam ser compensadas com o recebimento de recursos visando sua superação[6].

Ademais, introduz o argumento de que é necessário compatibilizar o princípio de que todas pessoas devem ser tratadas como iguais e o princípio da independência, que defende que as pessoas podem fazer julgamentos livres em uma situação de mercado. Assim, é possível fazer escolhas mercadológicas baseadas em preconceito, que serão, todavia, anuladas depois de materializadas exatamente por serem incompatíveis com o que é tido como correto, fazendo com que o mercado seja contornado para que se possa chegar a um resultado livre de contaminação do preconceito sem limitá-la às escolhas pessoais.

Negando qualquer contrato social como no modelo clássico[7], Dworkin defende a continuidade entre ética pessoal e agir político, já que qualquer tentativa de se separar as crenças de uma pessoa e seu comprometimento

---

[5] DWORKIN, Ronald. *Law's Empire*. Oxford: Hart Publishing, 1986.p292.

[6] GUEST, Stephen. *Ronald Dworkin*. Rio de Janeiro: Editora Campus. 2010.p. 260.

[7] No Direito Internacional moderno também nega-se a ideia de um contrato social em sentido apresentado por Thomas Hobbes, no qual o indivíduo se associa ao soberano e abre mão de parte da sua autonomia em troca de proteção e segurança. O processo de gradual relativização da noção de clássica de soberania demonstra que o Estado, assim como o indivíduo, pode se associar a uma comunidade sem perder prerrogativas inerentes a sua autodeterminação, mas ao mesmo tempo, estando limitado em suas ações.

dentro da sociedade, como pretendia Rawls[8], está fadada ao fracasso diante da impossibilidade de se alcançar o consenso e manter a força categórica, ou seja, a obediência a um dever estabelecido. Nota-se a importância de um liberalismo que concilie as noções de verdadeiro e justo, buscando decidir qual interpretação das tradições em questão é a melhor.

Nesse sentido, a teoria dworkiniana separa o chamado bem-estar volitivo, sendo isso o que uma pessoa afirma querer, e seu bem-estar crítico, ou seja, aquilo que uma pessoa deve querer, exatamente pelo fato de alguns desejos serem muito básicos para explicar o que se pensa como vida boa[9]. Todavia, Dworkin não defende uma separação de objetividade e subjetividade da vontade pessoal, como pode parecer, mas uma ligação entre ética privada e estruturas políticas públicas que permita uma igualdade na distribuição de recursos que enfatize a pessoalidade do julgamento do que é a vida boa.

Para tanto, ele distingue o que é valor de produto de uma vida, medido pelo que se produz ao longo do tempo, daquilo que é seu valor de desempenho, mensurado pelo modo como uma vida é vivida, sendo que aquilo que realmente tem valor crítico ao longo da existência de uma pessoa é seu valor de desempenho. O viver bem está intrinsicamente ligado à cultura na qual se está inserido, já que a visão dworkiniana é de um comunitarismo fraco. Não há, portanto, sentido em se avaliar uma vida pelo que foi feito isoladamente e fora do contexto, dando-lhe um valor absoluto em detrimento do desempenho de um indivíduo, segundo aquilo que se acredita certo em seu meio. Da mesma forma, pode-se entender a visão de Dworkin a respeito do Direito Internacional, já que os Estados vão se organizar em uma comunidade global com valores compartilhados por todos os participantes, mas que deve respeitar a individualidade de cada um deles.

Por fim, Dowrkin une as teorias de vida boa e igualdade, utilizando-se da noção que a justiça distributiva está conectada à vida tida como ética em uma determinada coletividade, pois restringe a quantidade de recursos que cada pessoa pode ter para viver uma vida considerada boa e, ao respeitar-se os outros como seres iguais, é possível mensurar os custos que

---

[8]   Com a noção de véu da ignorância, na qual por meio de um exercício teórico mental o indivíduo se desprende de sua condição privilegiada para entender que a melhor escolha racional é distribuir oportunidade para todos em uma mesma sociedade, Rawls busca um abandono lógico da desigualdade por meio de um compromisso social.

[9]   GUEST, Stephen. *Ronald Dworkin*. Rio de Janeiro: Editora Campus. 2010. p. 287.

isso terá na vida das outras pessoas. Nesse sentido, almeja-se a conciliação entre as noções de justiça e aquilo que pode constituir uma vida boa, sem, no entanto, perder-se a autonomia individual e o direito a escolhas dos próprios caminhos a serem seguidos[10].

Conclui-se, assim, que Dworkin estabelece um nexo entre princípios morais fundamentais, a igualdade e a tolerância, e uma noção de justiça distributiva, de modo que elas se complementem e não permitam nem a prevalência do comunitarismo em um sentido forte, nem do individualismo liberal. Nesse contexto, a noção interpretativa se faz fundamental, pois é imprescindível a extração argumentativa de uma justificação racional que oriente a busca na comunidade das respostas tidas como corretas. Isso será refletido, também, em sua teoria do Direito Internacional.

2. DWORKIN E O COMUNITARISMO

A ideia de integridade dworkiniana está exatamente nesse contexto, uma vez que ela só é possível a partir da combinação da coerência com o grupo no qual se está inserido e da premissa fundamental que todos devem ser tratados como iguais, sob pena de serem tidas como injustificáveis[11]. Assim, ocorre uma interligação de abstrações morais de um plano ideal com uma aplicação do direito socialmente aceitável.

Para tanto, Dworkin defende uma relação que integra a comunidade política específica e seus cidadãos individuais de modo que o grupo compartilhe um pano de fundo comum de crenças e ideais, mas não pode ser personificado de forma simplista, de modo que a individualidade seja suprimida. Existe, pois, uma responsabilidade em relação ao grupo no qual se está inserido implícita na linguagem e no pensamento moral comum, desempenhando um papel importante no sistema jurídico e possibilitando uma alocação mais complexa de direitos e responsabilidades do que seria possível de outro modo[12]. Nesse sentido, defendemos a sua condição de dualista em relação ao Direito Internacional, uma vez que existiriam responsabilidades e atribuições diferentes, mas complementares, para cada comunidade, de modo que uma não poderia se confundir com a outra.

---

[10] GUEST, Stephen. *Ronald Dworkin*. Rio de Janeiro: Editora Campus. 2010. p. 293.
[11] GUEST, Stephen. *Ronald Dworkin*. Rio de Janeiro: Editora Campus. 2010. p. 295.
[12] GUEST, Stephen. *Ronald Dworkin*. Rio de Janeiro: Editora Campus. 2010. p. 80.

A FILOSOFIA DO DIREITO INTERNACIONAL NÃO ESCRITA POR RONALD DOWRKIN

Ademais, Dworkin explora o "enigma de legitimidade", ou seja, o problema das obrigações morais para com a comunidade específica, relacionando a obrigação de obedecer ao direito com a noção de fraternidade. Assim, questiona-se até que ponto, em nome da preservação de laços comuns (denominados vínculos associativos), membros de uma comunidade devem ter interesse na maneira como outros membros vivem suas vidas. Defende, pois, que a solução da questão está na existência de obrigações comunais recíprocas, que por meio da interpretação permitem o entendimento de uma paisagem moral previamente existente e compartilhada que estabelece obrigações recíprocas[13].

Dworkin denomina "comunidade de princípios" aquela na qual a associação fraternal é justificada por obrigações políticas, tornando especiais as responsabilidades de cidadania ligadas à obrigação individual de respeitar os princípios de imparcialidade e justiça que constituíram a comunidade e fundaram a base das relações no grupo[14].

A concepção comunitária dworkiniana se faz consideravelmente importante ao ser associada à prática da argumentação jurídica. Isso porque, somente em um contexto no qual existem obrigações para com a comunidade vinculadas às instituições tolerantes é que se faz possível interpretar a noção de dever, a partir do surgimento de obrigações morais e transplantá--la para a relação real entre membros de uma coletividade. A tolerância, portanto, é o ponto de ligação entre as noções de obrigações comunais e autonomia da vontade individual, formando a noção de integridade.

Assim, aqueles que criam a norma jurídica têm o dever de mantê-la coerente com seus princípios como se a lei tivesse sido feita por uma única pessoa: a comunidade corporificada e, nesse sentido, é possível apontar uma integridade política ou integridade na legislação. Daí a defesa do modelo de cartas constitucionais escritas, pois elas permitem o controle de constitucionalidade e a formação de um fórum de princípios.

O ideal do direito como integridade exige dos juízes e dos aplicadores uma coerência entre as decisões passadas e as decisões presentes, a partir dos princípios da igualdade e liberdade, como se os juízes prosseguissem uma obra coletiva. É uma interpretação em cadeia, tal como um romance escrito em várias mãos. Esse é o ideal da integridade no direito ou integri-

---

[13] DWORKIN, Ronald. *Law's Empire*. Oxford: Hart Publishing, 1986.p196.
[14] GUEST, Stephen. Ronald Dworkin. Rio de Janeiro: Editora Campus. 2010.p. 88

FILOSOFIA DO DIREITO INTERNACIONAL

dade na jurisdição ou, ainda, integridade na aplicação do direito[15], o qual pode ser perfeitamente associado ao Direito Internacional.

Como já dito, a interpretação tem nesse contexto papel fundamental, pois busca o que ele denominou de "direitos como trunfo", permitindo que as noções de fraternidade e comunidade sejam usadas como parâmetros para buscar no campo ideal, ou seja, de princípios, a resposta que melhor se adequará às necessidades concretas. Os direitos atuam como uma limitação às práticas da comunidade quando essas incluem justificativas voltadas para o aprimoramento dos seus objetivos[16].

Para que isso seja possível, a interpretação tem uma natureza de atividade coletiva na qual cada nova geração parte do que foi feito no passado para melhorar o conteúdo das decisões. Isso porque a Constituição, ou o conjunto de normas constitucionais, está redigida em uma linguagem excessivamente abstrata, devendo ser atualizada gradativamente a cada momento histórico específico. E é justamente isso que Dworkin chama de leitura moral da Constituição[17]. E, nesse sentido, existirá sempre uma única decisão correta no direito, sendo a mais adequada, mais justa para regular as pretensões dos envolvidos no processo.

A noção de única decisão correta, embora por muitos criticada e mal entendida, só pode ser alcançada se o juiz mergulhar no contexto fático, nos argumentos das partes, usando de seus preconceitos e preconcepções, advindo obviamente da sua condição de membro de uma comunidade específica, para, por fim, olhar todos os lados com igual respeito e consideração. Tal juiz só poderá agir, segundo Dworkin, se possuir o conhecimento de todo o direito, não só atual, mas também a história institucional, paciência e conhecimento sobre-humanos. Como esse juiz não existe na prática, Dworkin vai denomina-lo juiz Hércules[18], embora o dever de agir como ele seja de fato real.

[15] DWORKIN, Ronald. Law's Empire. Oxford: Hart Publishing, 1986.p.182.

[16] GUEST, Stephen. Ronald Dworkin. Rio de Janeiro: Editora Campus. 2010.p. 234.

[17] No âmbito do Direito Internacional não seria necessário, em um primeiro momento, uma constituição escrita, sendo pontos mais importantes o estabelecimento de cortes possuidoras de um real alcance global e de uma parlamento internacional representando todas as nações. O surgimento de um constitucionalismo global, portanto, seria uma consequência provável da implementação das duas propostas defendidas por Dworkin.

[18] DWORKIN, Ronald. Law's Empire. Capítulo 6 Oxford: Hart Publishing, 1986.

Dworkin considera quatro argumentos comunitários a serem atacados por negar a possibilidade de uma maior individualidade das minorias, desconsiderando a real importância da noção de comunidade. No primeiro ele se posiciona contra o que chamou de "o vencedor fica com tudo", pois em uma democracia não é possível sobrepor direitos individuais, mesmo que com o apoio majoritário. Já no segundo, ele rechaça a repressão moral da conduta tida como errada de um grupo minoritário, que sob a defesa de estar preservando a "maneira correta de agir", viola a individualidade de um de seus membros.

Em relação ao terceiro argumento, ele reconhece a importância da homogeneidade para a satisfação de certas necessidades de seus membros, não existindo, entretanto, uma homogeneidade moral a ser preservada. Isto porque a linguagem e a cultura comuns, importantes para satisfazer necessidades materiais, não são comprometidas por visões de mundo divergentes, mesmo quando contraditórias[19]. Por fim, ele destaca que o argumento que defende uma relação simbiótica entre indivíduos e suas comunidades é possível, desde que ambas sejam vistas em sua integralidade, não se devendo esquecer que a comunidade não possui características comuns a seus membros.

Ademais a obra dworkiniana relaciona as noções de comunidade e democracia, pois se em uma visão inicial pode parecer antidemocrático que uma Constituição defenda decisões contramajoritárias, a atitude de reconhecer direitos de minorias constitui o que ele denominou "cultura da liberdade". Assim se está incentivando as discussões em um ambiente livre e propenso ao convencimento pelo melhor argumento, dentro de um devido processo legal previamente estabelecido para atender igualmente a todos. Essa mesma ideia está intrinsicamente ligada à proposta de parlamento mundial proposta por Dworkin.

Assim, todos estão contemplados e o grupo decide com maturidade os rumos individuais desde que indivíduos continuem com o poder de voto e capacidade potencial de mudar a situação democraticamente. Renega-se essa possibilidade, demonstrando a distinção de duas concepções de ação coletiva, cada uma como potencial candidata a ser entendida como democracia. Elas são as ações coletivas estatística e comunal, sendo que na primeira

---

[19] GUEST, Stephen. Ronald Dworkin. Rio de Janeiro: Editora Campus. 2010. p. 91.

FILOSOFIA DO DIREITO INTERNACIONAL

só se conta o voto de cada um, revelando a vontade da maioria e na segunda, considerada a adequada, defende-se uma visão mais ampla de decisão.

Para tanto, também faz-se a distinção entre as noções de ações coletivas integradas e monolíticas, sendo essa última rejeitada por excluir a importância do indivíduo, enquanto a anterior vê na integração entre individualidade e vínculos associativos a chave para conseguir uma superação da simples ditadura da maioria. Destarte, a moralidade política da comunidade não pode ser apenas a soma das moralidades individuais, mas a junção desta com princípios jurídicos e decisões jurisprudenciais que funcionam como um romance em cadeia de decisões tomadas anteriormente, fundindo o passado e o futuro. Nesse sentido, mesmo um ordenamento difuso, como o encontrado no Direito Internacional poderia conter princípios sólidos e ser a base de um ordenamento[20].

Por fim, ele conclui que um governo estático não é o suficiente para uma democracia genuína, uma vez que, para tanto, são necessárias instituições que maximizem a atuação da responsabilidade coletiva e do julgamento individual, permitindo a construção de uma democracia de fato. Nesse sentido, destaca o que são os três princípios principais: participação, tida como a necessidade de um papel individual de cada membro dentro da comunidade; interesse, vista como a importância da noção de reciprocidade entre governantes e governados e independência, entendida como a negação de um governo democrático em ditar aos seus cidadãos o que deve se pensar sobre ética e política. Não por acaso, ele defenderá em sua teoria do Direito Internacional a existência de um parlamento global com bases democráticas, como veremos mais adiante.

3. A Concepção de Dworkin sobre o Direito Internacional: Exposição e Crítica

3.1. A Filosofia do Direito Internacional de Ronald Dworkin

Em um contexto de uma nova ordem mundial, o Direito Internacional cresce em importância, tendo em vista a consequente alteração de paradigma[21] atri-

---

[20] DWORKIN, Ronald. *Equality, Democracy, and Constitution*. Alberta Law Review, n. XXVIII. p. 324-346, 1990.

[21] Utilizamos a palavra paradigma no sentido preconizado por Thomas S. Kunh, quando ele diz que os paradigmas são determinados modelos teóricos e métodos advindos de uma

buída ao poder dos Estados e aos novos conceitos de soberania, culminando no desenvolvimento teórico e prático das relações internacionais atreladas às suas consequências na elaboração da própria concepção desta área do Direito.

Todavia, ainda permanece um hiato nesta "nova" concepção de Direito Internacional, talvez pelo fato de que ainda permanecem sem respostas concretas e efetivas algumas questões não respondidas pelo novo paradigma emergente, isto é, para alguns autores é preciso responder questões fundamentais como: há realmente um Direito Internacional ou teríamos algumas regras aplicadas a determinados países da mesma família do Direito? Se a resposta for positiva, por que os diversos Estados seriam obrigados a respeitar tais regras? O consentimento é a base do Direito Internacional? E como se deve interpretar esses princípios e regras?

Dworkin esboça tal preocupação ao resgatar a velha questão se existe um Direito Internacional, ao aduzir que:

> *"O desafio existencial, todavia, permanece importante. Embora quase todos concordem que Direito Internacional é de fato direito, e que as regras e princípios estabelecidos em documentos desse tipo são parte dele, a questão de por que esses documentos consistem algum tipo de sistema jurídico é crucial porque a forma que essas regras e princípios devem ser interpretados depende disso."*[22] (Tradução livre).

forma de compartilhar objetivos, formas de pensar, marcos teóricos, ou seja, a mesma visão de mundo. Todavia, esses paradigmas sofrem anomalias (contestações), as quais emergem quando eles não conseguem responder às várias perguntas que surgem no decorrer do tempo, o que pode ensejar a revolução. Daí advém um novo paradigma como ruptura com o paradigma anterior; todavia esse rompimento é apenas parcial, visto que ainda preserva ideias do paradigma anterior – esta é a noção de ciência comum. Portanto, todo paradigma é uma simplificação da realidade, ou seja, um quadro ou modelo teórico não consegue atingir toda a complexidade da realidade. O paradigma, assim, é uma forma de tornar as coisas inteligíveis, para atingir um entendimento mínimo da realidade – ter acesso a ela através dos modelos teóricos. Com efeito, para o autor supracitado: *"Percebe-se rapidamente que na maior parte do livro o termo "paradigma" é usado em dois sentidos diferentes. De um lado indica toda a constelação de crenças, valores, técnicas etc., partilhadas pelos membros de uma comunidade determinada. De outro, denota um tipo de elemento dessa constelação: as soluções concretas de quebra-cabeças que, empregadas como modelos ou exemplos, podem substituir regras explícitas como base para a solução dos restantes quebra-cabeças da ciência normal".* (KUNH, Thomas S. A estrutura das revoluções científicas. 8. ed. São Paulo: Perspectiva, 2003. p. 220.)

[22] DWORKIN, *A New Philosophy for International Law*. Wiley Periodicals, Inc. Philosophy & Public Affairs 21, n⁰ 1, 2013. p.3.

FILOSOFIA DO DIREITO INTERNACIONAL

Portanto, para ele, a solução a este questionamento não passa por uma análise pura e simples do que se convencionou chamar de Direito Internacional, mas sim por um estudo mais aprofundado, na esteira de uma Filosofia do Direito Internacional ancorada na crítica ao positivismo jurídico, para inserir elementos políticos e morais em sua definição[23], ou seja, introduz a moralidade política como paradigma na definição da concepção de Direito Internacional.

Para atingir tal desiderato, Dworkin em seu artigo *"A New Philosophy for International Law"* faz uma crítica contundente aos doutrinadores e estudiosos do Direito Internacional, os quais baseados em uma visão comum e positivista desta seara do direito tentam buscar uma resposta para as questões já supracitadas com base no paradigma de que o consentimento das nações é a base para o surgimento do Direito Internacional, isto é, *"direito para as nações, nesse ponto de vista, é baseado no que as nações – ou ao menos o vasto conjunto daquelas tidas como civilizadas – consentiram em tratar como direito"[24].* (Tradução livre)

Logo, estamos diante de uma dicotomia de paradigmas, quais sejam: de um lado um modelo teórico mais dogmático fundamentado no positivismo jurídico e que defende o consentimento como "fonte" inicial do Direito Internacional. Por outro lado, os que defendem uma visão de mundo substanciada em uma concepção mais ampla, através de uma moralidade política, que questiona os seus próprios fundamentos sob uma base filosófica, como, por exemplo, busca explicar o porquê de Estados que não consentem na feitura de um tratado se obrigam e seguem suas normas, além do

---

[23] *"Podemos colocar facilmente o conceito doutrinal de direito nessa estrutura de árvore: o direito é um ramo, uma subdivisão, da moral política".* DWORKIN, Ronald. *Justiça para Ouriços.* Almedina. Coimbra: Almedina, 2012. p.414. A relação entre Direito e Moral é uma das mais discutidas entre os filósofos, especialmente, os filósofos do direito. Dworkin divide as teorias que abordam essa relação em duas: a) positivismo legal: que prega a independência entre os dois sistemas; b) interpretativismo: como a lei é um conceito interpretativo, Direito e Moral não são independentes. Após faz uma crítica ao método ortodoxo e propõe um modelo submetido a um quadrante diferente, sem que haja uma subsunção ou adequação total às duas teorias supracitadas, fundado na ideia de que é uma falha metodológica considerá-los como sistemas separados. Portanto, diante da dificuldade de se conceituar o que é o Direito, conclui ser o mesmo um ramo da moral política, conforme já mencionado, arrematando: *"O Direito está, efetivamente, integrado na Moral: os juristas e os juízes trabalham como filósofos políticos de um Estado Democrático".* DWORKIN, Ronald. *Justiça para Ouriços.* Almedina. Coimbra: Almedina, 2012. p.423.

[24] DWORKIN, Ronald. *Justiça para Ouriços.* Almedina. Coimbra: Almedina, 2012. p. 6.

fato de defender uma postura interpretativa que ultrapassa os limites da mera gramaticalidade dos tratados ou das ditas normas internacionais, ou seja, há um claro objetivo de busca de legitimidade.

Assim, Dworkin defende que o consentimento não é necessariamente uma base de legitimidade para o Direito Internacional, já que a concepção do direito é interpretativa e normativa, concluindo que:

> *"Qualquer teoria sobre a correta análise de um conceito político interpretativo deve ser uma teoria normativa: a teoria da moralidade política sobre as circunstâncias em que algo deve ou não deve acontecer. Uma vez que a concepção doutrinária do direito é interpretativa, nós fornecemos uma teoria dos fundamentos do direito, colocando e respondendo perguntas de moralidade política"*[25] (Tradução livre).

Nesta esteira, Dworkin propõe um caminho que agrega uma metodologia da interpretação aliada a uma concepção de especiais virtudes políticas de justiça e equidade, também para as normas de direito internacional, a fim que se possa dar uma resposta correta às demandas propostas no início deste item do nosso trabalho.

Todavia, para que isso aconteça, faz-se necessário conceber uma estrutura institucional que determine a responsabilidade e o poder de obrigar os Estados a cumprirem as decisões e a legislação produzida no âmbito internacional. Consequentemente, sua primeira proposta é a instituição de uma corte internacional com jurisdição sobre todas as nações do mundo, para que se possa dar o primeiro passo no enquadramento de uma questão de moralidade política.

Em segundo lugar, para que haja uma aceitação geral pelos Estados da obrigatoriedade de respeito a estas normas, há que se alterar duas questões: uma já acima referida que é não aceitar o consentimento como base do direito internacional[26], uma vez que não há possibilidade de se aceitar

---

[25] DWORKIN, Ronald. *Justiça para Ouriços*. Almedina. Coimbra: Almedina, 2012. p. 11.

[26] *"If a state can help to facilitate an international order in a way that would improve the legitimacy of its own coercive government, then it has a political obligation to do what it can in that direction. (...) But it does requirement sets out, in my view, the true moral basis of international law. If therefore also states the basic interpretative principle that the hypothetical court I imagined should use in deciding what international law now requires"*. DWORKIN, Ronald. *Justiça para Ouriços*. Almedina. Coimbra: Almedina, 2012. p. 17.

FILOSOFIA DO DIREITO INTERNACIONAL

uma teoria positivista que é falsa, pois a maioria dos Estados não tem interesse ou probabilidade em consentir em determinado tema que não lhes gera qualquer vantagem. A segunda é interna e se baseia na importância do princípio da saliência[27].

Continuando suas críticas ao sistema de Vestefália (sistema em que o poder soberano de cada Estado só é limitado por vontade de suas próprias instituições, ou seja, alia a soberania com o consentimento), Dworkin aduz que a noção estatal individual (proposta por John Rawls, por exemplo) não se coaduna com um modelo global para prover o sistema internacional, como pode se notar na obrigação moral que os Estados têm de defender não só sua própria legitimidade coercitiva, mas também de proteger e utilizar a força em alguns casos para garantir esta mesma legitimidade externamente[28]. Como exemplo podemos citar a intervenção para coibir crimes de guerra, genocídio, violação de direitos humanos, enfim, há claramente aqui uma relativização do poder político em detrimento de uma intervenção coletiva de governo, o qual comprova o fracasso do modelo proposto pelo sistema de Vestefália[29].

Em substituição a este sistema e com fundamento no fato de que os Estados devem promover e buscar sua própria legitimidade, além do dever de mitigar as falhas trazidas pelo sistema individual de soberania, Dworkin traz uma outra proposta, já antes mencionada, como concepção interna do sistema, qual seja o princípio da saliência (*principle of salience*).

Esse conceito baseia-se na ideia de que quando há uma alta representação de Estados que concordam e desenvolvem um código de práticas, surge uma obrigação, ainda que *prima facie*, dos outros Estados de aderi-

---

[27] DWORKIN, Ronald. *Justiça para Ouriços.* Almedina. Coimbra: Almedina, 2012. p. 15.

[28] Leonardo Figueiredo Barbosa, escrevendo sobre a teoria de Dworkin aduz: *"Sua teoria da política consiste, de forma coerente e buscando a propalada unificação, em defender que os governos têm o dever de respeitar os dois princípios oriundos da teoria da dignidade humana, o resultado deste comportamento consistiria em uma teoria da democracia. Sua teoria do direito defende que o direito consiste na melhor interpretação moral das práticas existentes que buscam justificar o poder coercitivo que o Estado detém em relação aos súditos, portanto, o direito é um subconjunto da política que é, por sua vez, um subconjunto da moralidade".* In BARBOSA, Leonardo Figueiredo. Ronald Dworkin: uma homenagem a um filósofo porco-espinho Revista Direito e Práxis Vol. 4, n. 7, 2013, pp. 289-304. Disponível em <http://www.e-publicacoes.uerj.br/index.php/revistaceaju/article/viewFile/8348/6370>. Acesso em 21 maio de 2015.

[29] BARBOSA, Leonardo Figueiredo. Ronald Dworkin: uma homenagem a um filósofo porco-espinho Revista Direito e Práxis Vol. 4, n. 7, 2013, pp. 16-18.

rem a esse código de práticas, pois não só promove a legitimidade interna do Estado, mas também do Direito Internacional. Logo, o que propõe o autor é exatamente um sistema baseado na representação que culmina em um efeito cascata, a fim de que as nações respeitem e reforcem a aplicação desses princípios, diante de uma força moral gravitacional[30].

Com efeito, as obrigações são criadas não pelo consentimento ou a assinatura de um tratado, mas pela força moral do princípio da saliência em determinar a satisfação e observância a uma ordem internacional, além de explicar melhor a questão das fontes do Direito Internacional sob um viés eminentemente interpretativo.

Por fim, como forma de combate ao sistema de Vestefália que preconiza a soberania independente, Dworkin elabora e defende, ainda que com a advertência de ser uma doutrina para o futuro, a ideia da necessidade de um corpo legislativo internacional que preveja um sistema federal de nações com um parlamento supremo e uma jurisdição global garantida por uma corte internacional, onde a moralidade política predomine e a coerção seja exercida com igual respeito e consideração a todos os Estados[31], ou seja, que haja uma responsabilidade internacional na promoção da Justiça.

Para tanto, arremata: *We need, now, to nourish the roots, not the twigs, of internantional law*[32].

Resumindo suas principais ideias temos:

a) Criação de uma corte internacional com jurisdição em todo o mundo;
b) Quebra do sistema de Vestefália com a consequente relativização do conceito de soberania independente;
c) Quebra do paradigma do consentimento como base do Direito Internacional;
d) Adoção de uma moralidade política como forma de legitimação do Direito Internacional, através do princípio da saliência;

---

[30] BARBOSA, Leonardo Figueiredo. Ronald Dworkin: uma homenagem a um filósofo porco-espinho Revista Direito e Práxis Vol. 4, n. 7, 2013. p. 20.

[31] *"O governo coercitivo só é legítimo quando tenta mostrar preocupação igual com os destinos de todos aqueles que governa e respeito total pela responsabilidade pessoal dessas pessoas pelas próprias vidas".* DWORKIN, Ronald. *Justiça para Ouriços*. Almedina. Coimbra: Almedina, 2012. p.360.

[32] Em tradução livre: "Nós precisamos, agora, nutrir as raízes e não os galhos do direto internacional". DWORKIN, Ronald. *Justiça para Ouriços*. Almedina. Coimbra: Almedina, 2012. p. 30.

FILOSOFIA DO DIREITO INTERNACIONAL

e) Desenvolvimento de um verdadeiro corpo legislativo internacional com efetividade.

3.2. A resposta por Adam S. Chilton

Dando continuidade ao debate sobre se os Estados são obrigados a seguir as leis internacionais, Adam S. Chilton rebate a nova teoria do Direito Internacional proposta acima por Ronald Dworkin em artigo intitulado *"A Reply to Dworkin's New Theory of International Law"*[33], aduzindo que a teoria de Dworkin é na melhor das hipóteses incompleta, pois não explica o fato dos Estados terem a obrigação de respeitar leis que não concordam ou vão contra seus interesses, além de engessar o poder de negociação dos Estados para a realização de acordos internacionais no futuro.

Neste contexto, Adam S. Chilton aponta algumas falhas na teoria de Dworkin dentre as quais podemos citar:

a) Não há uma explicação do que aconteceria se as preferências domésticas entram em tensão ou colisão com as obrigações internacionais[34] - o exemplo dado é que todos estão de acordo que é preciso e necessário proteger o meio ambiente em virtude das mudanças climáticas (obrigação internacional), mas pode haver desacordo diante dessa proteção (pagar uma indenização para as gerações futuras pode ser controverso, se a tecnologia pode minorar as consequências das mudanças climáticas no futuro e ser, portanto, despicienda tal indenização);

b) O segundo problema encontrado é que a teoria do professor Dworkin não traz a razão do porque os Estados seriam obrigados por lei internacional, quando o problema de coordenação que o próprio Estado tem não é um dilema de prisioneiro[35], isto é, como explicar a legitimidade do Estado

---

[33] CHILTON, Adam. S. *A Reply to Dworkin's New Theory of International Law.* University of Chicago Law Review Dialogue, 80, 2013. pp. 105-115.

[34] CHILTON, Adam. S. *A Reply to Dworkin's New Theory of International Law.* University of Chicago Law Review Dialogue, 80, 2013. p. 110-111.

[35] Dilema do prisioneiro é um exercício lógico no qual existem dois prisioneiros que se prejudicarão mutuamente em caso de confissão (ambos assumem a culpa e são condenados a um grande período de detenção), se prejudicarão consideravelmente em caso de disparidade de assunção de culpa (um assume e é condenado a um tempo considerável e o outro nega e é absolvido) ou se beneficiam mutuamente em caso de coordenação (ambos se declaram inocentes e são libertados). Esse exercício lógico tem o propósito de demonstrar que a cooperação pode ser a ação descoordenada individual ou a disputa.

para seus cidadãos se o cumprimento da norma internacional prejudica o interesse doméstico ou se a manutenção do Estado fora do sistema é menos prejudicial a este Estado? Como a observância das leis internacionais ou a entrada no sistema aumentaria a legitimidade do Estado frente ao cidadão em caso de prejuízo doméstico?[36]

c) Em terceiro lugar, haveria prejuízo sério às negociações futuras pelos Estados, já que para Dworkin as fontes do Direito Internacional poderiam ser interpretadas contra a soberania do Estado e, portanto, contra o seu consentimento, o que poderia gerar um afastamento dos entes estatais da observância das leis internacionais ou mudar seu comportamento. Além disso, poderia haver alteração dos termos de tratados em negociações futuras, para que se furtem ao cumprimento de determinadas regras antes determinadas e interpretadas pela Corte Internacional de Justiça, por exemplo. Logo, para Adam S. Chilton a inconsistência neste aspecto consiste no fato de que Dworkin não consegue explicar que a geração de novas fontes do Direito Internacional é um jogo de repetição[37];

d) E por fim, outra falha apontada se dá no que tange à própria razão de ser do Direito Internacional, já que Dworkin não atenta para o problema de que o Direito Internacional é mais efetivo quando utilizado como ferramenta de política doméstica e não quando utilizado em cortes ou organismos internacionais. O exemplo dado é ligado aos direitos humanos, pois é importante que, ao invés de desestimular os Estados a assinarem tratados sobre o tema, melhor é sua utilização argumentativa para prover as chances seu cumprimento no âmbito doméstico[38].

Em suma, conclui o professor Adam S. Chilton que a teoria de Dworkin não obtém êxito em estabelecer uma obrigação moral de cumprimento do Direito Internacional pelos Estados, já que ignora as demandas e interesses domésticos, bem como não menciona o potencial que o Direito Inter-

---

[36] CHILTON, Adam. S. *A Reply to Dworkin's New Theory of International Law.* University of Chicago Law Review Dialogue, 80, 2013. p. 113.

[37] *"This is because Professor Dworkin's theory fails to account for the fact that generating new sources of international law is a repeat game".* CHILTON, Adam. S. *A Reply to Dworkin's New Theory of International Law.* University of Chicago Law Review Dialogue, 80. p. 113. 2013.

[38] CHILTON, Adam. S. *A Reply to Dworkin's New Theory of International Law.* University of Chicago Law Review Dialogue, 80. 2013. p. 114.

FILOSOFIA DO DIREITO INTERNACIONAL

nacional tem de funcionar como propulsor e instrumento de mudanças no âmbito interno[39].

CONCLUSÃO

Da análise formulada, parece ficar clara a importância das discussões em torno de uma verdadeira Filosofia do Direito Internacional, já que percorre um caminho mais amplo na busca dos meandros do Direito Internacional e não somente em uma noção atrelada às concepções eminentemente normativas que predominam na doutrina atual.

Nesta esteira, ao propormos um estudo da teoria de Dworkin e suas críticas, concluímos que há uma preferência pela teoria dualista, tendo em vista a necessidade de preservar os aspectos intrínsecos da comunidade local. Aqui entende-se teoria dualista do Direito Internacional como aquela na qual existem dois ordenamentos jurídicos separados, o interno e o internacional, que se comunicam mas não se confundem.

Todavia, o dualismo tradicional com base hegeliana, na qual a soberania do Estado não poderia ser superada por nenhuma força externa e por isso não haveria como ser englobada pela ordem internacional[40], já foi superado por visões menos concentradas na soberania e mais preocupadas com a preservação e respeito às peculiaridades de comunidades específicas. Nesse sentido, defendemos um Direito Internacional adequado a um contexto internacional multicultural, que ao mesmo tempo compatibilize valores intrínsecos à localidade e às necessidades de uma coletividade integrada globalmente.

---

[39] *Professor Dworkin's theory may justify the sources of international law that are currently generally accepted, but it falls short of establishing a moral argument for an obligation of compliance. This is because the theory ignores the crosscutting obligations that domestic political demands put on states and the potential that democratic political processes have to use international law as an instrument of change. Both of these concerns should perhaps lead us to be skeptical of claims of prima facie obligations to comply with international law. As a result, instead of trying to develop a unified theory of the moral obligations created by international law, it would perhaps be more productive to continue the discussion that Professor Dworkin has started while being mindful of the emerging empirical evidence on the conditions under which international law can help to alleviate the excesses of the state sovereignty system.* CHILTON, Adam. S. *A Reply to Dworkin's New Theory of International Law.* University of Chicago Law Review Dialogue, 80. 2013.p. 115.

[40] MELLO, Celso D. de Albuquerque. Curso de Direito Internacional público. 8ed, rev. e aum., Rio de Janeiro: Freitas Bastos, 1986.p. 84.

A comunidade internacional é complementar em relação à comunidade local, isto é, mantem-se uma distinção entre as noções de moralidade de acordo com o espectro a ser analisado. Além disso, faz-se mister estabelecer, como quer Dworkin, uma equalização entre os conceitos de individualismo liberal e comunitarismo, para que não haja prevalência de um sobre o outro, com o intuito de buscar uma justificação racional e, acima de tudo, a legitimidade do Direito Internacional.

Apesar das críticas segundo as quais a teoria de Dworkin não obtém êxito em estabelecer uma obrigação moral de cumprimento do Direito Internacional pelos Estados, pois ignora as demandas e interesses domésticos, bem como não menciona o potencial que o Direito Internacional tem de funcionar como propulsor e instrumento de mudanças internas, é possível responder que Dworkin trabalha com uma moralidade política da comunidade internacional ainda em formação, mas que à medida que esses vínculos associativos vão ficando cada vez mais fortes, faz com que as questões relativas a soberania ou a interesses internos sejam levadas sempre em consideração, para que se atinja a resposta correta.

Com efeito, é perfeitamente possível manter uma harmonia entre a ordem interna e externa, já que ambas são interdependentes em um mundo globalizado e relacional, desde que a proposta dworkiana de uma ordem internacional una e fraterna, respeite os códigos e práticas jus internacionalistas, para que não engesse os atos negociais pelo Estado, bem como não obriguem os Estados sem o seu consentimento.

Assim, está lançado o grande desafio para uma nova filosofia do Direito Internacional, qual seja: a busca em conciliar a noção de fraternidade e legitimidade de um Direito Internacional global com o respeito à moralidade política de cada Estado, como proposto por Ronald Dworkin, mas que deve ser preenchida e acabada por cada um de nós.

FILOSOFIA DO DIREITO INTERNACIONAL

REFÊRENCIAS

BARBOSA, Leonardo Figueiredo. Ronald Dworkin: uma homenagem a um filósofo porco--espinho. *Revista Direito e Práxis* Vol. 4, n. 7, 2013, pp. 289-304. Disponível em <http://www.e-publicacoes.uerj.br/index.php/revistaceaju/article/viewFile/8348/6370>. Acesso em 21 de maio de 2015.

CHILTON, Adam. S. *A Reply to Dworkin's New Theory of International Law.* University of Chicago Law Review Dialogue, 80, pp. 105-115, 2013.

DWORKIN, Ronald. *A New Philosophy for International Law.* Wiley Periodicals, Inc. Philosophy & Public Affairs. Volume 41, nº 1, 2013.

_____. *Equality, Democracy, and Constitution.* Alberta Law Review, n. XXVIII. pp. 324-346, 1990.

_____. *Justiça para Ouriços.* Coimbra: Almedina, 2012

_____. *Law's Empire.* Oxford: Hart Publishing, 1986.

_____. *Taking Rights Seriously.* Cambridge: Harvard University Press, 1978.

GUEST, Stephen. *Ronald Dworkin.* Rio de Janeiro: Editora Campus. 2010.

HART, Herbert. L. A. *O Conceito de Direito.* Lisboa: Calouste Gulbenkian, 2001.

MELLO, Celso Duvivier de Albuquerque. *Curso de direito internacional público.* 8ed, rev. e aum., Rio de Janeiro: Freitas Bastos, 1986.

KUHN, Thomas S. *A estrutura das revoluções científicas.* 8. ed. São Paulo: Perspectiva, 2003.

PARTE 3

LEGITIMIDADE E DIREITOS HUMANOS

CAPÍTULO 6

O CONCEITO DE LEGITIMIDADE APLICADO AO DIREITO INTERNACIONAL E SUAS INSTITUIÇÕES

FILIPE GRECO DE MARCO LEITE E RAFAELA RIBEIRO ZAULI LESSA

1. Introdução

A partir dos textos de Allen Buchanan e de John Tasioulas, ambos denominados *The Legitimacy of International Law*, este trabalho busca estabelecer parâmetros para o estudo da legitimidade ou ilegitimidade do Direito Internacional e de suas instituições. Realizando-se análise detida da argumentação de tais autores e utilizando-se dos ensinamentos de outros grandes doutrinadores do Direito Internacional, o presente estudo pretende, ainda, construir critérios para a definição e reconhecimento da legitimidade do Direito Internacional.

Como proposta de análise dessas questões centrais de investigação, além de compor-se de introdução e conclusão, o presente artigo divide-se em três grandes partes, as quais se subdividem em subseções.

A primeira parte atém-se à trajetória analítica de Allen Buchanan para o estabelecimento de diretrizes sobre a legitimidade do Direito Internacional que, no entendimento do autor, só poderá ser atingida aliando-se condições ideais de democracia nas instituições internacionais, as quais

FILOSOFIA DO DIREITO INTERNACIONAL

devem atuar de modo justificado com base em obrigações morais independentes em conteúdo e a proteção dos Direitos Humanos.

Na segunda parte, estuda-se a teoria de John Tasioulas que, aproveitando conceitos elucidados por Buchanan, estabelece aspectos essenciais para a análise da legitimidade do Direito Internacional, quais sejam: as vantagens cognitivas, o potencial do Direito Internacional de homogeneizar influências e pressões culturais, econômicas e políticas, a utilização de canais oficiais e a submissão de todos os Estados e a possibilidade de os Estados, em conjunto, alcançarem seus objetivos de desenvolvimento e superar os desafios que se apresentam.

Por fim, a terceira parte, que antecede a conclusão, lançando-se mão de alguns dos argumentos dos autores em estudo e de outros grandes teóricos do Direito Internacional, pretende expor os critérios que, em nossa opinião, nos permitirão reconhecer a existência ou não de legitimidade do Direito Internacional.

2. Estudo da análise de Allen Buchanan sobre a legitimidade do direito internacional

2.1. A importância da legitimidade institucional para a legitimidade do direito internacional

Conforme esclarece Allen Buchanan, a Legitimidade tem significados sociológicos e normativos. Uma instituição que é capaz de governar é legítima de forma normativa se possuir o direito de determinar regras. Já no sentido sociológico, chamar uma instituição de legítima é uma forma enganosa de dizer que acredita ter o direito de normatizar.[1]

Nesse sentido, esclareceu também Max Weber, cujos ensinamentos resumem-se a seguir, nas palavras de Thomas Banshoff e Mitchell P. Smith:

> Weber definiu legitimidade em termos empíricos como "crença na legitimidade". Onde sujeitos políticos reconhecem uma regra como legítima, argumentou ele, ela pode ser considerada legítima. De acordo com seu compromisso com as ciências sociais livres de valores, Weber não considerou alguns fundamentos da legitimidade

[1] BUCHANAN, Allen. The Legitimacy of International Law, in BESSON, Samantha; TASIOULAS, John (orgs.)(2010). *The Philosophy of International Law*, p.79.

superior aos outros. Sua abordagem de legitimidade como um problema empírico, e não normativo, foi matéria de muita pesquisa subsequente.(traduçao livre)[2]

Entender primeiramente a legitimidade das instituições é essencial para que se diga da legitimidade das leis internacionais. Isso porque a legitimidade da lei depende da ser legítima a instituição que a cria, interpreta e aplica. É com base neste entendimento que Buchanan traz à baila seis importantes questionamentos, cujos esclarecimentos pretendemos expor nesta primeira parte do presente artigo:

(i) Qual é o caráter distintivo dos julgamentos de legitimidade das instituições internacionais e como eles se diferem de outros julgamentos das instituições?

(ii) Quais conceitos de legitimidade são relevantes para o Direito Internacional e quais padrões de legitimidade devem se impor às instituições internacionais, supondo que um determinado conceito de legitimidade é relevante (existe um conceito de legitimidade e um conjunto de normas para a legitimidade que se aplicam às instituições internacionais)?

(iii) Quais são os principais desafios para a legitimidade do Direito Internacional?

(iv) O que está em jogo na avaliação da legitimidade do Direito Internacional – mais especificamente, por que a legitimidade das instituições de Direito Internacional importa e para quem?

(v) Quais condições deve uma teoria de legitimidade do Direito Internacional satisfazer?

(vi) Quais são as principais abordagens rivais da teoria da legitimidade do Direito Internacional e quais parecem mais promissoras, levando em consideração as condições que tais teorias devem satisfazer?[3]

2.2. A Natureza dos Critérios de Avaliação da Legitimidade

---

[2] BANSHOFF, Thomas; SMITH, Mitchell P. (Org.) *Legitimacy and European Union: the contested policy.* New York: Routledge, 2004. p. 5.

[3] BUCHANAN, Allen. The Legitimacy of International Law, in BESSON, Samantha; TASIOULAS, John, *cit.* p. 80.

FILOSOFIA DO DIREITO INTERNACIONAL

Para Buchanan, a afirmação da legitimidade das instituições tem caráter moral. A legitimidade de uma instituição internacional não depende do fato das normas por ela emanadas serem respeitadas, podendo existir instituições efetivas em impor suas normas coercitivas que não são, entretanto, legítimas. Da mesma forma, não precisa a instituição ser justa para ser legítima, ou seja, os integrantes de uma instituição podem concordar com determinada solução, ainda que estejam em desacordo com a justiça da decisão.

Para um acordo sobre a legitimidade ser alcançado, deve haver acordo suficiente entre os Estados e as instituições sobre as razões morais que são relevantes para a avaliação dos projetos institucionais (coordenação de bases morais). Os juízos de legitimidade devem se basear na crença de que as instituições devem fazer as normas serem cumpridas por razões superiores ao mero benefício mútuo, podendo receber o suporte estatal e dos cidadãos, ainda que eles não sirvam aos interesses dos mesmos.[4]

Alcançar a coordenação de bases morais pode ser de grande importância prática quando duas condições forem satisfeitas. A primeira é a de que havendo considerável consenso de que as instituições devem satisfazer alguns requisitos morais mínimos, ainda que haja desacordo sobre a justiça de suas decisões, se aceite que ser a instituição apenas capaz de fazer cumprir suas regras e de ser vantajosa em relação às alternativas não-institucionais não é suficiente. A segunda é que os benefícios criados por uma instituição estejam garantidos de forma mais confiável se, além do medo da coerção e da expectativa de vantagem em relação à alternativa não-institucional, existam razões morais para apoiar o funcionamento da instituição.

O suporte da existência de uma razão moral permite que uma instituição funcione com êxito mesmo nos momentos em que sua capacidade de coagir fique comprometida e durante os períodos em que há razão para alguns duvidarem de que ela é realmente vantajosa para todos em relação à alternativa não-institucional. Assim, alcançar uma legitimidade baseada na moral tem grande importância prática no âmbito do Direito Internacional na medida em que viabiliza o consenso de que as instituições devem satisfazer exigências morais, ainda que haja desavença quanto à justiça das questões, e cria uma instituição mais confiável que garante que, além do

---

[4] BUCHANAN, A., Keohane, R. O. *The Legitimacy of Global Governance Institutions*. Ethics & International Affairs, 20/4. 2006, p. 410.

medo da coerção e da expectativa de vantagem em relação às alternativas não-institucionais, existam razões morais para apoiar o funcionamento da instituição.[5]

Sobre quais seriam as razões morais capazes de conferir legitimidade às instituições, Allen Buchanan entende serem os valores democráticos e a proteção aos direitos humanos, as principais delas, como veremos no item F, iii, deste trabalho.

2.3. Os Sentidos da Legitimidade

A visão filosófica dominante da legitimidade dos Estados[6] reconhece contar o Direito de Governar com seis elementos:

(i) os agentes da instituição são moralmente justificados em engajar-se em funções de governo, incluindo a emissão de regras e a determinação dos custos e benefícios para diversos agentes para facilitar a conformidade com eles (a condição de governo justificado);

(ii) agentes da instituição são moralmente justificados em usar coerção para garantir o cumprimento das regras da instituição (a condição de coerção justificada);

(iii) apenas agentes da instituição são moralmente justificados em engajar-se em funções de governo no domínio da ação em causa (a condição exclusiva de justificação);

(iv) agentes da instituição são moralmente justificados em usar coerção para impedir que outros tentem se envolver em atividades de governança em seu domínio (a condição de exclusão coercitiva);

(v) aqueles a quem a instituição tenta governar têm uma obrigação moral de conteúdo independente, de cumprir as regras que a instituição impõe (a condição de obrigação moral de conteúdo independente);

---

[5] BUCHANAN, Allen. The Legitimacy of International Law, in BESSON, Samantha; TASIOULAS, John, *cit.* p. 81.

[6] Por visão filosófica dominante da legitimidade dos Estados, Allen Buchanan se refere à visão de legitimidade que é extensamente aceita na literatura filosófica contemporânea, pela qual basta que haja um dever de obedecer à lei, baseada na concepção Weberiana do Estado como um Entidade que depende do monopólio do uso da força no território. (BUCHANAN, Allen. *Human Rights, Legitimacy, and the Use of Force.* Oxford University Press. 2009. p. 150)

FILOSOFIA DO DIREITO INTERNACIONAL

(vi) aqueles a quem a instituição tenta governar tem a obrigação de não interferir nos esforços da instituição de garantir o respeito às suas regras.[7]

Na visão de Buchanan, entretanto, não há razões para se estabelecer que só as instituições que governam nos limites acima podem ser consideradas legítimas. De fato, existem muitas instituições internacionais que não governam dessa forma robusta e nem pretendem fazê-lo. É mais plausível dizer que a noção forte de governo englobada pela concepção filosófica dominante da legitimidade é pertinente se estamos focando apenas a legitimidade de um tipo peculiar de instituição, ou seja, o Estado.[8]

Adaptando a ideia de ser 'moralmente justificado' ao contexto internacional, pode-se dizer que é essencial para a legitimidade da instituição ser ela moralmente justificada na emissão de regras, buscando garantir o respeito às mesmas por meio da imposição de custos de descumprimento e/ou benefícios para a conformidade. Esta caracterização abrange a coerção, mas não está limitada a ela.[9]

A proposta de Buchanan, então, é que para as instituições internacionais, legitimidade como o direito de emitir leis inclui dois elementos principais: (i) a instituição deve ser moralmente justificada na tentativa de governar (deve ter o direito ou permissão moral para governar) no sentido de emitir regras (que prescrevem deveres para vários atores) e assegurar o seu cumprimento através da imposição de custos de descumprimento e/ou benefícios para cumprimento e; (ii) aqueles para os quais as regras são dirigidas (principalmente, mas não exclusivamente, os Estados) têm razões morais para a observância e os outros (incluindo cidadãos de Estados), razões morais para apoiar os esforços da instituição para garantir o cumprimento das suas leis ou, pelo menos, razões morais para não interferir com esses esforços.[10]

Em outras palavras, propõe-se uma evolução à concepção razaniana de autoridade, pela qual legitimidade está intimamente ligada à autoridade política pelas "razões de preferência" (*preemptive reasons*). Raz, ao pro-

---

[7] BUCHANAN, Allen. The Legitimacy of International Law, in BESSON, Samantha; TASIOULAS, John, *cit.* p. 82.
[8] *Ibidem.* p. 83.
[9] *Ibidem.* p. 83.
[10] *Ibidem.* p. 85.

por que uma entidade tem o direito de governar se suas regras permitem aos governados agirem de melhor forma do que agiriam se estivessem se guiando por razões individuais[11], é muito simplista e não fornece justificação à autoridade.

2.4. Os principais desafios de legitimidade do direito internacional

Buchanan enumero cinco principais desafios à legitimidade das instituições internacionais. O primeiro deles é a constatação de que muitos organismos são controlados por poucos Estados poderosos, em prejuízo dos mais fracos. Solução frequentemente apontada seria o estabelecimento de procedimentos que assegurassem igualdade de voz para os Estados.[12]

O segundo desafio decorre das alegações de que as instituições internacionais são injustas com indivíduos e grupos não-estatizados. Sobre ele, alguns estudiosos entendem que é necessária uma democracia global para que se garanta a legitimidade dos organismos internacionais.

O terceiro empecilho à almejada legitimidade seria o questionamento de se as instituições internacionais cumprem o papel que lhe é imposto de acordo com as diretrizes que elas publicamente se comprometem, decorrente, principalmente, das falhas recorrentes do Conselho de Segurança da ONU.

Em quarto lugar, encontra-se a reiterada colocação de que a lei internacional é incompatível, em princípio, com a soberania constitucional democrática. Este desafio, entretanto, vem sendo superado pelo entendimento de que se as democracias podem se submeter a leis internacionais, seguindo processos que estejam de acordo com seus próprios princípios constitucionais, não há que se falar em incompatibilidade.[13]

Por fim, o quinto desafio se relaciona à ausência de democracia dentro das próprias instituições internacionais, uma vez que aqueles que fazem as

---

[11] RAz, Joseph. The Problem of Authority: Revisiting the Service Conception. Minnesota Law Review. 2006. p. 1003–1044.

[12] BUCHANAN, Allen. The Legitimacy of International Law, in BESSON, Samantha; TASIOULAS, John, *cit*. p. 85.

[13] BUCHANAN, Allen. The Legitimacy of International Law, in BESSON, Samantha; TASIOULAS, John, *cit*. p. 86.

FILOSOFIA DO DIREITO INTERNACIONAL

leis não são eleitos. Todavia, muitos defendem que basta que a organização siga valores democráticos para que seja considerada como tal.[14]

2.5. A busca de uma teoria adequada para a legitimidade do direito internacional

A exposição do atual patamar dos entendimentos sobre legitimidade no Direito Internacional e o reconhecimento exposto de que não há critérios bem definidos para a análise da temática estimulou Allen Buchanan a buscar critérios de adequação para uma teoria da legitimidade do Direito Internacional. Para o autor, a teoria deve fornecer legitimidade ao Direito Internacional Consuetudinário, ao Direito Internacional dos Tratados e, ao Direito produzido por instituições de governança global[15], já que, como bem explica Daniel Bodansky, na medida em que as instituições de governança global ganham maior autoridade, e seu alicerce consensual se corrói, dúvidas sobre sua legitimidade começam a ser levantadas. O revigoramento do Conselho de Segurança após o fim da Guerra Fria, por exemplo, tem levantado preocupações sobre a autoridade do conselho nos termos da Carta das Nações Unidas de tomar decisões que vinculam todos os Estados membros da ONU, mesmo aqueles que discordam. Apesar de o poder de decisão do Conselho de Segurança ter uma origem consensual, a relação entre consentimento e autoridade se tornou muito atenuada para fornecer uma base de legitimidade sem problemas, parti-

---

[14] BUCHANAN, Allen. The Legitimacy of International Law, in BESSON, Samantha; TASIOULAS, John, *cit*. p. 87.

[15] Para Allen Buchanan e Robert O. Keohane, "Instituições de governança global" abrangem uma diversidade de organismos multilaterais, como a Organização Mundial do Comércio (OMC), o Fundo Monetário Internacional (FMI), diversas instituições ambientais, tais como o regime de mudança climática construído em torno do Protocolo de Quioto, as redes de juízes e reguladores, o Conselho de Segurança da ONU, e o novo Tribunal Penal Internacional (TPI). Essas instituições são como os governos no que tange à capacidade de expedir normas e publicamente anexar consequências significativas para o cumprimento ou não cumprimento das mesmas e reivindicar a autoridade para fazê-lo. No entanto, elas não tentam realizar algo que se aproxime de uma gama completa de funções governamentais. Essas instituições não procuram, como os governos fazem, monopolizar o uso legítimo da violência dentro de um determinado território permanentemente, e sua estrutura e suas principais ações exigem o consentimento dos Estados. (BUCHANAN, A., *Keohane*, R. O. *The Legitimacy of Global Governance Institutions*. Ethics & International Affairs, 20/4. 2006, p. 406).

cularmente dada a dominação do Conselho de Segurança por seus cinco membros permanentes[16].

Ela também deverá reconhecer que já não é verdade que os Estados fazem sozinhos o Direito Internacional, aceitando o fato de que as instituições de governança global são envolvidas na elaboração de leis e que os intervenientes não-estatais, incluindo agentes de organizações transnacionais e não-governamentais, agora contribuem para a elaboração de leis internacionais.[17]

É nesse contexto que Buchanan estabelece algumas diretrizes para a legitimidade do Direito Internacional, as quais passamos a analisar a seguir.

2.6. Diretrizes para a legitimidade do direito internacional

2.6.1 A insuficiência do consentimento dos Estados

Partir-se do pressuposto de que a legitimidade das leis internacionais depende da legitimidade das instituições que as emanam, pode levar à tentadora redução da legitimidade do Direito Internacional ao consentimento do Estado: se as leis são criadas de acordo com os procedimentos com os quais os Estados consentiram quando da entrada na organização internacional, são elas legítimas.[18]

Sabe-se, entretanto, que inúmeros são os argumentos que demonstram a insuficiência do consentimento estatal. Como bem esclarece Buchanan, o consentimento dos Estados mais fracos nem sempre é substancialmente voluntário, uma vez que os Estados mais fortes podem tornar altos os custos do seu não consentimento. Além disso, em muitos casos, os Estados não representam todos ou mesmo a maioria de seus povos, por não serem suficientemente democráticos.[19]

---

[16] BODANSKY, Daniel. *The Legitimacy of International Governance: A Coming Challenge for International Environmental Law?*. American Journal of International Law 93, no. 3 (1999), p. 597.

[17] BUCHANAN, Allen. The Legitimacy of International Law, in BESSON, Samantha; TASIOULAS, John, *cit*. p. 90.

[18] BUCHANAN, Allen. The Legitimacy of International Law, in BESSON, Samantha; TASIOULAS, John, *cit*. p. 90.

[19] BUCHANAN, Allen. The Legitimacy of International Law, in BESSON, Samantha; TASIOULAS, John, *cit*. p. 91.

FILOSOFIA DO DIREITO INTERNACIONAL

Ainda que estivéssemos diante da totalidade de Estados democráticos, o consentimento dos Estados não seria suficiente para o alcance da legitimidade do Direito Internacional e das instituições. Para Buchanan, duas são as razões. A primeira delas é a de que o problema do consentimento viciado dos Estados mais fracos permaneceria. Já a segunda se relaciona ao fato de que o Direito Internacional não se limita a leis decorrentes do consentimento substancial dos Estados. Algumas leis internacionais importantes têm sido criadas por instituições de governança global de vários tipos, as quais, ainda que instituídas por Estados, funcionando com o seu apoio, sempre se envolvem em atividades de governança, incluindo a geração de leis e normas que não são decorrentes do consentimento específico dos mesmos.

Na medida em que os atores não-estatais desempenham um papel na criação do Direito Internacional, o consentimento do Estado parece insuficiente para a sua legitimidade, a menos que possa ser demonstrado que a contribuição desses atores à criação do Direito Internacional, de alguma forma, está assegurada pelo consentimento dos Estados[20], o que até o momento não se verificou.

2.6.2. A (des)necessidade do consentimento dos Estados

Buchanan deixa claro o seu posicionamento no sentido de que o consentimento dos Estados não é suficiente para a legitimidade do Direito Internacional. Todavia, outra questão a ser avaliada é a necessidade de tal consentimento para a legitimidade em estudo.

Se assumirmos que o consentimento do Estado é uma condição necessária para a legitimidade nas condições atuais, então parece que devemos concluir que grande parte da legislação internacional em vigor, talvez o Direito Internacional consuetudinário, especialmente, é ilegítimo.[21] Em contraposição, aceitar a necessidade do consentimento reduziria a capacidade de Estados fortes de impor aos fracos leis internacionais, fornecendo uma salvaguarda importante contra a regra do mais forte.

---

[20] BUCHANAN, Allen. The Legitimacy of International Law, in BESSON, Samantha; TASIOULAS, John, *cit.* p. 91.

[21] BBUCHANAN, Allen. The Legitimacy of International Law, in BESSON, Samantha; TASIOULAS, John, *cit.* p. 92.

Apesar das vantagens de se assumir este requisito, a exigência de consentimento é uma forma cara de proteger contra a predação dos mais fortes: ela dá a cada estado, incluindo os mais opressivos, o poder de veto sobre qualquer mudança progressiva na lei internacional.[22]

2.6.3. A busca de legitimidade democrática e o respeito aos Direitos Humanos como pressuposto de legitimidade

Para que a necessidade do consentimento explicitada no item anterior não leve ao impedimento de mudanças positivas na lei internacional, Buchanan e Robert O. Keohane argumentam que a busca da democracia global deve ser também requisito para a legitimidade do Direito Internacional, sendo, sob a ótica dos autores, alcançável por meio das instituições de governança globais.[23]

Os valores chaves que fundamentam a demanda por democracia global podem ser mais facilmente consolidados por estas instituições que possuem os mecanismos necessários à ampla responsabilização dos Estados e dos organismos internacionais. Ao cooperarem com atores-indivíduos e grupos externos fora da instituição, nomeadamente a sociedade civil transnacional e outras organizações, criam condições para alcançar a responsabilização dos Estados e organizações, através de processos deliberativos transparentes e de prestação de contas.[24]

Importante destacar, nesse sentido, que a legitimidade democrática da autoridade pública internacional deve basear-se nos mecanismos democráticos nacionais. O sucesso da democracia a nível internacional é mais provável se complementa (mas não suplanta) a legitimidade democrática gerada dentro dos procedimentos internos. A legitimidade democrática das novas formas de autoridade além dos Estados deve, também, ser ligada à legitimidade existente dentro dos Estados democráticos.[25]

---

[22] BUCHANAN, Allen. The Legitimacy of International Law, in BESSON, Samantha; TASIOULAS, John, *cit.* p. 93.

[23] BUCHANAN, Allen. The Legitimacy of International Law, in BESSON, Samantha; TASIOULAS, John, *cit.* p. 93.

[24] BUCHANAN, Allen. The Legitimacy of International Law, in BESSON, Samantha; TASIOULAS, John, *cit.* p. 94.

[25] BOGDANDY, Armin von. *The Democratic Legitimacy of International Courts: A Conceptual Framework.* Theoretical Inquiries in Law 14.2. 2013, p. 369.

Ressalta-se, todavia, que apesar de ser a democracia uma condição necessária para a legitimidade das instituições internacionais, ela não é suficiente. A democracia deve ser utilizada para proteção dos Direitos Humanos para ser legítima.

Assim, assumindo que a proteção dos Direitos Humanos é condição necessária para a legitimidade de qualquer ordem política, parece o consentimento estatal, ainda que em condições ideais de democracia (não existentes na atualidade), não ser suficiente para a legitimidade do Direito Internacional.[26]

A legitimidade do Direito Internacional só poderá ser atingida aliando-se condições ideais de democracia nas instituições internacionais e a proteção dos Direitos Humanos.

3. Estudo da análise de John Tasioulas sobre a legitimidade do direito internacional

3.1. A legitimidade como "O Direito de Governar"

Durante muito tempo todo o estudo sobre a legitimidade do Direito Internacional se mostrou limitado pela pergunta "é o Direito Internacional realmente Direito?" Tal questionamento, dados os moldes interpretativos impostos pelas então dominantes teorias do Direito, sempre acabava sendo respondido de forma negativa e com bons fundamentos para tanto. A evolução, tanto do Direito Internacional em si mesmo quanto das teorias do Direito, no entanto, acabou exigindo que esta barreira inicial que se apresentava à compreensão do Direito Internacional e ao aprofundamento de seu estudo fosse superada de modo a se criar o que passou a ser chamada de fase "pós-ontológica"[27] do estudo do Direito Internacional Público.

Na visão de alguns autores, um dos pontos centrais na evolução das teorias do Direito que contribuiu para que fosse abandonada a visão cética sobre o Direito Internacional anteriormente vigente foi a gradual supe-

---

[26] BUCHANAN, Allen. The Legitimacy of International Law, in BESSON, Samantha; TASIOULAS, John, *cit.* p. 94.

[27] BUCHANAN, Allen. The Legitimacy of International Law, in BESSON, Samantha; TASIOULAS, John, *cit.* p. 97.

ração das visões extremamente positivistas sobre o direito. Dworkin, por exemplo, afirma:

> Primeiramente, contudo, é preciso entender por que muitas pessoas duvidavam, meio século atrás, que existia direito internacional. Não se deva tal realidade ao fato de que as regras e práticas pudessem ser muito diferentes do que são hoje, mas porque certa teoria filosófica sobre o que é o direito, chamada de 'positivismo jurídico' era mais popular.[28]

Superada, portanto, esta barreira inicial e partindo da premissa de que o Direito Internacional é, de fato, Direito, a questão que se apresenta passa a ser relacionado aos critérios que devem ser utilizados no aprofundamento da compreensão deste ramo do direito para avaliar e guiar o seu desenvolvimento. Desta maneira, é necessário que se compreenda a extensão da normatividade do Direito Internacional sob a perspectiva da legitimidade, entendida como o direito de governar, ou seja, a capacidade que o Direito Internacional tem de impor àqueles que estão a ele sujeitos, deveres de obediência.

A qualificação do "direito de governar" passa por duas maneiras diferentes de se enxergar o tema. A primeira visão defende que determinada ordem possui normatividade por que quem a emitiu possuir legitimidade para tanto, ou seja, deixando de lado a análise sobre o conteúdo da referida ordem. A segunda visão, proposta por Buchanan, parte de um pressuposto que pode ser chamado de dualista, e afirma que o significado de legitimidade pode ser visto como uma conjunção de seis elementos: governança justificada, coerção justificada, governança exclusiva justificada, exclusão coercitiva, obrigações morais independentes em conteúdo, e obrigação de não-interferência.[29] Para que esta segunda visão seja adequadamente adaptada à compreensão do Direito Internacional, é preciso que seja feita uma análise tanto do conteúdo de determinada norma quanto de seus status normativo, entendidos como:

---

[28] DWORKIN, Ronald. A New Philosophy for International Law. Philosophy & Public Affairs, v. 41, n. 1, 2013, p. 3.

[29] BUCHANAN, Allen. The Legitimacy of International Law, in BESSON, Samantha; TASIOULAS, John, *cit.* p. 98.

FILOSOFIA DO DIREITO INTERNACIONAL

O conteúdo das normas inclui tais aspectos como se elas possuem jurisdição exclusive ou o direito de utilização de coerção, enquanto que o status normativo que elas necessariamente chamam para si é aquele de conteúdo independente e razoes exclusivas.[30]

A recente e crescente inclusão na esfera do Direito Internacional de elementos típicos do direito interno possibilita traçar um paralelo entre a evolução do conceito e da Teoria do Direito e a evolução do sistema de Direito Internacional. Cada vez mais o Direito Internacional chama para si elementos como a jurisdição exclusiva para determinar certas matérias e elementos de coerção que vão além da mera obrigação derivada de um dever moral de observar as normas nesta esfera do direito.

Toda a discussão em torno da legitimidade – ou ausência de legitimidade – do Direito Internacional parece relevar outro aspecto importante deste campo do direito: a despeito de sua legitimidade, o Direito Internacional pode desempenhar importante papel instrumental, mesmo sem ser a ele concedido o status de legitimidade que gozam as ordens normativas internas, ao atribuir consequências negativas em termos de reputação e de custos a partir de comportamentos considerados indesejáveis àqueles que estão a ele submetidos. Esta contribuição do Direito Internacional, no entanto, apesar de ser de extrema importância em sua operacionalização externa, não auxilia na consolidação de sua legitimação interna como fonte de autoridade e em seu poder de estabelecer padrões de condutas que devem ser seguidos.

3.2. O critério de legitimidade

Consequência lógica da busca pela legitimidade do Direito Internacional é o questionamento sobre qual seria o critério de aferição de sua legitimidade. De maneira semelhante à conclusão sobre a desnecessidade de uma moldura personalizada para o conceito de legitimidade aplicado ao Direito Internacional, é desnecessário que se delimite um critério personalizado de avaliação de sua legitimidade.

---

[30] TASIOULAS, John. The Legitimacy of International Law. In BESSON, Samantha; TASIOULAS, John, *cit*. p. 98.

A chamada Condição Normal de Justificação[31] é geralmente tida como suficiente para legitimar autoridade, tanto no plano interno como internacional, e é entendida da seguinte maneira: "A tem autoridade legítima sobre B se este último se adequaria melhor às situações que se aplicam a ele se ele pretende se seguir pelas diretivas de A do que se ele não o fizesse."[32]

Esta concepção passa, necessariamente, pelos conceitos de consentimento e de democracia, no sentido de ingerência no processo de criação de leis. Estes dois critérios, no entanto, não se mostram campos muito férteis para evolução, em um futuro próximo, do Direito Internacional. Desta maneira, a legitimidade do Direito Internacional não é derivada destes elementos, mas de outros aspectos.

O primeiro aspecto são as chamadas vantagens cognitivas, que advoga pela confiabilidade do Direito Internacional costumeiro, construído a partir de experiências da sabedoria coletiva dos Estados na resolução de problemas através dos tempos. A mesma perspectiva pode ser atribuída à construção de tratados multilaterais, nos quais a contribuição individual de cada estado com suas experiências e perspectivas ajuda a dar vida a um instrumento normativo que não favoreça a somente um ponto de vista ou interesse.

O segundo aspecto é o potencial do Direito Internacional de homogeneizar influências e pressões culturais, econômicas, políticas que poderiam atuar sobre as decisões de determinado estado. Neste ponto, a observância dos direitos humanos e a promoção da paz, por exemplo, podem ser alcançadas com maior eficiência.

O terceiro aspecto tem papel significativo na forma como os Estados podem agir para buscar combater as violações à paz, por exemplo, cometidas por outros Estados. A utilização de canais oficiais e a submissão de todos os Estados – tanto os que buscam combater as violações quanto os que as cometem – legitima as ações de promoção de paz e diminui o potencial de retaliações por Estados que discordem de tais ações.

O quarto aspecto se relaciona à possibilidade de os Estados, em conjunto, alcançarem seus objetivos de desenvolvimento e superar os desafios que se apresentam – como epidemias, instabilidade econômica, degrada-

---

[31] TASIOULAS, John. The Legitimacy of International Law. In BESSON, Samantha; TASIOULAS, John, *cit.* p. 100.

[32] TASIOULAS, John. The Legitimacy of International Law. In BESSON, Samantha; TASIOULAS, John, *cit.* p. 100.

FILOSOFIA DO DIREITO INTERNACIONAL

ção ambiental, etc. – com maior eficiência do que se estivessem atuando individualmente. Neste sentido, ainda que falte ao Direito Internacional métodos para garantir o inteiro e completo cumprimento de suas normas, parece que os demais meios de garantir o cumprimento referido – além das sanções propriamente ditas – têm sido efetivos e têm assegurado em grande medida a efetividade do Direito Internacional.

A visão, contudo, de que uma das possíveis fontes de autoridade e justificação do Direito Internacional residiria no fato de que na grande maioria das situações poderiam os Estados alcançar maiores benefícios para a coletividade se tomassem atitudes em conjunto, ainda que em determinada situação individual algum Estado pudesse se beneficiar mais de uma atitude contrária, deriva de um analogia com os chamados dilemas de prisioneiro. Esta visão, contudo, é combatida por alguns autores, que entendem não ser ela suficiente para explicar um dever de observância das regras de Direito Internacional por parte dos Estados em todas as situações que se apresentam. É esta, por exemplo, a visão defendida por Adam Chilton, em sua crítica à teoria de Dworkin sobre o Direito Internacional:

> Em segundo lugar, a teoria do Professor Dworkin não fornece uma justificativa sobre o motivo pelo qual devem os Estados se vincularem se aterem ao direito internacional quando o problema de coordenação que os Estados enfrentam não é um dilema de prisioneiro. O Professor Dworkin defende que é difícil para os Estados enfrentar muitos problemas – como mudanças climáticas ou pesca excessiva – porque eles enfrentam um clássico dilema de prisioneiro. Isto é, os Estados estariam melhores se todos tomassem certa atitude, mas a estratégia dominante é se esquivar e não cooperar a não ser que a coordenação seja possível. A falha no argumento do Professor Dworkin é que nem todos os problemas de coordenação é um dilema de prisioneiro. Ao contrário, existem muitos problemas de coordenação nos quais todas a partes não estariam melhor se uma resposta coordenada ocorresse.[33]

---

[33] CHILTON, A. S. *A Reply to Dworkin's New Theory of International Law*. The University of Chicago Law Review Dialogue, v. 2, 2013, p. 112.

O CONCEITO DE LEGITIMIDADE APLICADO AO DIREITO INTERNACIONAL E SUAS INSTITUIÇÕES

Um dos notáveis reflexos advindos da complexidade do sistema de Direito Internacional é a existência de diferentes níveis de legitimidade e conformidade nos diversos segmentos do Direito Internacional. Tal fenômeno demonstra as dificuldades em se optar entre uma sistemática de análise da normatividade do Direito Internacional baseada na Condição Normal de Justificação e uma baseada nos critérios de legitimidade democrática.

3.3. O critério de legitimidade

A evolução do Direito Internacional gera atualmente situações de excepcionalidade à observância por parte de certos Estados de determinadas regras de Direito Internacional. Esta fragmentação pode ser observada tanto no que diz respeito à não sujeição de certos Estados a certos ramos do Direito Internacional quanto na situação denominada "excepcionalismo Americano". O exemplo da não sujeição, por parte dos Estados Unidos da América, contudo, pode também ser visto, paradoxalmente, como uma maneira de fortalecer o Direito Internacional; em situações nas quais, por exemplo, direitos humanos são violados por algum país do mundo, a ação de uma potência tal como os EUA, sem as limitações ao uso da força impostas, por exemplo, pela Carta da ONU, poderia gerar uma repressão mais efetiva à mencionada violação, fortalecendo o Direito Internacional como um todo. Este argumento, chamado "neo-conservador", não parece, contudo, estar imune às críticas. A primeira delas advém do necessário pressuposto sob o qual se constrói de que estariam as potencias, como os EUA, sempre bem--intencionados e munidos de legítima intenção de "fazer o bem".

Outro ponto de crítica ao supracitado argumento reside no fato de que a violação aos limites do Direito Internacional, mesmo por grandes potências, cria nos demais países uma sensação de legitimação para fazem o mesmo quando julgarem correto. A oposição ao argumento "neo-conservador", contudo, não é o argumento da observância estrita e sem exceções das normas, o que geraria situações de inadmissão de violação do "poder" instituído, mesmo quando exceções que de fato justificassem tal violação se apresentassem. A questão, portanto, passa a ser qual é o momento no qual a violação ou a mera inobservância do Direito Internacional se torna justificável? Esta questão não pode ser respondida a partir de uma análise de um dever moral aplicável de imediato a todas as situações, nem, por oposição, pode ser deixada ao exclusivo critério do estado que invocar este

FILOSOFIA DO DIREITO INTERNACIONAL

chamado excepcionalismo. No entanto, a visão de que um estado teria um dever de fazer cessar uma violação de determinado Direito Internacional por parte de outro estado, não parece ser uma noção completamente desconectada da realidade do Direito Internacional atualmente:

> Tanto a Corte Internacional de Justiça quanto a Comissão de Direito Internacional consideram como uma consequência da violação, e, portanto, como parte do direito da responsabilidade dos estados, o dever de um estado de fazer cessar a violação a uma obrigação erga omnes por parte de outro estado. Sob este ponto de vista, a obrigação surgiria no caso de séria violação a uma obrigação erga omnes. Uma séria violação resultaria em novas obrigações, não apenas para o estado responsável, mas também para todos os outros estados.[34]

A visão sobre a relação entre a observância de um dever de cunho moral e uma eventual justificativa para violação de uma obrigação de direito internacional foi também trabalhada por Dworkin em sua teoria do Direito Internacional. Para que haja controle, contudo, por parte de algum aparato institucional da forma como o aspecto moral por trás da observância ou violação do Direito Internacional por parte dos Estados, Dworkin propõe a atribuição de poderes especiais à Assembleia Geral da ONU, ao Conselho de Segurança da ONU e à Corte Internacional de Justiça, para, conjuntamente na forma como por ele proposta, pudessem autorizar o uso da força nos casos de necessidade de fazer cessar crimes conta a humanidade.[35]

Por fim, na visão de Tassioulas, a aplicação do excepcionalismo pode não se mostrar benéfica apenas à ordem internacional ou às grandes potencias que teriam um protagonismo ativo na violação do Direito Internacional com vistas a reparar outra violação; o excepcionalismo, se sugere, pode ser também invocado, por exemplo, para justificar a não observância por parte de um estado pouco desenvolvido e desprovido de recursos, de alguns ditames elementares da ordem econômica internacional.

---

[34] GAJA, Giorgia. Do States have a Duty to Ensure Compliance with Obligations Erga Omnes by other States? In Ragazzi, Maurizio. *International Responsibility Today – Essays in Memory of Oscar Schachter. Martinus Nijhoff* Publishers: 2005, p. 34.

[35] DWORKIN, Ronald. *A New Philosopy for International Law.* Philosophy & Public Affairs, v. 41, n. 1, 2013, p. 22-27.

3.4. Provincianismo

Talvez um dos maiores desafios à plena efetividade do Direito Internacional resida na sua imposição de valores provincianos a pessoas e sociedades que deles não compartilham ou com eles não compactuam. Esta primeira característica canaliza a crítica ao Direito Internacional que afirma que a tentativa de legitimação de uma ordem de Direito Internacional não passa de uma tentativa de imposição de valores que são tipicamente ocidentais ao restante do mundo. Esta crítica pode ser feita com relação a vários aspectos, como por exemplo, a imposição de valores culturais ou a imposição de uma visão capitalista de mercado e economia.

Tal crítica, contudo, não desconsidera que certos valores tipicamente ocidentais podem, até certo ponto, ser "universalizados". Tal é verdade, por exemplo, com relação à preservação dos direitos humanos. A universalidade de certos valores, contudo, não implica necessariamente em uma aplicação homogênea destes mesmos valores; cada estado pode entender de maneira distinta o que estaria ou não englobado no conceito de direitos humanos, por exemplo. Neste ponto, surgem novas críticas que reforçam a tese do provincianismo como fator de enfraquecimento da normatividade do Direito Internacional público.

Ainda nestas críticas, o primeiro ponto por elas trazido centra-se no ceticismo. A crítica do ceticismo centra-se na premissa de que não há como se estabelecer padrões éticos objetivos para avaliar todas as condutas. As tentativas de neutralizar o argumento do ceticismo na aplicação do provincianismo às críticas de legitimidade do Direito Internacional parecem não propor uma solução razoável à falta de um padrão de interpretação objetiva da aplicação dos conceitos que se pretende "universalizar". Uma solução a este dilema, contudo, talvez possa ser encontrado na análise de Buchanan, que observa que uma das principais funções de instituições de proteção aos direitos humanos, por exemplo, é a de fomentar o debate e o diálogo entre os Estados de modo a extrair daí a legitimidade das normas que são produzidas.[36]

O segundo ponto das críticas baseadas no provincianismo centra-se no pluralismo. O pluralismo, ao contrário do ceticismo ético, defende a

---

[36] TASIOULAS, John. The Legitimacy of International Law. In BESSON, Samantha; TASIOULAS, John, *cit.* p. 109.

existência de múltiplas visões sobre todos os valores existentes nas culturas e ordens jurídicas de cada estado e que estes valores podem se mostrar irreconciliáveis entre si em determinadas situações, o que geraria um desincentivo à adesão e sujeição a uma ordem de Direito Internacional nestas situações. As muitas formas de superar esta crítica à legitimidade do Direito Internacional, seja pela tentativa de universalizar alguns valores básicos, no campo de direitos humanos, por exemplo, seja na tentativa de ver alguns componentes destes valores como "inquestionáveis" aprioristicamente – o direito de não ser torturado, por exemplo – levam a uma única conclusão: a superação desta crítica gira em torno de *onde* traçar a linha entre normas universais e normas objetivas. É neste ponto que as divergências se mostram mais densas, uma vez que a linha será traçada à depender precisamente dos aspectos subjetivos que diferenciam a compreensão de cada estado sobre os valores que se pretende universalizar.

Fica claro, portanto que o pluralismo pode influenciar de maneira significativa a pretensão de legitimidade do Direito Internacional, criando um "ciclo vicioso" de justificações para a adesão a valores "universais" e a interpretações homogêneas de tais valores que, após todas as coisas consideradas, se aproxima perigosamente da inicialmente rejeitada tentativa de ocidentalização do mundo por meio do Direito Internacional.

3.5. Liberdade

Um dos aspectos mais relevantes na análise do Direito Internacional e de sua normatividade reside na liberdade; liberdade entendida tanto como autonomia, no sentido de poder escolher entre uma gama de opções, e no sentido da possibilidade de perseguir e exercitar a escolha que foi feita. Este aspecto se torna importante na seguinte proposição: ainda que ao se sujeitar ao Direito Internacional um determinado estado possa alcançar melhores resultados, ele deveria ter a liberdade para poder fazer esta escolha ou não. É neste ponto que se funda a crítica ao Direito Internacional fundada no aspecto da liberdade, uma vez que o Direito Internacional nem sempre dá aos Estados que a ele se sujeitam a liberdade para fazer escolhas em determinadas áreas.

Este aspecto da limitação da liberdade dos Estados em determinados campos se mostra relevante, também, na interpretação do conteúdo dos direitos humanos. Quais aspectos de proteção aos cidadãos devem ser incorporados ao conceito internacionalmente aceito e protegido de direitos humanos, pode, em algumas circunstâncias, se colidir com o entendimento de alguns

Estados sobre partes destes elementos e a imposição de certos aspectos, desta maneira, violaria a liberdade de escolha e interpretação daquele estado. Talvez uma das soluções para este aparente dilema seja encontrada na ampliação da possibilidade de Estados fazerem reservas à aplicação interna de certas normas de Direito Internacional, ainda que tais normas versem, por exemplo, sobre direitos humanos.

3.6. Parâmetros formais e procedimentais

Alguns aspectos na análise do Direito Internacional passam por questões centradas nos parâmetros formais e procedimentais que, em grande medida, se depreendem do conceito de *"rule of law"*. Estes parâmetros, na visão de alguns autores, são os grandes fundamentos de autoridade de qualquer sistema normativo, sendo, portanto, importante analisar como tais aspectos se relacionam à sistemática da legitimidade do Direito Internacional.

Um dos pontos mais relevantes desta discussão situa-se na sua análise sob o ponto de vista do Direito Internacional costumeiro, tido como uma série de decisões, opiniões e práticas por parte de Estados dos quais, em conjunto, emanam normas que pretendem ter legitimidade e serem respeitadas. A despeito da evolução na sistemática do Direito Internacional nos anos recentes, englobando novos aspectos ao seu escopo, o Direito Internacional costumeiro ainda desempenha importante papel na compreensão do Direito Internacional como um todo, como explicam Goldsmith e Posner:

> A despeito do crescimento de tratados multilaterais e organizações, o direito internacional costumeiro permanece um componente importante do direito internacional e um importante objeto de estudo para os advogados internacionalistas. Muitos dos princípios fundantes do direito internacional (como, por exemplo, soberania territorial, igualdade de soberania, e até mesmo, no fundo, *pacta sunt servanda*) ainda são regidos pelo direito internacional costumeiro.[37]

Desta maneira, é necessário buscar a superação da aparente barreira imposta pelos parâmetros formais e procedimentais à compreensão do Direito Internacional costumeiro como parte fundamental do Direito

---

[37] Goldsmith, Jack L.; Posner, Eric A. *The limits of International Law*. Oxford University Press: 2005, p. 21.

FILOSOFIA DO DIREITO INTERNACIONAL

Internacional. A aparente solução para esta questão passa pela necessidade de uma reforma do sistema de regras costumeiras no Direito Internacional. Este ponto, contudo, deve ser aprofundado, de modo a solucionar o paradoxo da criação de novas regras cogentes à partir dos costumes, pela própria violação das regras costumeiras já existentes.

4. Uma proposta para o estabelecimento de critérios de análise da legitimidade do direito internacional

A legitimidade do Direito Internacional sempre foi objeto de análise dos grandes estudiosos que se dedicaram ao tema. Thomas Franck, por exemplo, entendeu tal conceito como uma propriedade da norma ou da instituição, como se vê:

> Legitimidade é uma propriedade de uma regra ou de uma instituição emissora de regras que exerce uma força para o cumprimento por aqueles aos quais as normas são dirigidas, porque esses acreditam que a regra ou a instituição atuam de acordo com os princípios aceitos de forma geral no processo normativo. (tradução livre)[38]

Apesar da definição de Legitimidade não trazer grandes discussões, os parâmetros para a sua aferição no Direito Internacional são objeto de intensos debates, os quais ainda encontram-se sem conclusão. Partindo das louváveis análises trazidas por Allen Buchanan e John Tassioulas, bem como das contribuições de outros grandes autores mencionados no decorrer deste artigo, trazemos a seguir uma proposta para o estabelecimento de critérios de análise da legitimidade do Direito Internacional.

Parece que, de fato, o reconhecimento da legitimidade das normas de Direito Internacional, como bem previu Allen Buchanan, depende da legitimidade das instituições internacionais das quais elas emanam. Para que se reconheça como legítimas tais instituições, é preciso que sejam elas alicerçadas em fundamentos morais reconhecidos por todos os Estados atingidos pelas mesmas, sendo elas compostas, principalmente por princípios democráticos e de proteção aos direitos humanos.

---

[38] FRANCK, Thomas. *The Power of legitimacy among nations*. New York: Oxford University Press, 1990. p. 24.

O CONCEITO DE LEGITIMIDADE APLICADO AO DIREITO INTERNACIONAL E SUAS INSTITUIÇÕES

Para que um Estado se submeta às normas de direito internacional e à coerção que deve emanar das instituições internacionais constituídas e atuantes sob bases morais, o consentimento não é indispensável, mas não parece ser suficiente. Não é indispensável na medida em que pode a instituição se reger pelos preceitos de direito consuetudinário cujo consentimento não é imperativo por ser constituído justamente por decisões, opiniões e práticas do conjunto dos próprios Estados. Por outro lado, não é suficiente, pois nos casos em que se mostra necessário, ainda que exista, não dispensará a necessidade de respeito a princípios morais.

A realidade é que a evolução natural do Direito Internacional, impulsionado pelas necessidades e pelos imperativos impostos não somente pela evolução da visão sobre o direito e suas funções, mas também pela evolução do mundo e das relações entre os Estados, indivíduos e demais atores do Direito Internacional contemporâneo, fez com que o consentimento não fosse mais suficiente para dar autoridade ao Direito Internacional. Ainda que advoguem alguns autores no sentido de um abandono completo do consentimento como fundamento de autoridade do Direito Internacional, parece que ainda é cedo no estágio de evolução do Direito Internacional contemporâneo para desconectá-lo em absoluto da vontade manifesta dos Estados, direta ou indiretamente.

Outro aspecto relevante da evolução dos fundamentos e legitimidade do Direito Internacional tratado no presente artigo, diz respeito à necessidade percebida pela grande maioria dos autores que debruçam sobre o tema, de inserir na lógica do Direito Internacional alguma forma de participação mais efetiva por parte dos indivíduos. Seja por meio da participação democrática nas instituições responsáveis pela criação e aplicação das normas do Direito Internacional seja pela concessão de prerrogativas e direito de ação aos indivíduos em situações nas quais era antes impensável, parece ser inescapável a necessidade de adequar as teorias e fundamentos do Direito Internacional a um grau de participação ativa do indivíduo que antes não comportaria na lógica estativista do Direito Internacional.

Além disso, o consentimento e o respeito a princípios morais democráticos e de respeito aos direitos humanos não são suficientes para o reconhecimento da legitimidade de uma instituição e, consequentemente, de suas normas. É preciso que a estrutura e o processo normativos de tal instituição estabeleçam a vedação ao favorecimento de um único Estado ou um único ponto de vista (vantagem cognitiva), potencializem a capa-

FILOSOFIA DO DIREITO INTERNACIONAL

cidade do Direito Internacional de homogeneizar influências e pressões culturais, econômicas e políticas, permitam a utilização de canais oficiais e a submissão de todos os Estados e possibilitem que os Estados, em conjunto, alcancem seus objetivos de desenvolvimento.

Por fim, destaca-se que é também forçoso para o estabelecimento da legitimidade das instituições e normas internacionais que se permitam exceções à implementação das normas emanadas, sendo essas exceções devidamente regulamentadas e pautadas em razões morais reconhecidas de forma generalizada, evitando-se a prevalência de interesses de um ou alguns Estados (excepcionalismo). Da mesma forma, é preciso que as instituições estabeleçam formas de fomentar o debate e o diálogo entre os Estados de modo a extrair daí a legitimidade das normas que são produzidas. Para que tal ocorra, é preciso que, também nesse ponto, seja pensada uma estrutura para criação e aplicação do Direito Internacional – como fez, por exemplo, Dworkin em suas propostas para o Direito Internacional – que seja capaz de se adequar à ordem vigente do Direito Internacional, mas, ao mesmo tempo, garantir que o argumento da observância de obrigações morais não possa ser utilizado como salvo-conduto para violações do Direito Internacional por parte de países que detenham hegemonia sobre a força no cenário internacional.

São, portanto, estes alguns dos aspectos/critérios/parâmetros que nos permitirão, no atual contexto, aferir a legitimidade das instituições e normas internacionais com as quais convivemos, contribuindo para a afirmação do Direito Internacional e para o crescimento e desenvolvimento das relações internacionais como grande marca da modernidade. O Direito Internacional pautado pela participação democrática, pelo respeito aos Direitos Humanos e com o norte em aspectos de moralidade, esta parece ser a evolução do Direito Internacional com a qual têm os estudiosos do tema que lidar nas tentativas de analisar e justificar os seus fundamentos de autoridade e a coerência de suas instituições.

5. Conclusão

A questão da legitimidade (ou falta dela) do Direito Internacional intriga e instiga todos os grandes pensadores que se dedicaram ao estudo do tema. A aparente incompatibilidade da sistemática do direito internacional e de suas instituições com as maiores teorias já criadas para explicar e justificar o direito enquanto fenômeno, bem como sua normatividade, parecem, invariavelmente, deixar lacunas ou fazer gerar inconsistências quando são aplicadas ao Direito Internacional. Soma-se a isto a crescente, constante e cada vez mais acelerada mutação do Direito Internacional, sendo ele hoje entendido de forma significativamente mais complexa do que era quando de seu surgimento e inicial florescimento.

É inegável o importante papel desempenhado pelo Direito Internacional nas relações entre indivíduos, estados, organizações internacionais e tantos outros atores nos dias atuais. Desta maneira, pensar sobre os fundamentos de autoridade e normatividade do Direito Internacional pode ajudar a compreender melhor de que forma estas interações entre atores de naturezas e características tão distintas, contribui para o crescimento e desenvolvimento das relações internacionais como grande marca da modernidade.

Talvez seja precisamente no crescimento da necessidade de uma teoria bem desenhada dos fundamentos de autoridade do Direito Internacional que resida a evidencia mais importante de sua contribuição para a evolução das relações no contexto da globalização e na gradual diminuição das fronteiras entre os diferentes atores do contexto global. Tamanha é a necessidade real de se compreender bem como pode a ordem internacional contribuir para a melhora das relações entre Estados, entre indivíduos e Estados e, em última análise, para as relações entre os próprios indivíduos, que o tema tem inquietado tantos estudiosos diferentes, trazendo cada qual um pouco de sua visão particular sobre temas como teoria do direito, sociologia, economia, e inúmeros outros. A pluralidade do Direito Internacional e das teorias que se propõem a justifica-lo imita, desta maneira a pluralidade e a diversidade de realidades das quais tem necessariamente que dar conta qualquer teoria que pretenda servir de base para justificar a ordem internacional e seus fundamentos de autoridade. A diversidade do Direito Internacional, portanto, reflete a diversidade da vida e de tudo aquilo que está hoje sob a égide das relações entabuladas no plano internacional e a importância dada à cada vez maior valorização do indivíduo como grande ponto central desse emaranhado de relações.

Longe de pretender esgotar o tema – e os inúmeros outros que o circundam – da legitimidade do Direito Internacional, o presente trabalho pretendeu discutir os entraves à exaustão da matéria, bem como algumas fontes de justificação e análises feitas por importantes autores que se

FILOSOFIA DO DIREITO INTERNACIONAL

dedicam ao tema, especialmente à luz dos recentes entendimentos sobre o Direito Internacional, fundamentalmente preocupados com a influência dos direitos humanos e outros conceitos caros ao direito contemporâneo, nitidamente humanista.

Referências

BODANSKY, Daniel. *The Legitimacy of International Governance: A Coming Challenge for International Environmental Law?*. American Journal of International Law 93, no. 3. 1999.

BOGDANDY, Armin von. *The Democratic Legitimacy of International Courts: A Conceptual Framework*. Theoretical Inquiries in Law 14.2. 2013.

BUCHANAN, A., KEOHANE, R. O. *The Legitimacy of Global Governance Institutions. Ethics & International Affairs, 20/4*. 2006.

BUCHANAN, Allen. *Human Rights, Legitimacy, and the Use of Force*. Oxford University Press. 2009.

BUCHANAN, Allen. The Legitimacy of International Law, In Besson, Samantha; Tasioulas, John (orgs.). *The Philosophy of International Law*, Oxford: 2010.

Chilton, A. S. *A Reply to Dworkin's New Theory of International Law*. The University of Chicago Law Review Dialogue, v. 2, 2013.

DWORKIN, Ronald. *A New Philosopy for International Law*. Philosophy & Public Affairs, v. 41, n. 1, 2013.

FRANCK, Thomas. *The Power of legitimacy among nations*. New York: Oxford University Press, 1990.

GAJA, Giorgia. Do States have a Duty to Ensure Compliance with Obligations Erga Omnes by other States? In Ragazzi, Maurizio. *International Responsibility Today – Essays in Memory of Oscar Schachter*. Martinus Nijhoff Publishers: 2005.

GOLDSMITH, Jack L.; POSNER, Eric A. *The limits of International Law*. Oxford University Press: 2005.

Raz, Joseph. *The Problem of Authority: Revisiting the Service Conception*. Minnesota Law Review. 2006.

TASIOULAS, John. The Legitimacy of International Law. In BESSON, Samantha; TASIOULAS, John (orgs.). *The Philosophy of International Law*, Oxford: 2010.

CAPÍTULO 7

A NATUREZA DOS DIREITOS HUMANOS NO DIREITO INTERNACIONAL: CONCEITO E FUNDAMENTOS DE AUTORIDADE

Letícia Soares Peixoto Aleixo e Pedro Gustavo Gomes Andrade

1. Introdução

Procurar o fundamento da autoridade do Direito equivale à questão de saber qual é o fator que explica sua força obrigatória nas origens, nas bases. No tocante ao Direito internacional, o problema é particularmente difícil, pois implica em determinar as razões pelas quais ele pode se impor aos Estados soberanos. Os direitos humanos, no plano internacional, teriam origem na vontade dos Estados, ou seriam direitos dos indivíduos contra os próprios Estados? Sob esse viés, este trabalho analisa, em especial, o conflito entre as as diversas teorias existentes que buscam no próprio Direito a explicação do caráter obrigatório das normas de direitos humanos e os que, refutando esse formalismo jurídico, encontram para além do Direito o fundamento de seu caráter obrigatório e de sua autoridade.

Conforme afirma Joseph Raz, "este é um bom momento para os direitos humanos".[1] De fato, os direitos humanos se tornaram ao longo da segunda

[1] Raz, Joseph. Human rights without foundations. In: Besson, Samantha; Tassioulas, John (Orgs.). *The philosophy of international law*. Oxford: Oxford University, 2010., p. 321.

FILOSOFIA DO DIREITO INTERNACIONAL

metade do Século XX um elemento chave das relações internacionais. Não há como tratar do Direito internacional contemporâneo sem adentrar na temática dos direitos humanos. Entretanto, esse contexto global não decorre necessariamente da maior observância e do respeito a esses direitos do que no passado, mas do fato de que eles são, hoje, utilizados mais amplamente nos negócios internacionais, são monitorados por ONGs internacionais, são objeto de um número crescente de declarações e tratados regionais e internacionais, supervisionados por tribunais internacionais com jurisdição específica sobre violações dessa natureza e, até mesmo, impostos como condição para participação em programas internacionais e invocados para justificar intervenções militares – tal como se percebe na construção do conceito de "responsabilidade de proteger". A despeito de sua maior importância para as relações internacionais, ainda há uma série de divergências na doutrina do Direito internacional acerca do conceito e da natureza desses direitos, que nos impõem reflexões sobre o próprio fundamento da autoridade do Direito internacional.

Para análise dessa questão central, o presente artigo divide-se em três partes, as quais se subdividem em subseções. A primeira parte atém-se ao debate sobre a natureza dos direitos humanos, trazendo apontamentos sobre a doutrina clássica e o positivismo voluntarista. Na segunda parte, estuda-se o problema da conceituação da natureza dos direitos humanos, abordando, em especial, a tese da autonomia do Direito internacional dos direitos humanos e o contraponto existente entre as abordagens políticas e as abordagens morais do tema. Para isso, a análise se centra nas teorias construídas por Joseph Raz e por James Griffin em seus textos, respectivamente, *Human rights without foundations* e *Human rights and the autonomy of international law*. Por fim, a terceira parte apresenta uma corrente, cuja consolidação tem se dado nas últimas décadas, defendida em especial pelo jurista brasileiro e juiz da Corte Internacional de Justiça, Antônio Augusto Cançado Trindade (1947-...), que sustenta o resgate das teorias do direito natural, a necessária imposição de limites à soberania estatal e a chamada "humanização do Direito internacional".

2. A natureza dos direitos humanos

2.1 A doutrina clássica: Direitos Humanos como um direito natural

A despeito da Declaração Universal dos Direitos Humanos, adotada no âmbito das Nações Unidas, datar de 1948, é antiga a ideia de contraposição do direito positivo a um direito natural, que lhe seria anterior e superior. É possível afirmar que o movimento contemporâneo que culminou com a Declaração de 1948 tem suas raízes na corrente clássica do direito natural. As premissas dessa corrente naturalista se assentam na concepção do homem como ser livre e sociável, que seria protegido pelo direito natural justamente nesses seus atributos mais essenciais: o uso da razão natural, em contraposição às verdades e à razão impostas pelas instituições, pela cultura ou pela tradição. O adjetivo "natural" não se refere, nesse sentido, ao conceito de "estado de natureza" dos filósofos iluministas, mas sim à noção de que esses direitos podem ser percebidos por meio da "razão natural". De acordo com essa concepção, os direitos humanos seriam de titularidade de todos os seres humanos simplesmente em virtude de sua humanidade. Trata-se, portanto, de uma teoria universalista dos direitos.[2]

Francisco de Vitória (1480-1586), tido como um dos precursores dessa corrente, sustentava em sua obra que a soberania do Estado é limitada pelo direito natural, que lhe é superior. Ainda, justificava a necessidade do Direito internacional para reger a comunidade desses Estados soberanos, que, tal como os indivíduos, precisariam viver em sociedade. Contudo, dada sua compreensão de que o direito natural é de aplicação universal, Vitória confunde o conteúdo deste com aquele próprio do Direito internacional.[3]

Na mesma linha de Vitória, Francisco Suarez (1548-1617) também reconhece a comunidade dos Estados, mas dá mais um passo adiante ao distinguir o direito natural do direito das gentes. Para ele, o direito natural é um direito necessário e imutável, enquanto o direito das gentes, é evolutivo e contingente. Assim, o direito das gentes equivaleria ao direito positivo e decorreria da apreciação dos povos sobre o conteúdo do direito natural. Tal necessária relação entre direito natural e direito das gentes é que imporia a subordinação do Estado soberano ao direito natural.

Com Hugo Grócio (1583-1645), tido como o "pai do Direito internacional", constitui-se definitivamente a "Escola do direito natural e das

---

[2] TASIOULAS, John. *Human rights, legitimacy and internacional law*. The American Journal of Jurisprudence, vol. 58, n. 1, 2013, p. 2.

[3] QUOC DINH, Nguyen; DAILLIER, Patrick; PELLET, Alain. *Direito internacional público*. 2ª ed. Lisboa: Fundação Calouste Gulbenkian, 2003, p. 56.

FILOSOFIA DO DIREITO INTERNACIONAL

gentes".[4] Apesar de reconhecer o poder soberano como independente e superior à vontade humana, aceita a ideia de sociedade de Estados regida pela simples força do direito natural.[5] Sua distinção em relação a seus predecessores está na laicização da moral que funda o direito natural. Este estaria baseado em princípios de *recta ratio*, que permitem saber se uma ação é moralmente honesta ou não.

Ao relacionar o direito natural à moral racionalizada, Grócio o distingue do direito voluntário, que resulta da vontade dos Estados em virtude do *pacta sunt servanda* (princípio do direito natural) e é obrigatório na medida em que é conforme ao direito natural. Nesse sentido é que o Estado não é um fim em si mesmo, mas meio para assegurar a ordem social e aperfeiçoar a "sociedade comum que abarca toda a humanidade".[6]

Essas reflexões tradicionais, no entanto, vieram a ser substituídas pela emergência do positivismo jurídico, que, ao dotar o Estado de vontade própria, excluiu a subordinação do Estado soberano a qualquer direito anterior e superior.

2.2. A superação da doutrina clássica e o surgimento do positivismo

O positivismo, na acepção originária do termo (que visa o direito posto – *jus possitum*), tornou-se dominante desde Vattel (1714-1768), mas ganhou maior destaque em seu viés voluntarista até o primeiro quartel do século XX.[7]

Vattel, tendo sido influenciado, ao mesmo tempo, por Grócio e por Hobbes (1588-1651), reconheceu, sim, a existência do direito natural, mas entendeu que o intérprete soberano deste é o Estado. Nesse processo hermenêutico, os Estados poderiam entrar em conflito, já que esse direito natural deduzido racionalmente seria uma noção subjetiva. Como o conflito não é desejado, por colocar em risco a segurança, os Estados se esfor-

---

[4] TRINDADE, ANTÔNIO AUGUSTO CANÇADO. A HUMANIZAÇÃO DO DIREITO INTERNACIONAL. BELO HORIZONTE: DEL REY, 2006, P. 380.

[5] QUOC DINH, Nguyen; DAILLIER, Patrick; PELLET, Alain. *Direito internacional público*. 2ª ed. Lisboa: Fundação Calouste Gulbenkian, 2003, p. 57.

[6] TRINDADE, Antônio Augusto Cançado. *A humanização do direito internacional*. Belo Horizonte: Del Rey, 2006, p. 380.

[7] QUOC DINH, Nguyen; DAILLIER, Patrick; PELLET, Alain. *Direito internacional público*. 2ª ed. Lisboa: Fundação Calouste Gulbenkian, 2003, p. 79.

A NATUREZA DOS DIREITOS HUMANOS NO DIREITO INTERNACIONAL

çam, na ausência de poder político organizado,[8] para dar ao direito natural um conteúdo aceitável para todos, e, com isso, criam o direito positivo voluntário. O autor entende que esse direito voluntário poderia, inclusive, modificar o direito natural para facilitar o mútuo consentimento. Daí a compreensão de que, "desde que o Estado que faz a guerra aceite submeter-se a certas regras, sua guerra será justa, não importando os objetivos da guerra,"[9] pois o Estado é inteiramente livre para julgar o que exige dele o recurso ao uso da força.

O jurista voluntarista, portanto, assenta seu critério na competência do órgão que elabora o direito e na regularidade do procedimento utilizado para esse fim. Entre a forma e a matéria, opta pela primeira. Logo, no caso do Direito internacional, o fundamento de autoridade estaria no Estado soberano, que é dotado de vontade autônoma, independentemente da conformidade do conteúdo do direito às exigências exteriores.[10] Por isso, competiria a domínios extrajurídicos o pensar a lei como justa ou injusta, moral ou imoral.

O direito positivo futuramente consolidado tem as seguintes características destacadas:

(i) Os Estados são soberanos e iguais entre si;
(ii) A sociedade internacional é interestatal e repulsa qualquer poder político organizado superior ou sobreposto a seus componentes (que são os Estados);
(iii) O Direito internacional, por ser interestatal, não se aplica aos indivíduos;
(iv) O Direito internacional é derivado da vontade autônoma e do consentimento dos Estados soberanos.[11]

---

[8] Ao contrário dos autores precitados, Vattel entende que os Estados não precisam de seus semelhantes, pelo que não são obrigados a renunciar à soberania para conviver em sociedade internacional. Dessa forma, a sociedade internacional não seria política como aquelas dos indivíduos e não exigiria um poder político superior aos Estados.

[9] QUOC DINH, Nguyen; DAILLIER, Patrick; PELLET, Alain. *Direito internacional público*. 2ª ed. Lisboa: Fundação Calouste Gulbenkian, 2003, p. 59.

[10] QUOC DINH, Nguyen; DAILLIER, Patrick; PELLET, Alain. *Direito internacional público*. 2ª ed. Lisboa: Fundação Calouste Gulbenkian, 2003, p. 102.

[11] QUOC DINH, Nguyen; DAILLIER, Patrick; PELLET, Alain. *Direito internacional público*. 2ª ed. Lisboa: Fundação Calouste Gulbenkian, 2003, p. 61.

FILOSOFIA DO DIREITO INTERNACIONAL

As críticas ao positivismo, no entanto, levantam algumas questões, que serão retomadas mais adiante: (i) se, na concepção dessas teorias, a vontade do Estado é o próprio fundamento do Direito internacional, o que é que garante que o Estado respeitará as limitações que se impôs?;[12] (ii) os poderes do Estado na ordem internacional são sem limites?; (iii) o Direito internacional deve negligenciar o contexto social em que é formado e aplicado?

3. O problema da conceituação da natureza dos direitos humanos

O afastamento das teorias jusnaturalistas do Direito internacional representou um problema para a justificativa da existência dos direitos humanos no plano internacional. Em face da ausência de uma fundamentação com base no direito natural e na natureza humana – à semelhança de Hugo Grócio – seria possível concluir, por meio de uma perspectiva positivista, que uma fundamentação filosófica ou moral dos direitos humanos no plano internacional seria irrelevante, uma vez que a adoção desses direitos residiria unicamente na vontade do Estado. Essa não nos parece ser a perspectiva mais adequada, considerando a evolução da doutrina do Direito internacional após 1945, que se funda numa explicação racional e concreta dos mecanismos do Direito internacional, mas sem sucumbir às tentações do amoralismo e do dogmatismo voluntarista.

O problema da natureza dos direitos humanos é um problema conceitual. Necessário, portanto, um maior esclarecimento sobre o que são direitos humanos, bem como as suas condições de existência – ou seja, como um direito pode não ser considerado um "direito humano".[13]

---

[12] Tal concepção decorre da filosofia hegeliana, que entende que "os Estados não são obrigados a respeitar os tratados senão enquanto tiverem nisso interesse".

[13] RAZ, Joseph. Human rights without foundations. In: BESSON, Samantha; TASSIOULAS, John (Orgs.). *The philosophy of international law.* Oxford: Oxford University, 2010., p. 323.

3.1. A tese da autonomia do direito internacional dos direitos humanos

O problema da natureza dos direitos humanos decorre, em parte devido à crescente amplitude dos direitos humanos no plano internacional. A prática atual dos direitos humanos está não apenas se consolidando, mas também ampliando seu escopo. Atualmente, um número cada vez maior de direitos é reivindicado como "direito humano", a exemplo dos direitos sexuais, do direito à segurança, à saúde, do direito ao meio ambiente sadio das futuras gerações, dos direitos trabalhistas, do direito contra a pobreza e do direito ao amor. Essa ampliação do rol de direitos por meio de tratados e declarações internacionais levou a alguns autores a se questionarem acerca da natureza ou não de tais direitos como "direitos humanos".[14] Dentre os argumentos apresentados pode-se citar a alegação de não seria possível criar direitos humanos por meio de declarações, mesmo que corroboradas pela Assembleia Geral das Nações Unidas, uma vez que tal atividade política poderia gerar – no entender desses autores – concepções equivocadas de direitos humanos. Diversos dos direitos previstos em tais declarações poderiam, talvez, ser meros valores a serem protegidos pela comunidade internacional, carecendo de uma natureza normativa de "direitos humanos", propriamente dita.[15]

A tese da autonomia do Direito internacional dos direitos humanos seria uma possível solução para esse problema. Ora, após a criação da ONU e o estabelecimento de um amplo arcabouço jurídico-normativo acerca dos direitos humanos no plano internacional, seria talvez desnecessária uma justificativa filosófica para os direitos humanos. O próprio Direito internacional dos direitos humanos e o seu corpo de declarações, tratados e princípios seriam capazes de prover, de forma autônoma, a interpretação necessária acerca do fundamento e da natureza dos direitos. Trata-se, portanto, de uma perspectiva mais dogmática das declarações internacionais. O rol de direitos previstos em tais declarações, seriam, nesse sentido, inexoravelmente aceitos como "direitos humanos", pelo simples fato de cons-

---

[14] GRIFFIN, James. Human rights and the autonomy of international law. In: BESSON, Samantha; TASSIOULAS, John (Orgs.). *The philosophy of international law*. Oxford: Oxford University, 2010., p.340.

[15] RAZ, Joseph. Human rights without foundations. In: BESSON, Samantha; TASSIOULAS, John (Orgs.). *The philosophy of international law*. Oxford: Oxford University, 2010., p. 325.

tar nas declarações emitidas pelos Estados, algo criticado por alguns dos autores que abordaremos mais à frente.

O questionamento acerca da autonomia do Direito internacional dos direitos humanos seria, em outras palavras, um debate acerca das relações entre o direito, a moral e a política. Ou seja, uma ponderação sobre a possibilidade de existência autônoma do Direito internacional dos direitos humanos ou sobre a necessidade de recurso à filosofia da moral ou à filosofia política para embasá-lo. Trata-se não somente de questionar se os direitos humanos têm fundamento na ética ou na moral – algo que poderia ser facilmente refutado, uma vez que a construção do Direito internacional se dá no âmbito diplomático e pode ser fundada na razão de Estado. De forma mais ampla, trata-se de se questionar se o Direito internacional dos direitos humanos poderia ser resumido a uma perspectiva puramente dogmática, desconsiderando fundamentações filosóficas que poderiam auxiliar na conceituação, na interpretação e na aplicação do Direito internacional.

Além do problema de se definir quais direitos devem ou não ser considerados como "direitos humanos", resta o problema de como lidar com as incertezas de como resolver conflitos envolvendo esses direitos. Mesmo entre os direitos em tese já consolidados como "direitos humanos", como, por exemplo, o direito à vida, na prática não sabemos como implementar esses direitos no caso concreto. O próprio direito à vida no plano internacional, a princípio, envolveria o direito de ninguém ter sua vida retirada pelo Estado sem um devido processo legal. Entretanto, como apresenta Griffin (1933-...), envolveria ele também o dever de resgatar indivíduos cuja vida estivesse em risco?[16] O mesmo ocorre com os direitos sociais, cuja implementação depende dos recursos e capacidade financeira dos Estados. Isso significa que a mera estipulação de direitos em listas e declarações não soluciona o problema de interpretação desses direitos. Poderia, por exemplo, um juiz aplicar o Direito internacional dos direitos humanos sem recorrer a quaisquer elementos externos ao direito? A ideia de autonomia do Direito internacional dos direitos humanos, nesse sentido, poderia

---

[16] GRIFFIN, James. Human rights and the autonomy of international law. In: BESSON, Samantha; TASSIOULAS, John (Orgs.). *The philosophy of international law*. Oxford: Oxford University, 2010., p.354.

A NATUREZA DOS DIREITOS HUMANOS NO DIREITO INTERNACIONAL

ser algo que se daria às custas da perda de seu poder teórico-explicativo e prejudicaria a solução de problemas em casos concretos.[17]

3.2. Abordagens políticas vs. abordagens morais

Diversas são as teorias que buscaram, de modo a não se restringir a uma perspectiva puramente dogmática, esclarecer o conceito de direitos humanos no plano internacional por meio de uma justificativa filosófica. Para os propósitos deste trabalho, duas correntes serão apontadas: uma abordagem funcionalista ou política – adotada por Joseph Raz (1939-...), partindo de autores da filosofia política como Dworkin (1931-2013) e Rawls (1921-2002) – e uma abordagem ética ou moral – que é a adotada por Griffin, partindo da filosofia da moral.

Raz adota a teoria que ele próprio denomina de "concepção política dos direitos humanos". Tal teoria pode ser também classificada como uma teoria pragmatista ou funcionalista, uma vez que se fundamenta na ideia de que a função exercida pelos direitos humanos no plano internacional seria impor limites à soberania estatal.[18] Para Raz, a função de uma teoria dos direitos humanos seria, portanto: (a) estabelecer as características essenciais que a prática contemporânea atribui aos direitos que reconhece como humanos; e (b) identificar os padrões morais que podem qualificar qualquer coisa para ser assim reconhecida. O autor afirma que teorias como as de Gewirth (1912-2004) e Griffin derivam seus direitos humanos de preocupações que "em nada se relacionam com a prática desses direitos" e que, ainda, "não fornecem qualquer argumento para demonstrar por que a prática deveria ser regida por elas".[19]

---

[17] GRIFFIN, James. Human rights and the autonomy of international law. In: BESSON, Samantha; TASSIOULAS, John (Orgs.). *The philosophy of international law*. Oxford: Oxford University, 2010., p.350.

[18] GRIFFIN, James. Human rights and the autonomy of international law. In: BESSON, Samantha; TASSIOULAS, John (Orgs.). *The philosophy of international law*. Oxford: Oxford University, 2010., p. 344; RAZ, Joseph. Human rights without foundations. In: BESSON, Samantha; TASSIOULAS, John (Orgs.). *The philosophy of international law*. Oxford: Oxford University, 2010., p. 329.

[19] RAZ, Joseph. Human rights without foundations. In: BESSON, Samantha; TASSIOULAS, John (Orgs.). *The philosophy of international law*. Oxford: Oxford University, 2010., p. 327.

A proposta de Griffin para solução do problema da natureza das normas de direitos humanos, por outro lado, não é uma proposta direcionada, a princípio, para o Direito internacional. Trata-se de uma proposta no âmbito da filosofia da moral que, segundo ele, somente de forma secundária, se aplicaria ao direito. Griffin afirma que o motivo pelo qual as perspectivas funcionalistas, como de Dworkin e Rawls, seriam tão atraentes decorreria de uma espécie de "ressaca do positivismo jurídico", que teria gerado um repúdio a juízos de valor e ao uso subjetivo da linguagem. De acordo com Griffin, no entanto, tais perspectivas funcionalistas possuem pouca capacidade de explicação – apesar de terem sido adotadas por autores como Raz, Feinberg (1926-2004) e Nozick (1938-2002).

3.3. O critério hierárquico: a prevalência das normas de direitos humanos sobre demais normas do direito internacional

No âmbito da filosofia do Direito internacional, um dos critérios propostos para se conceituar os direitos humanos se baseia na suposta função hierárquica de suas normas sobre as demais normas jurídicas. O critério de hierarquia é um elemento fundamental na análise de normas de Direito interno, motivo pelo qual é comum ver teóricos da filosofia do direito que buscam aplicar esse mesmo critério na análise do direito internacional. O Direito internacional, no entanto, possui uma estrutura profundamente diversa da estrutura do Direito interno, não sendo dotado de uma instituição supranacional capaz de ditar normas hierarquicamente superiores às demais fontes normativas, salvo em algumas situações específicas, como no caso do art. 103 da Carta das Nações Unidas ou no caso do *jus cogens*.[20]

A teoria política de Ronald Dworkin se insere nesse debate, acerca da natureza hierárquica das normas de direitos humanos. Dworkin é um crítico ao positivismo jurídico, ao defender que o consentimento dos Estados não é necessariamente uma base de legitimidade do Direito internacional.[21] Nesse sentido, adota elementos da moral e da política para a concei-

---

[20] MERON, Theodor. *On a hierarchy of international human rights*. American Journal of International Law, v. 80, n. 1, 1986, p. 3.

[21] MOURA, Grégore Moreira de; ENRIQUEZ, Igor de Carvalho. *A filosofia do direito internacional não escrita por Dworkin. Temas de Filosofia do Direito – A Filosofia do Direito Internacional: Fundamentos da Autoridade e suas Instituições.* Programa de Pós-Graduação em Direito da Universidade Federal de Minas Gerais, 2015, p. 11.

A NATUREZA DOS DIREITOS HUMANOS NO DIREITO INTERNACIONAL

tuação do próprio Direito internacional, concluindo que as obrigações, no âmbito internacional, são constituídas não pelo consentimento, mas pela força moral do respeito à ordem internacional constituída.[22] Um sistema baseado unicamente na noção de consentimento não explicaria por que os Estados se obrigariam a normas que não seriam passíveis de gerar vantagens, tampouco porque os Estados respeitariam essas normas auto-impostas quando não lhes fosse mais conveniente. A rejeição de um modelo de vantagens comparativas baseado na competição e a adoção de um modelo de vantagens absolutas e baseado na cooperação é explicado por Dworkin como decorrente de uma obrigação moral e do que ele denomina de princípio da saliência (*principle of salience*), que seria responsável pela adesão dos Estados ao regime normativo internacional.[23] Nesse sentido, Dworkin trabalha a ideia da obrigação moral dos Estados de defender não somente a sua própria legitimidade coercitiva interna, mas também o dever de intervir externamente para coibir crimes de guerra, genocídio e outras violações de direitos humanos, algo que contrariaria a noção clássica de soberania westfaliana.

No que concerne os direitos humanos, Dworkin se utiliza ainda de um critério que poderia ser classificado como funcionalista, acerca da ideia da prevalência dos direitos humanos ou de sua imponência – no sentido de que são passíveis de se impor e de prevalecer sobre outras normas e valores.[24] Sob esse prisma, os direitos humanos se diferenciariam por serem normas de natureza especial, capazes de se sobrepor de forma prioritária sobre as demais normas jurídicas.[25] Griffin é um dos que critica essa perspectiva funcionalista de Dworkin, alegando que tal ideia não pode ser comprovada na prática, uma vez que, na análise de casos concretos, são frequentes situações em que outras normas ou valores – como a justiça e a equidade – tendem a prevalecer sobre os direitos humanos listados em declarações internacio-

[22] DWORKIN, Ronald. *A new philosophy for international law*. Wiley Periodicals, Inc. Philosophy & Public Affairs. Volume 41, nº 1, 2013, p.10.

[23] DWORKIN, Ronald. *A new philosophy for international law*. Wiley Periodicals, Inc. Philosophy & Public Affairs. Volume 41, nº 1, 2013, p.21.

[24] Dworkin se utiliza do termo "Trumps", muitas vezes traduzido para a língua portuguesa como "trunfos" ou "normas-trunfo", entretanto, não consideramos essa tradução adequada, uma vez que o sentido na língua inglesa de "trump" utilizado por Dworkin se aproxima mais, neste caso, da ideia de prevalência e sobreposição.

[25] SHELTON, Dinah. *Hierarchy of norms and human rights: of trumps and winners*. Saskatchewan Law Review, v. 65, n. 2, 2002, p. 303.

nais. Outro exemplo que poderia ser citado seria o caso dos direitos sociais, que, em muitos casos concretos, são limitados pelo princípio da reserva do possível, outra razão que leva Griffin a questionar se teriam uma natureza de "direitos humanos" ou se seriam meramente de valores a serem protegidos. De acordo com Griffin, Dworkin não forneceria meios para a análise dos direitos humanos, ou seja, critérios para dizer se um direito humano existe ou não, bem como o que significaria exatamente ter direito a algo. Afirma, nesse sentido, ser necessário adotar maiores elementos de avaliação que os propostos por Dworkin, de modo a atribuir um valor moral, tanto para os direitos quanto para outros valores. Segundo ele, uma análise moral e substancial deve, em conjunto com uma análise funcional, levar em consideração, por exemplo, a importância de tais direitos previstos em declarações internacionais para a garantia da dignidade da pessoa humana. Isso é que nos permitiria avaliar até que nível determinados valores poderiam ou não prevalecer sobre os próprios direitos humanos.

A nosso ver, segundo a própria prática do Direito internacional, tal perspectiva dworkiana de que as normas de direitos humanos teriam prevalência sobre as demais normas não seria aplicável, uma vez que – na seara internacional – somente algumas normas específicas atingiram o patamar em que se poderia afirmar se tratarem de normas hierarquicamente superiores às demais. O *jus cogens*, ou as normas peremptórias decorrentes da ordem pública internacional, é constituído, sim, pelo arcabouço normativo dos direitos humanos, mas não é reduzido a ele. Dessa forma, normas como a vedação da escravidão, da tortura e do genocídio certamente podem ser consideradas como dotadas de uma natureza material de *jus cogens*, mas o mesmo não poderia ser afirmado, por exemplo, acerca de normas como o direito ao descanso remunerado, também previsto na Declaração Universal dos Direitos Humanos (art. 24). Por isso, a ideia de prevalência sobre demais normas não é um critério razoável para determinar a natureza de uma norma de direitos humanos no plano internacional. Uma série de normas do Direito internacional dos direitos humanos não é, necessariamente, hierarquicamente superior às demais normas de Direito internacional, podendo, por exemplo, não prevalecer, na análise de um caso concreto, em face de normas relativas à segurança e à paz internacional. Uma análise substancial como a adotada pela filosofia moral de Griffin, se apresenta, nesse ponto, como uma perspectiva mais adequada, ao menos em relação à teoria funcionalista proposta por Dworkin.

A teoria de Dworkin nos parece padecer do mal de projetar, no âmbito do Direito internacional, critérios aplicáveis na análise do Direito interno. De fato, não somente Dworkin, mas outros teóricos da filosofia do direito incorreram no mesmo equívoco, devido à busca por critérios jurídicos que servissem de justificativa contra a derrogação ou a violação de normas de direitos humanos, tal como ocorre no Direito interno.[26] A teoria de Dworkin, nesse sentido, se insere no âmbito das condições políticas ideais propostas pelo autor e tem dificuldades para lidar e explicar o sistema da "sociedade anárquica de Estados".[27] De fato, para que teoria de Dworkin acerca da natureza do Direito internacional fosse efetivada, seria necessário a adoção de uma estrutura institucional coercitiva que pudesse obrigar os Estados a cumprir e respeitar as normas de Direito internacional estabelecidas, tal como ocorre no âmbito do Direito interno. Por esse motivo, Dworkin apresenta propostas como a de criação de uma corte internacional com jurisdição sobre todo o planeta, a criação de um corpo legislativo internacional, a quebra do paradigma do consentimento dos Estados e a adoção da moralidade política – em detrimento do interesse nacional – como critério de legitimidade do Direito internacional. Sem entrar no mérito dos benefícios de tais propostas, a teoria de Dworkin sobre o Direito internacional - bem como as demais teorias que se apoiam no critério de hierarquia – não oferece muitas contribuições para a solução do problema conceitual da natureza das normas de direitos humanos no plano internacional ou para a questão da autonomia ou não do Direito internacional dos direitos humanos.

3.4. O critério de normas de direitos humanos como limites à soberania estatal

A perspectiva de direitos humanos de John Rawls se insere no âmbito de uma teoria mais ampla: a sua teoria da justiça política entre os povos. Em sua obra *O Direito dos Povos*, Rawls transcende a noção de direitos humanos como fundados na "razão natural" para uma tese de direitos humanos fundados na "razão pública". Sua teoria se caracteriza por uma busca de

---

[26] MERON, Theodor. *On a hierarchy of international human rights*. American Journal of International Law, v. 80, n. 1, 1986, p. 21.
[27] Conforme o conceito clássico de "sociedade anárquica" de Hedley Bull, no âmbito da teoria das relações internacionais, em sua obra de mesmo título.

FILOSOFIA DO DIREITO INTERNACIONAL

padrões mínimos de direitos humanos passíveis de serem aceitos de modo amplo pelas mais diferentes culturas, na tentativa de superar a perspectiva universalista e eurocêntrica do jusnaturalismo:

[Os direitos humanos] não dependem de nenhuma doutrina religiosa ou filosófica em particular acerca da natureza humana. O Direito dos Povos não afirma, por exemplo, que os seres humanos são seres morais e têm o mesmo valor aos olhos de Deus; ou que eles possuem determinadas características morais e intelectuais que os concedem tais direitos. Levantar tal argumento envolveria doutrinas religiosas ou filosóficas que muitos povos hierárquicos decentes considerariam não ser liberais ou democráticas ou, de alguma forma, ser referente à tradição política ocidental e prejudicial a outras culturas. Contudo, o Direito dos Povos não nega tais doutrinas.[28]

Nesse sentido, Rawls adota uma "lista" de direitos humanos mais restrita do que aquela prevista nas declarações internacionais no âmbito da ONU. De um lado, Rawls tende a se focar nos direitos relativos à legalidade do uso da força armada no plano internacional (*jus ad bellum* e *jus in bellum*), bem como ao direito de intervenção. De outro lado, a perspectiva de Rawls tende a excluir do Direito internacional os direitos liberais comumente adotados em instrumentos internacionais – tais como o direito de liberdade de expressão, o direito de liberdade de associação e o direito de participação democrática, se focando essencialmente nos direitos mínimos necessários à segurança e à subsistência humana, como, por exemplo, a vedação da tortura. Tal visão restritiva sobre a amplitude dos direitos humanos no plano internacional é criticada por Griffin quanto por Raz.[29] Segundo ele, a análise funcional de Rawls deixa obscuro o conteúdo e a substância dos direitos humanos. Portanto, não fornece meios para explicar, por exemplo, o mínimo de bem-estar dos direitos humanos, que, para Griffin – a fim de se garantir a dignidade da pessoa humana – deveria ser maior do que a mera subsistência.

Seguindo as concepções da filosofia política de Rawls, Joseph Raz considera os direitos humanos como aqueles que exercem a função de impor limites à soberania estatal, já que uma violação a esses direitos constitui razão para a ação contra o violador na arena internacional, mesmo que essa

[28] RAWLS, John. *The law of the peoples*. Cambridge: Harvard University Press, 1999, p. 68.
[29] RAZ, Joseph. Human rights without foundations. In: BESSON, Samantha; TASSIOULAS, John (Orgs.). *The philosophy of international law*. Oxford: Oxford University, 2010., p. 327.

A NATUREZA DOS DIREITOS HUMANOS NO DIREITO INTERNACIONAL

ação não fosse permitida a princípio ou que violasse a soberania estatal.[30] Raz pressupõe haver uma justificação normativa ou moral para a soberania estatal que impõe justamente limites à interferência externa nos assuntos do Estado. Assim, em sendo os Estados os principais sujeitos do Direito internacional, os direitos humanos seriam direitos contra os Estados, principalmente, mas também direitos contra organizações internacionais, instituições domésticas e, até mesmo, contra outros indivíduos.[31] E seria exatamente essa a distinção dos direitos humanos: o fato de sua violação ensejar ação contra o Estado. Ou seja, o Direito internacional falha quando reconhece como direito humano algo que, moralmente considerado, não é um direito ou cuja violação não justifique ação internacional contra o Estado.

A crítica de Raz acerca da teoria de Rawls foca na maneira como este conecta as condições de cooperação social com os limites da soberania. Para Raz, os limites morais da soberania não dependem apenas das condições da sociedade, mas também de quem está na posição de impor limites à soberania. Além disso, não devemos confundir "limites à soberania" com "limites à autoridade legítima". A soberania estatal limita direitos de outros interferirem em suas questões. Já os critérios que determinam os limites da autoridade legítima dependem da moralidade da ação dessa autoridade. No entanto, nem toda ação que exceda a autoridade legítima do Estado pode ser razão para interferência em outros Estado, assim como nem toda transgressão moral praticada por indivíduos pode justificar a intervenção de outros para fazer cessá-la ou punir seus autores.[32] Na visão

---

[30] Em sentido contrário, Grócio: "Reconhece a legitimidade da guerra, uma vez que não existe autoridade superior aos Estados soberanos para os apartar, mas com estrita condição de se tratar de uma guerra justa. Assim, retoma, por sua conta, a distinção canonista entre guerras justas e guerras injustas. A guerra é justa quando responde a uma injustiça, sendo o direito natural a determinar os casos de injustiça. Estes casos surgem quando são violados os 'direitos fundamentais' que o direito natural reconhece aos Estados soberanos: igualdade, independência, conservação, respeito, comércio internacional.". QUOC DINH; DAILLIER; PELLET, P. 58.

[31] RAZ, Joseph. Human rights without foundations. In: BESSON, Samantha; TASSIOULAS, John (Orgs.). *The philosophy of international law*. Oxford: Oxford University, 2010., p. 329.

[32] RAZ, Joseph. Human rights without foundations. In: BESSON, Samantha; TASSIOULAS, John (Orgs.). *The philosophy of international law*. Oxford: Oxford University, 2010., p. 330.

de Raz, esse ponto é controverso, pois existem razões para limitar a intervenção na vida de indivíduos (respeito a sua autonomia e independência, por exemplo) que não se aplicam aos Estados, já que estes não possuem valor em si mesmos. O contra-argumento estaria na simples compreensão da importância moral da soberania estatal, que foi largamente apreciada por Rawls. O autor explica que sua teoria da justiça não pode ser simplesmente transportada para o plano internacional, assim como princípios internacionais não podem ser simplesmente a generalização de princípios de justiça da ordem interna. Sobre o ponto, Raz conclui que:

Princípios morais que determinam os limites da soberania devem refletir não apenas os limites da autoridade do Estado, mas também as limitações relativamente fixadas acerca da possibilidade de interferências justificadas por organizações internacionais e por outros Estados nos assuntos do Estado infrator. Quando a situação internacional é alguma na qual está claro que as medidas internacionais não serão aplicadas imparcialmente, mas que serão usadas para aumentar a dominação de uma superpotência sobre seus rivais, os princípios morais que impõem limites à soberania tendem a ser mais protetivos dessa soberania do que em relações entre estados que convivem em acordos, tal como a União Europeia, que possui instituições judiciais relativamente independentes e procedimentos de execução bastante confiáveis.[33]

Isso significa que, na arena internacional, os limites morais à soberania estatal variam de acordo com fatores internacionais relativamente instáveis e isso é ignorado por Rawls. Ou seja, para Raz, as condições de cooperação social de Rawls, apesar de serem relevantes para o escopo da autoridade estatal, não são capazes de determinar os limites da soberania. Assim, a crítica de Raz a Rawls também toca pontos de crítica à doutrina tradicional: ambos foram incapazes de examinar adequadamente a relação entre moral e direito. Porém, tanto Raz quanto Rawls concordam no ponto de saber que nem todos os injustos constituem violações a direitos e nem todos os limites à autoridade e à soberania estatal são impostos por direitos.

Raz, no entanto, também não oferece análise sobre o conceito de direitos humanos. Para ele, a elucidação do significado de direitos humanos não clareia a importância ética ou política da matéria. Ele apenas clama pela

---

[33] RAZ, Joseph. Human rights without foundations. In: BESSON, Samantha; TASSIOULAS, John (Orgs.). *The philosophy of international law*. Oxford: Oxford University, 2010., p. 331.(Tradução Livre)

compreensão dos direitos humanos como limitadores da soberania estatal (concepção política), questionando quais direitos mereceriam tal reconhecimento e quais limites exatos eles imporiam à mencionada soberania. Conclui que não basta o reconhecimento de um direito como humano, pois isso nos leva à retórica dos direitos humanos. É a importância moral desses direitos, capazes de limitar a soberania estatal, que garantem, inevitavelmente, sua maior relevância. Ser mais preciso que isso não seria, a seu ver, "nenhuma virtude",[34] pois estamos em meio à mudanças rápidas do cenário internacional e a prática de direitos humanos também está em fluxo constante.

3.5. O critério da condição de humanidade

Um dos principais argumentos de Raz é a crítica ao que ele denomina de "teoria tradicional" dos direitos humanos, que deve ser entendida como a doutrina ética dos direitos humanos, ou seja, tanto as teorias jusnaturalistas clássicas quanto as teorias contemporâneas que justificam o fundamento dos direitos humanos com base na filosofia da moral. Para Raz, a doutrina tradicional considera que "direitos humanos" são aqueles importantes, baseados em nossa humanidade. Daí a sua crítica à compreensão de que, para essa doutrina, nenhum fator contingente é capaz de explicar a importância desses direitos, exceto as leis da natureza, a natureza da humanidade e o fato de que o titular desses direitos seria o ser humano. Para o autor, no entanto, nem o caráter universal nem o fundamento na humanidade garantem a importância dos direitos humanos. Por isso, a seu ver:

A doutrina ética dos direitos humanos deveria articular padrões pelos quais a prática de direitos humanos possa ser julgada, *standards* que indicariam quais direitos humanos nós temos. Ao fazer isso, ela elucidaria o que está em questão e qual o significado de um direito ser um direito humano.[35]

Raz aponta, então, as três falhas principais, a seu ver, do critério da condição de humanidade, adotado pela doutrina tradicional:

---

[34] RAZ, Joseph. Human rights without foundations. In: BESSON, Samantha; TASSIOULAS, John (Orgs.). *The philosophy of international law*. Oxford: Oxford University, 2010., p. 337.

[35] Raz, Joseph. Human rights without foundations. In: Besson, Samantha; Tassioulas, John (Orgs.). The philosophy of international law. Oxford: Oxford University, 2010, p. 323. (Tradução Livre).

1) Má compreensão da relação entre valor e direito. Na visão do autor, haveria um excesso ou, até mesmo, um engano da doutrina tradicional ao tentar extrair direitos de onde eles não poderiam ser extraídos. Dessa forma, não poderíamos reivindicar um direito sempre que quiséssemos ou valorássemos algo. Daí o entendimento de que a doutrina tradicional ignora a compreensão de que certas condições são essenciais para nossa vida, ainda que não se tenha direito a elas.

2) O pressuposto de que a liberdade é um direito geral por ser condição necessária da ação humana intencional é falso. Para reforçar seu argumento, Raz nos aponta a condição dos escravos que, malgrado não sejam "livres", despertam interesse econômico justamente pelo fato de que podem, sim, agir intencionalmente e, por isso, ser úteis a seus proprietários.

3) A doutrina tradicional é falha em exercer pressão crítica na prática.

Além disso, importa notar que Raz enquadra a teoria de James Griffin, no âmbito das doutrinas tradicionais, pelo que apresentaria as mesmas falhas. Como vimos, Griffin defende que direitos humanos podem ser vistos como proteções à nossa pessoalidade, à semelhança das teorias tradicionais e naturalistas.

Raz, no entanto, compreende que essa noção de pessoalidade deve ser decomposta em noções mais claras, relacionadas a nossa capacidade de sermos agentes. E, a seu ver, a condição de "sermos agentes" está relacionada a três elementos: (i) a autonomia: a pessoa deve poder escolher seu próprio curso de vida, sem ser controlado por alguém ou algo externo; (ii) a provisão mínima: a escolha deve ser real, livre e informada. E, em havendo escolhido, a pessoa deve ser capaz de agir, tendo o mínimo de recursos para tal; (iii) a liberdade: outros não devem se colocar como barreiras em nossa busca individual do que acreditamos valer a pena.

Quanto ao primeiro elemento, a autonomia, Raz questiona:

Seria realmente verdade que alguém que é dominado por sua mãe poderosa ou controlado pelo compromisso assumido com seu empregador (tendo assinado um contrato de 10 anos, na condição de que o empregador pague pela sua educação) é menos pessoa do que alguém que não é assim dominado ou controlado?

Por meio desse questionamento, Raz conclui que Griffin está contrabandeando um ideal particular de "vida boa" em sua rica noção de ser pessoa. Contudo, Griffin não verá aí um problema, já que considera que os direitos humanos não são aqueles que simplesmente promovem o bem ou a prosperidade humana, mas apenas aquilo que é necessário para a condição humana.

Segundo Raz, [...] ele [Griffin] também falha ao demonstrar que esse valor estabelece direitos. Ele sustenta que essa pessoalidade não é meramente valiosa, mas a base dos direitos: 'autonomia e liberdade são muito valoradas por nós, e isso atrai a proteção especial dos direitos'. Por esse argumento, se o amor dos meus filhos é a coisa mais importante para mim, isso significa que eu tenho direito a esse amor".

Então, conclui Raz que, se a pessoalidade é entendida como a capacidade de agir intencionalmente, os direitos humanos são, de fato, desfrutados por quase todos os seres humanos, protegendo, entretanto, apenas o que seria essencial para essa capacidade.

E, em protegendo apenas o que é essencial para a capacidade e a condição humana, Raz dirá ser necessário encontrar um limiar para esses direitos na doutrina tradicional, sob pena de configurá-los como um domínio excepcional de normatividade, ou seja, merecedor de proteção mesmo que isso exija medidas excepcionais. Encontrar esse limiar somente seria possível, na sua visão, se as pessoas não tivessem direito a tudo que pode ou vai melhorar a qualidade de vida.

Ora, a teoria tradicional estenderá o domínio dos direitos humanos a condições mínimas, como, por exemplo, um mínimo de educação, um mínimo de informação, um mínimo de recursos e de oportunidades para o bom exercício dessa capacidade de ser humanos, etc. E, para Raz,

se "mínimo" significa alguma informação, alguns recursos e algumas oportunidades, embora pequeno, esse será um *standard* fácil de atingir e quase impossível de violar. Apenas por estar vivo (e não em coma), temos alguns conhecimentos, recursos e oportunidades. Escravos têm. Griffin, é claro, não estabelece um *standard* tão reduzido. Ele sugere um standard generoso. Mas, então, nos faltam critérios para determinar o que deve ser.[36]

Daí porque entende-se que a doutrina tradicional oferece uma teoria geral dos direitos humanos como direitos morais. E daí porque limites são exigidos para o reconhecimento e implementação desses direitos.

---

[36] Raz, Joseph. Human rights without foundations. In: Besson, Samantha; Tassioulas, John (Orgs.). The philosophy of international law. Oxford: Oxford University, 2010, p. 326. (Tradução Livre).

FILOSOFIA DO DIREITO INTERNACIONAL

4. Direitos contra o Estado: a teoria do jurista brasileiro Antônio Augusto

4.1. A superação do paradigma estatal e os limites da razão de Estado

Para a compreensão do que Antônio Augusto Cançado Trindade denomina de "superação do paradigma estatal", é necessário retomar algumas questões apontadas como críticas ao positivismo e, de maneira mais ampla, às teorias formalistas: (i) se, na concepção dessas teorias, a vontade do Estado é o próprio fundamento do Direito internacional, o que é que garante que o Estado respeitará as limitações que se impôs?; (ii) os poderes do Estado na ordem internacional são sem limites?; (iii) o Direito internacional deve negligenciar o contexto social em que é formado e aplicado?

Diversas foram e são as teorias que tentaram superar o positivismo clássico, estatista e voluntarista. Desde o normativismo kelseniano e da escola objetivista-sociológica de Georges Scelle (1878-1961), até novas correntes que pregam o renascimento do direito natural (anti-positivistas/idealistas), o militantismo jurídico, o pós-modernismo, etc. Como se propõem alternativas ao positivismo, afrontam seus dois conceitos-chave, o Estado e a soberania.

Segundo Pellet, não impor limites à soberania estatal na esfera internacional seria "erigir a anarquia em princípio e negar toda a possibilidade da ordem jurídica internacional".[37] Afinal, a justaposição de soberanias no plano internacional, proposta pelo positivismo, em nada facilita a cooperação. Hoje, se reconhece que a deflagração do primeiro conflito mundial revelou os limites do sistema interestatal clássico e possibilitou a coexistência de sistemas plurais. Nesse sentido, Cançado Trindade destaca que o positivismo "se mostrou submisso à ordem legal estabelecida e convalidou os abusos praticados contra os seres humanos na ordem internacional",[38] além de, segundo ele, ter sido incapaz de apresentar diretrizes e princípios gerais orientadores. Para Cançado Trindade, as doutrinas positivistas teriam se demonstrado incapazes de compreender o mundo em que vivemos, a nova realidade global e os novos desafios internacionais pós-Guerra Fria:

---

[37] QUOC DINH, Nguyen; DAILLIER, Patrick; PELLET, Alain. *Direito internacional público.* 2ª ed. Lisboa: Fundação Calouste Gulbenkian, 2003, p. 105.

[38] TRINDADE, Antônio Augusto Cançado. *A humanização do direito internacional.* Belo Horizonte: Del Rey, 2006, p. 120.

A NATUREZA DOS DIREITOS HUMANOS NO DIREITO INTERNACIONAL

Nenhum positivista foi capaz de antecipar, em meados da década de quarenta, a emergência e a consolidação do Direito internacional dos Direitos Humanos. Nenhum realista foi capaz de prever, em meados da década de cinquenta, o advento do fenômeno histórico da descolonização. A emancipação da pessoa humana *vis-à-vis* seu próprio Estado e a emancipação dos povos no Direito internacional ocorreram ante a surpresa e o despreparo dos positivistas da ciência jurídica e dos "realistas" das ciências sociais. Nenhum realista foi capaz de prenunciar a queda do muro de Berlim, no final da década de oitenta. Nem os positivistas nem os "realistas", têm se mostrado capazes de entender – e têm dificuldades em aceitar – as profundas transformações do Direito internacional contemporâneo na busca da realização dos imperativos da justiça.[39]

Reconhecida a necessidade de reconstrução do Direito internacional, em meados do século XX, as atenções se voltaram ao ser humano e emergiram uma serie de tratados de proteção hoje vigentes nos planos global e regional. Nesse contexto é que o Direito internacional contemporâneo, voltado para os desafios do nosso tempo – a proteção do ser humano, do meio ambiente, superação da pobreza e das vulnerabilidades, fomento do desenvolvimento humano, etc. – teve seus fundamentos revisitados e revitalizados, com maior ênfase na cooperação internacional.[40]

Houve, também, uma adaptação qualitativa do Direito internacional, com a ampliação e diversificação de seus objetivos. Os Estados, mais conscientes das consequências de suas escolhas, recorrem com mais frequência a instrumentos jurídicos pouco vinculativos, que permitem assegurar o espírito cooperativo ao mesmo tempo em que salvaguardam a soberania. Ao mesmo tempo, solidariedade e interdependência dos Estados têm aumentado, enquanto os Estados têm, gradativamente, assumido responsabilidades comuns em relação à comunidade internacional.

Um dos precursores dessa concepção solidarista na esfera internacional, Scelle sustentou a inexistência do direito interestatal, vez que inexistente diferença entre a natureza da sociedade internacional e da sociedade interna (ambas sociedades de indivíduos). Assim, não haveria direito interestatal, mas direito das gentes, que se aplicaria aos indivíduos. Por con-

---

[39] TRINDADE, Antônio Augusto Cançado. *A humanização do direito internacional.* Belo Horizonte: Del Rey, 2006, p. 24.
[40] TRINDADE, Antônio Augusto Cançado. *A humanização do direito internacional.* Belo Horizonte: Del Rey, 2006, p. 388.

FILOSOFIA DO DIREITO INTERNACIONAL

seguinte, entende o autor pela necessidade de se remediar a "carência institucional" representada pela inexistência de órgãos internacionais superiores aos Estados, já que somente a sociedade internacional universal detém a soberania.[41] Afinal, ao seu ver, há que se compreender que os Estados, ao exprimirem sua vontade, agem sob pressão de necessidades econômicas e políticas contingentes num quadro social, pelo que não existiria a pregada "vontade estatal autônoma".[42]

Nesse viés, com a superação do positivismo clássico, a base das relações entre Estados e indivíduos, bem como a relação dos Estados entre si, não seria a soberania estatal, mas a solidariedade humana. Afinal, passou-se à compreensão de que o ser humano é, em última instância, o destinatário final das normas jurídicas, e, por conseguinte, o sujeito último do direito tanto interno como internacional.[43]

Esse reconhecimento dos seres humanos como sujeitos tanto do Direito interno como do Direito internacional, na visão de Cançado Trindade, representa uma verdadeira "revolução jurídica", que acarreta a necessidade de reconhecimento da capacidade dos indivíduos de vindicar, por si mesmos, seus direitos também na órbita internacional. Segundo esse autor, a árdua questão da fonte material do Direito internacional contemporâneo não pode mais ser evitada:

Esta questão não pode ser adequadamente abordada de uma perspectiva positivista nem fazendo abstração dos valores ou do próprio fim do Direito, - no presente contexto, proteção da pessoa humana em todas e quaisquer circunstâncias. O Direito internacional não se reduz a um instrumento a serviço do poder; seu destinatário final é o ser humano, devendo atender suas necessidades, entre as quais se destaca a realização da justiça.[44]

---

[41] Na mesma linha, tanto Cançado Trindade quanto Dworkin defendem a criação de tribunais internacionais como recurso para remediar a carência institucional do direito internacional.

[42] QUOC DINH, Nguyen; DAILLIER, Patrick; PELLET, Alain. *Direito internacional público*. 2ª ed. Lisboa: Fundação Calouste Gulbenkian, 2003, p. 105.

[43] TRINDADE, Antônio Augusto Cançado. *A humanização do direito internacional*. Belo Horizonte: Del Rey, 2006, p. 126.

[44] TRINDADE, Antônio Augusto Cançado. *A humanização do direito internacional*. Belo Horizonte: Del Rey, 2006, p. 390.

4.2. O resgate do jusnaturalismo

O retorno aos teóricos clássicos do Direito internacional é denominado por Cançado Trindade como uma espécie de "renascimento" contínuo do direito natural, ou o "eterno retorno" do jusnaturalismo. Nesse sentido, Cançado Trindade retorna aos autores reconhecidos como os pais do Direito internacional, como Francisco de Vitória, Francisco de Suarez e Hugo Grócio, a fim de defender o ideal de uma *civitas maxima gentium*, uma comunidade jurídica universal:

Poder-se-ia argumentar que o mundo contemporâneo é inteiramente distinto do da época dos chamados fundadores do Direito internacional, que propugnaram por uma *civitas maxima* regida pelo direito das gentes. Ainda que se trate de dois cenários mundiais diferentes (ninguém o negaria), não há como negar que a aspiração humana permanece a mesma, qual seja, a de construção de um ordenamento internacional aplicável tanto aos Estados (e organizações internacionais) quanto aos indivíduos, consoante certos padrões universais de justiça.[45]

Conforme afirma Cançado Trindade, esse resgate do jusnaturalismo, contudo, "não mais se trata de um retorno ao direito natural clássico, mas sim da afirmação ou restauração de uma padrão de justiça pelo qual se avalia o direito positivo". No mesmo diapasão da teoria de Cançado Trindade segue o pensamento de autores como John Tasioulas, ao trabalhar os reflexos do resgate do jusnaturalismo para a teoria dos direitos humanos no plano internacional e afirmar que:

Conceber os direitos humanos como, fundamentalmente, direitos naturais preserva a sua integridade como uma noção moral, nos proporciona uma melhor perspectiva sobre a notoriamente contestada questão de sua justificação e oferece um entendimento mais claro sobre seu importante, mas também importantemente qualificado, papel na avaliação de legitimidade política, incluindo a legitimidade do Direito internacional.[46]

Nesse sentido, a teoria Cançado Trindade e o seu retorno aos teóricos clássicos seria melhor qualificada não como uma teoria jusnaturalista, mas sim com uma teoria filosófica moral do Direito internacional, cujas propos-

---

[45] TRINDADE, Antônio Augusto Cançado. *A humanização do direito internacional*. Belo Horizonte: Del Rey, 2006, p. 14.

[46] TASIOULAS, John. *Human rights, legitimacy and internacional law*. The American Journal of Jurisprudence, vol. 58, n. 1, 2013, p. 2.

FILOSOFIA DO DIREITO INTERNACIONAL

tas são a superação das teorias voluntaristas e positivistas predominantes na doutrina do Direito internacional do século XX e a maior valorização da figura do indivíduo na seara internacional, mediante o seu reconhecimento como sujeito de direitos a sua dotação de capacidade processual internacional:

O "eterno retorno" do jusnaturalismo tem sido reconhecido pelos próprios jusinternacionalistas, contribuindo em muito à afirmação e consolidação do primado, na ordem dos valores, das obrigações estatais em matéria de direitos humanos, *vis-à-vis* a comunidade internacional como um todo.[47]

Cançado Trindade adota, portanto: i) à semelhança de Joseph Raz, uma fundamentação dos direitos humanos como direitos que impõem limites à ação dos Estados; ii) à semelhança de de John Griffin, uma fundamentação moral e substantiva dos direitos humanos no plano internacional; iii) uma crítica ao positivismo jurídico não por meio de uma rejeição das teorias clássicas do Direito internacional, mas por meio do resgate dessa doutrina, adaptando-a aos dias de hoje.

5. Conclusão

As relações internacionais testemunharam ao longo da segunda metade do Século XX a expansão da cultura global dos direitos humanos,[48] com a adoção de valores e metas comuns superiores no direito e na concepção de justiça. A ciência do direito, que antes sustentava ser seu objeto o direito positivo, é hoje compreendida como disciplina jurídica mais ampla, que questiona a racionalidade e os fundamentos da norma, a legitimidade do Estado e a autoridade do próprio direito, ao mesmo tempo em que reconhece a centralidade dos direitos humanos, não mais restrita à esfera estatal.[49]

De acordo com essa visão, a noção de igualdade e de liberdade expressada nas principais convenções de direitos humanos pode fornecer a base

---

[47] TRINDADE, Antônio Augusto Cançado. *A humanização do direito internacional.* Belo Horizonte: Del Rey, 2006, p. 15.

[48] SOUSA SANTOS, Boaventura de. *Por uma concepção multicultural de direitos humanos.* Revista Crítica de Ciências Sociais, n. 48, 1997, p. 11; Raz, 2010, p. 321; Griffin, 2010, p. 352.

[49] BUCHANAN, Allen; GOLOVE, David. *The philosophy of international law.* In: *The Oxford Handbook of Jurisprudence and Philosophy of Law.* Oxford: Oxford University Press, 2002, p. 868-934.

A NATUREZA DOS DIREITOS HUMANOS NO DIREITO INTERNACIONAL

para o desenvolvimento de uma teoria moral do Direito internacional, cujo conteúdo é substancial. [50]

No âmbito das diversas teorias que buscaram dar uma resposta para a questão da natureza das normas de direitos humanos no plano internacional, bem como para os seus fundamentos de autoridade, a teoria de Antônio Augusto Cançado Trindade fornece as bases para uma teoria moral e substancial do Direito internacional, por meio da crítica do positivismo jurídico clássico voluntarista. Assim é que o processo de humanização do Direito internacional impõe o reconhecimento dos limites do Estado a partir da ótica da humanidade[51] e da compreensão de que não podemos ser apenas obrigados a justificar o que existe, ainda que injusta e opressiva a realidade. Seria essa noção de humanidade a linguagem da política progressista atual, fundada na hermenêutica diatópica e na compreensão do multiculturalismo dos direitos humanos – livres de seu falso universalismo e cientes de seu potencial emancipatório. [52].

Referências

ANJOS, Lucas; CALIXTO, Vinícius. *Bases do pensamento jusfilosófico internacional.* Temas de Filosofia do Direito – A Filosofia do Direito Internacional: Fundamentos da Autoridade e suas Instituições. Programa de Pós-Graduação em Direito da Universidade Federal de Minas Gerais, 2015.

BUCHANAN, Allen; GOLOVE, David. *The philosophy of international law.* In: *The Oxford Handbook of Jurisprudence and Philosophy of Law.* Oxford: Oxford University Press, 2002.

D'AMATO, Anthony. *The concept of human rights in international* law. Columbia Law Review, v. 82, n. 6, 1982.

DWORKIN, Ronald. *A new philosophy for international law.* Wiley Periodicals, Inc. Philosophy & Public Affairs. Volume 41, nº 1, 2013.

---

[50] ANJOS, Lucas; CALIXTO, Vinícius. *Bases do pensamento jusfilosófico internacional.* Temas de Filosofia do Direito – A Filosofia do Direito Internacional: Fundamentos da Autoridade e suas Instituições. Programa de Pós-Graduação em Direito da Universidade Federal de Minas Gerais, 2015.

[51] TRINDADE, Antônio Augusto Cançado. *A humanização do direito internacional.* Belo Horizonte: Del Rey, 2006, p. 393

[52] SOUSA SANTOS, 1997, p. 29.

FILOSOFIA DO DIREITO INTERNACIONAL

GRIFFIN, James. Human rights and the autonomy of international law. In: BESSON, Samantha; Tassioulas, John (Orgs.). *The philosophy of international law*. Oxford: Oxford University, 2010.

MERON, Theodor. On a hierarchy of international human rights. American Journal of International Law, v. 80, n. 1, 1986.

QUOC DINH, Nguyen; DAILLIER, Patrick; PELLET, Alain. *Direito internacional público*. 2ª ed. Lisboa: Fundação Calouste Gulbenkian, 2003.

MOURA, Grégore Moreira de; ENRIQUEZ, Igor de Carvalho. *A filosofia do direito internacional não escrita por Dworkin*. Temas de Filosofia do Direito – A Filosofia do Direito Internacional: Fundamentos da Autoridade e suas Instituições. Programa de Pós-Graduação em Direito da Universidade Federal de Minas Gerais, 2015.

RAMCHARAN, B. G. *The concept of human rights in contemporary international law*. Canadian Human Rights Yearbook, 1983.

RAWLS, John. *The law of the peoples*. Cambridge: Harvard University Press, 1999.

RAZ, Joseph. Human rights without foundations. In: BESSON, Samantha; TASSIOULAS, John (Orgs.). *The philosophy of international law*. Oxford: Oxford University, 2010.

SHELTON, Dinah. *Hierarchy of norms and human rights: of trumps and winners*. Saskatchewan Law Review, v. 65, n. 2, 2002.

SOUSA SANTOS, Boaventura de. *Por uma concepção multicultural de direitos humanos*. Revista Crítica de Ciências Sociais, n. 48, 1997.

SUCHARITKUL, Sompong. *Multi-dimensional concept of human rights in international law*. Notre Dame Law Review, v. 62, n. 3, 1986-1987.

TASIOULAS, John. *Human rights, legitimacy and internacional law*. The American Journal of Jurisprudence, vol. 58, n. 1, 2013.

TRINDADE, Antônio Augusto Cançado. *A humanização do direito internacional*. Belo Horizonte: Del Rey, 2006.

PARTE 4

DEMOCRACIA E POBREZA NO DIREITO INTERNACIONAL

CAPÍTULO 8

DEMOCRACIA COMO *ETHOS* NO DIREITO INTERNACIONAL

João Víctor Nascimento Martins E Keyla Faria

1. Introdução

A legitimidade é uma pedra angular tanto para o direito quanto para o Estado. Via de consequência, é objeto de frutíferos e reiterados debates tanto no seio da teoria jurídica quanto da filosofia política.

De outra forma não poderia ser em relação ao direito internacional. Construir um fundamento teórico que atribua legitimidade a uma ordem jurídica internacional é objeto de desejo de praticamente todos os autores que se debruçam sobre a discussão do direito internacional.

Nesse contexto, o presente artigo se propõe a analisar, a partir de um viés crítico, a empreitada levada a cabo por dois incontestáveis autores da filosofia política contemporânea – Thomas Christiano e Philip Pettit – na árdua tarefa de construir o caminho para a atribuição de legitimidade à ordem jurídica internacional.

Ambos os autores, é fato, defendem, nas obras ora analisadas, a legitimidade dos Estados democráticos representarem os interesses dos seus indivíduos no *locus* internacional. Entretanto, a defesa dos autores não se restringe a essa tese que, ademais, partem de pressupostos distintos, fomentando, dessa forma, um rico debate sobre a construção da legitimi-

FILOSOFIA DO DIREITO INTERNACIONAL

dade da ordem jurídica internacional através da elevação da democracia ao status de *ethos* do Direito Internacional.

Para empreender de forma didática e objetiva a análise ora proposta, a segunda seção irá se dedicar à análise e crítica do artigo *Democratic Legitimacy and International Institutions*[1] de Christiano – sem estar a ele restrito –, enquanto a terceira seção irá se ater à análise do artigo *Legitimate International Institutions: A Neo-Republican Perspective*[2] de Pettit – sem, da mesma forma, se resumir a uma reprodução acrítica do seu conteúdo.

Ao final, serão tecidas as considerações críticas alcançadas com o estudo da construção da legitimidade da ordem internacional através das teorias delineadas nos capítulos anteriores.

2. Legitimidade democrática e instituições internacionais.

A análise da legitimidade das instituições internacionais apresenta um desafio diferente da análise da legitimidade das instituições estatais ou do direito doméstico, visto que ainda não se tem um retrato totalmente claro sobre a natureza da sociedade internacional e sobre a posição das instituições internacionais dentro dessa sociedade.

Assim, são úteis algumas observações prévias sobre a ordem jurídica internacional antes de adentrar aos meandros da questão sobre a sua legitimidade. Inicialmente, cabe levar em consideração o rol de entidades que são relevantes para a caracterização de uma pretensa ordem jurídica internacional.

Em primeiro lugar, as entidades às quais é atribuída maior relevância são os Estados, que compõem o sistema internacional. Em segundo lugar estão as organizações internacionais criadas por estes Estados, mas que, em alguns casos, apresentam alguma independência em relação àqueles que lhes criaram. Em terceiro lugar, devem ser consideradas as organizações não governamentais que desempenham um relevante papel na sociedade internacional. Em quarto, estão as empresas multinacionais. E, em quinto e último lugar, devem ser considerados os indivíduos.

---

[1] CHRISTIANO, Thomas. *Democratic Legitimacy and International Institutions, in* BENSON, Samantha; TASIOULAS, John (orgs.) (2010). *The philosophy of international law*, p. 119-138.

[2] PETTIT, Philip. *Legitimate International Institutions: A Neo-Republican Perspective, in* BENSON, Samantha; TASIOULAS, John (orgs.) (2010). *The filosophy of international law*, p. 139-161.

DEMOCRACIA COMO *ETHOS* NO DIREITO INTERNACIONAL

Todos esses cinco "elementos" são, de alguma forma, dirigidos pelo direito e pelas instituições internacionais, embora os Estados ainda sejam considerados o foco primordial, pois, tradicionalmente, os indivíduos são vistos como apenas indiretamente submetidos ao direito internacional[3].

Cabe, ainda, levar em consideração que governar instituições internacionais é funcionalmente diferente de governar instituições estatais, já que as atividades detêm abrangência em diferentes escalas geográficas. Há organizações comunitárias regionais, como a União Europeia. A Organização Mundial do Comércio, por outro lado, tem um tipo de função legislativa sobre as relações comerciais dos seus membros. Tratados globais ambientais, tais como o Protocolo de Montreal, são projetados para regular algumas questões ambientais globais específicas. O Conselho de Segurança das Nações Unidas tem assumido algumas funções quase legislativas desde o fim da Guerra Fria, mas estas ainda são bastante limitadas. O Conselho de Segurança exerce, ainda, um tipo de autoridade de aplicação, permitindo que determinados Estados atuem contra outros Estados que ameacem a paz e a segurança internacionais, além de exercer uma espécie de autoridade administrativa.

Algumas instituições internacionais exercem, além disso, alguma autoridade jurisdicional. A título de exemplo, o mecanismo de solução de controvérsias da Organização Mundial do Comércio[4] tem a autoridade para resolver disputas entre Estados, sempre que um Estado membro se queixar contra o fato de outro Estado-Membro ter violado suas obrigações mul-

---

[3] CHRISTIANO, Thomas, *Democratic Legitimacy and International Institutions, cit*, p. 119.

[4] Sobre o mecanismo de solução de controvérsia da OMC, cabe ressaltar o frisado no artigo "Efetividade do Órgão de Solução de Controvérsias da Organização Mundial do Comércio: uma análise sobre os seus doze primeiros anos de existência e das propostas para seu aperfeiçoamento", de Marcelo Dias Varella: "O Órgão de Solução de Controvérsias (OSC) da Organização Mundial do Comércio (OMC) tem se revelado um instrumento efetivo para lidar com problemas comerciais globais e para aportar um grau mais elevado de segurança jurídica nas relações multilaterais. A efetividade demonstra-se tanto em relação aos prazos para a solução de litígios, relativamente curtos em função dos montantes em disputa, como em relação ao cumprimento das decisões pelos Estados. Este sistema trouxe inovações na lógica jurídica dos mecanismos internacionais de solução de controvérsias, conseguiu legitimidade na sociedade internacional e possibilitou a maior participação de todos os Estados, inclusive os Estados em desenvolvimento no sistema". VARELLA, Marcelo Dias. *Efetividade do Órgão de Solução de Controvérsias da Organização Mundial do Comércio: uma análise sobre os seus doze primeiros anos de existência e das propostas para seu aperfeiçoamento in Rev. bras. polít. int.* vol.52 no.2 Brasília July/Dec. 2009..

FILOSOFIA DO DIREITO INTERNACIONAL

tilaterais. A Corte Internacional de Justiça[5], da mesma forma, julga, mas, em regra, apenas em relação aos Estados que anuem com a jurisdição no caso em apreço.

Além disso, há uma variedade de instituições que criam o que pode ser chamado de "soft law". Trata-se do direito que não é necessariamente vinculante para as partes, embora possa haver pressão sobre os Estados em conformidade com os princípios deste direito. Declarações e outros atos da Assembleia Geral são geralmente interpretados como não vinculantes[6].

Vale frisar, ainda, que o Estatuto da Corte Internacional de Justiça enumera, além das fontes ora relatadas, que também são fontes do direito internacional os costumes, os princípios gerais do direito internacional e as opiniões dos juristas eminentes[7].

Mas, afinal, o que pode tornar todas essas instituições – dotadas das mais diversas funções *a priori* atribuídas ao governo estatal –, lastreadas nas fontes enumeradas, legítimas? Isto é, como poderiam essas instituições deter o poder de criar obrigações vinculantes para os Estados e para os indivíduos? Tradicionalmente, essa questão é respondida levando em consideração que o direito internacional é obrigatório para os Estados sempre que estes anuírem com aquele[8].

Diante desse arcabouço de fontes materiais e formais e, ainda, diante do desafio da legitimidade do direito internacional, Thomas Christiano busca, em seu artigo intitulado *Democratic Legitimacy and International Institutions*[9], evidenciar a ideia de consentimento do Estado como o fundamento da legitimidade das instituições internacionais, as suas bases e seus limites, bem como algumas ideias propostas sobre como entender e modificá-lo. O autor constrói, ainda, o argumento de que o consentimento do Estado deve ser devidamente modificado para desempenhar um papel central dentro de um sistema maior de tomada de decisão internacional. Assim, as observações sobre a legitimidade e as razões pelas quais o con-

---

[5] Sobre a extensão da jurisdição da CIJ, vale a leitura do artigo "Os Tribunais Internacionais Contemporâneos e a Busca da Realização do Ideal da Justiça Internacional". CANÇADO TRINDADE, Antônio Augusto. *Os Tribunais Internacionais Contemporâneos e a Busca da Realização do Ideal da Justiça Internacional in Rev. Fac. Direito UFMG*, Belo Horizonte, n. 57, p. 37-68, jul./dez. 2010..

[6] CHRISTIANO, Thomas, *Democratic Legitimacy and International Institutions, cit*, p. 120.

[7] CHRISTIANO, Thomas, *Democratic Legitimacy and International Institutions, cit*, p. 123.

[8] CHRISTIANO, Thomas, *Democratic Legitimacy and International Institutions, cit*, p. 123.

[9] CHRISTIANO, Thomas, *Democratic Legitimacy and International Institutions, cit*.

sentimento tenha sido levado a sério como uma base de legitimidade são fundamentais.

2.1. Autoridade legítima.

A autoridade legítima envolve, ao menos, um poder moral para impor um conjunto de regras pelas quais há regulação de conduta. Essas regras podem ser simples funções. Elas podem ser as regras que conferem poder ou regras que especificam como as pessoas podem ligar-se umas às outras e podem, ainda, conferir permissões[10].

Normalmente, a autoridade legítima envolve o poder de impor todas essas três regras, mas a instituição de direitos sobre os demais é o caso mais central e o caso mais difícil da autoridade legítima, pois envolve a imposição de encargos relativos a pessoas ou grupos. A posse de um poder moral é um sentido mínimo em que uma pessoa ou grupo pode atestar que detém o direito de governar. Não fosse o bastante, o direito envolve, ainda, uma reivindicação por parte do governante à obediência dos governados, de forma que a obediência é devida ao próprio governante. Embora esta última relação se mantenha em alguns casos importantes, nem sempre é necessário que a autoridade seja legítima[11].

A análise das razões da obediência ao poder moral é fundamental, pois, de acordo com Chrsitiano[12], o sujeito tem uma razão independente de conteúdo para o cumprimento da determinação do governante. O indivíduo tem razão para dar cumprimento porque o governante tem uma faculdade moral para ordená-lo. Por isso, ele tem uma razão para obedecer.

A função de legitimidade da moral é ter um padrão moral público para a tomada de decisões quando há discordância entre os sujeitos. Os indivíduos têm razões morais para acatar a autoridade legítima, ainda quando não concordam com a decisão desta autoridade. Isso permite às sociedades perseguir fins morais básicos de uma forma coordenada, ainda quando há discordância[13].

---

[10] As condições de autoridade legítima podem ser melhor estudadas em: RAZ, Joseph, The Morality of Freedom (Oxford: Oxford University Press, 1986), 23-109.

[11] CHRISTIANO, Thomas, *Democratic Legitimacy and International Institutions, cit*, p. 125.

[12] CHRISTIANO, Thomas, *Democratic Legitimacy and International Institutions, cit*, p. 125.

[13] CHRISTIANO, Thomas, *Democratic Legitimacy and International Institutions, cit*, p. 127.

FILOSOFIA DO DIREITO INTERNACIONAL

Mas, como uma pessoa ou um grupo de pessoas pode adquirir tal poder? Há, no pensamento contemporâneo, três principais tipos de resposta para esta pergunta que não são, necessariamente, mutuamente excludentes. A primeira resposta é que uma pessoa ou grupo de pessoas adquire uma força moral[14] para impor padrões de conduta sobre outras pessoas apenas se estes têm consentido com a posse do poder moral por aquela. Os anuentes, assim, adquirem razões independentes de conteúdo para acatar as determinações. A segunda resposta é que o poder moral é de alguma forma constituído coletivamente por meio de uma assembleia democrática, caso em que as decisões democraticamente construídas devem ser cumpridas pelos sujeitos. O terceiro tipo de razão é puramente instrumental[15]: se uma determinada autoridade é razoavelmente justa e permite aos indivíduos agir melhor em conformidade com a razão, então esta autoridade tem um poder moral para impor regras sobre os seus súditos[16].

Christiano ressalta que o consentimento e a as concepções democráticas de legitimidade são distintos em duas maneiras. Além de um poder moral no decidir, uma reivindicação de direito ocorre com as pessoas a quem o respeito é devido. O consentimento estabelece certo pedido às pessoas sujeitas ao titular de que haja o cumprimento do consentimento. A concepção democrática, por sua vez, estabelece um direito de reivindicação na assembleia democrática para o cumprimento de direitos em prol de todos os membros da sociedade.

2.2. Consentimento, Legitimidade e Estado Democrático de Direito

Segundo Christiano, normalmente, o consentimento deve ser concedido voluntariamente, de forma que a pessoa ou grupo a quem foi concedido não deve tê-lo defraudado. Além disso, o consentimento deve ser acom-

---

[14] A ideia de força moral pressupõe, a partir de Hobbes, a força proveniente do princípio normativo de autointeresse racional, ou seja, uma força moralmente concebida, através do interesse racional da autopreservação. KINGSBURY, Benedict; STRAUMANN, Benjamin. *State of nature versus commercial sociability as the basis of international law in* BENSON, Samantha; TASIOULAS, John (orgs.) (2010). *The philosophy of international law*, p. 33-52.

[15] Razão instrumental esta que, discutida por tantos clássicos autores da filosofia, foi definida por Horkheimer "como a capacidade de calcular probabilidades e desse modo coordenar os meios corretos com um fim determinado". HORKHEIMER, Max. *Eclipse da Razão*. Rio de janeiro: Labor do Brasil, 1976.

[16] CHRISTIANO, Thomas, *Democratic Legitimacy and International Institutions, cit*, p. 127.

DEMOCRACIA COMO *ETHOS* NO DIREITO INTERNACIONAL

panhado de certas condições suplementares sob as quais o consentimento cria o poder moral[17].

Há três razões tradicionais para estipular o consentimento como um requisito para a configuração da autoridade legítima. A primeira é que, normalmente, uma pessoa tem moralmente a liberdade de fazer ou não fazer o tipo de coisas que, eventualmente, estão sob o escopo de uma autoridade. Ela pode fazê-lo ou não, e agir com base em seu próprio julgamento moral sobre a qualidade das ações em causa[18].

O consentimento para a autoridade é o que suspende essa liberdade moral, no sentido de que o consentimento deve agora cumprir com as determinações da autoridade, pelo simples fato de a autoridade assim determinar. O consentimento suspende essa liberdade moral de uma forma que seja compatível com a liberdade do consentimento, por isso, o requisito de consentimento protege a liberdade de pessoas[19].

A segunda razão perpassa pelo fato de que a exigência de consentimento protege a igualdade moral entre as pessoas. Ao contrário da relação entre pai e filho, a relação entre dois adultos é normalmente uma relação entre iguais, o que só o consentimento pode mudar, mas o consentimento faz isso preservando a igualdade básica[20].

Finalmente, a exigência de consentimento depende da possibilidade de recusa, bem como da finalização do consentimento, o que cria uma relação de responsabilização entre a autoridade e o suposto assunto[21].

A aplicação mais simples do consentimento para a autoridade legítima é a associação voluntária. Por exemplo, quando eu participo de um clube, adquiro uma razão para concordar com suas regras e, ainda, aceito o poder normativo da autoridade devidamente constituída nesse grupo. Quando é necessário o meu consentimento a essa autoridade e eu sou capaz de consentir, minha liberdade e igualdade, dessa forma, são preservadas. Este consentimento é, para Locke, o fundamento da autoridade legítima do Estado[22].

---

[17] CHRISTIANO, Thomas, *Democratic Legitimacy and International Institutions, cit*, p. 129.
[18] CHRISTIANO, Thomas, *Democratic Legitimacy and International Institutions, cit*, p. 130.
[19] CHRISTIANO, Thomas, *Democratic Legitimacy and International Institutions, cit*, p. 131.
[20] CHRISTIANO, Thomas, *Democratic Legitimacy and International Institutions, cit*, p. 132.
[21] CHRISTIANO, Thomas, *Democratic Legitimacy and International Institutions, cit*, p. 132.
[22] LOCKE, John. *Segundo Tratado Sobre o Governo*. 2.ed. Trad. E. Jacy Monteiro. São Paulo: Abril Cultural, 1978.

FILOSOFIA DO DIREITO INTERNACIONAL

Em um Estado democrático, a igualdade com os demais é preservada no processo democrático de tomada da decisão coletiva. Assim, o consentimento pode vir a não desempenhar nenhum papel, no caso de um Estado razoavelmente justo[23].

A ideia de consentimento estatal é um dos grandes fundamentos da concepção tradicional das obrigações jurídicas do direito internacional. O Estatuto da Corte Internacional de Justiça, por exemplo, enumera os tratados, os costumes e os princípios gerais de direito como as principais fontes de direito internacional (artigo 38)[24]. A obrigação de um tratado é fundamentada no consentimento dos Estados Partes deste tratado.

Thomas Christiano ressalta, ainda, que as interpretações dos tratados são geralmente baseadas em negociações que o precederam, bem como nos comportamentos subsequentes e nas declarações dos Estados-Partes. Além disso, a Convenção de Viena sobre o Direito dos Tratados afirma condições de validade do consentimento do Estado que são muito semelhantes com as condições habituais no consentimento individual válido para contratos (artigos 48-52)[25].

---

[23] RAZ, Joseph. *Human rights without foundations*. *In*: BESSON, Samantha; TASIOULAS, John (Orgs.). *The Philosophy of International Law*. Oxford: Oxford University, 2010.

[24] Estatuto do Tribunal Internacional de Justiça: Acesso em 13 de junho de 2015: http://www.planalto.gov.br/ccivil_03/decreto/1930-1949/d19841.htm

[Artigo] 38. 1. A Côrte, cuja função é decidir de acôrdo com o direito internacional as controvérsias que lhe forem submetidas, aplicará:

a) as convenções internacionais, quer gerais, quer especiais. que estabeleçam regras expressamente reconhecidas pelos Estados litigantes;

b) o costume internacional, como prova de uma prática geral aceita como sendo o direito;

c) os princípios gerais de direito reconhecidos pelas Nações civilizadas;

d) sob ressalva da disposição do art. 59, as decisões judiciárias e a doutrina dos publicistas mais qualificados das diferentes Nações, como meio auxiliar para a determinação das regras de direito.

2. A presente disposição não prejudicará a faculdade da Côrte de decidir uma questão *ex aeque et bano*, se as partes com isto concordarem.

[25] Convenção de Viena sobre o Direito dos Tratados: Acesso em 13 de junho de 2015: http://www.planalto.gov.br/ccivil_03/_Ato2007-2010/2009/Decreto/D7030.htm.

[Artigo] 48 - Erro

1. Um Estado pode invocar erro no tratado como tendo invalidado o seu consentimento em obrigar-se pelo tratado se o erro se referir a um fato ou situação que esse Estado supunha existir no momento em que o tratado foi concluído e que constituía uma base essencial de seu consentimento em obrigar-se pelo tratado.

Vale frisar, ainda, que os Estados podem adaptar as disposições de um tratado para seus interesses particulares, anexando reservas e entendimentos para a sua ratificação do tratado. Além disso, os tratados são aprovados em um sistema relativamente fragmentado, sujeitando-se ao consentimento em relação a cada qual de suas frações.

Todas essas características sugerem um grau justo de prestação de contas do direito internacional aos Estados através do processo de consentimento de cada Estado, que tem sido tradicionalmente concebido como moralmente válido em virtude da liberdade de escolha de participação ou não em um tratado.

Por outro lado, é impossível não deixar de notar que essas características também permitem enxergar na teoria de Christiano um possível resgate ao voluntarismo, com a atribuição de um caráter eminentemente humano ao Estado – enquanto figura capaz de tomar decisões e prestar consentimento – e não meramente representativa do resultado de um embate profícuo e contínuo de interesses.

[2.] O parágrafo 1 não se aplica se o referido Estado contribui para tal erro pela sua conduta ou se as circunstâncias foram tais que o Estado devia ter-se apercebido da possibilidade de erro.

[3.] Um erro relativo à redação do texto de um tratado não prejudicará sua validade; neste caso, aplicar-se-á o artigo 79.

Artigo 49 - Dolo

Se um Estado foi levado a concluir um tratado pela conduta fraudulenta de outro Estado negociador, o Estado pode invocar a fraude como tendo invalidado o seu consentimento em obrigar-se pelo tratado.

Artigo 50 - Corrupção de Representante de um Estado

Se a manifestação do consentimento de um Estado em obrigar-se por um tratado foi obtida por meio da corrupção de seu representante, pela ação direta ou indireta de outro Estado negociador, o Estado pode alegar tal corrupção como tendo invalidado o seu consentimento em obrigar-se pelo tratado.

Artigo 51 - Coação de Representante de um Estado

Não produzirá qualquer efeito jurídico a manifestação do consentimento de um Estado em obrigar-se por um tratado que tenha sido obtida pela coação de seu representante, por meio de atos ou ameaças dirigidas contra ele.

Artigo 52 - Coação de um Estado pela Ameaça ou Emprego da Força

É nulo um tratado cuja conclusão foi obtida pela ameaça ou o emprego da força em violação dos princípios de Direito Internacional incorporados na Carta das Nações Unidas.

FILOSOFIA DO DIREITO INTERNACIONAL

2.3. Legitimidade democrática a as Instituições Internacionais

Sustentada a relevância do consentimento na construção da legitimidade do direito internacional, Christiano passa a enfrentar quatro sérias objeções à ideia de que o consentimento do Estado pode fundamentar obrigações para com o direito internacional.

Se considerarmos os Estados democráticos como tendo legitimidade em relação aos seus cidadãos, então podemos pensar que o consentimento dos Estados democráticos aos tratados poderia concebivelmente chegar até os indivíduos, proporcionando-lhes razões independentes de conteúdo para concordar. A democracia foi pensada para ser uma base de legitimidade dos Estados sobre o fundamento de que obedecer às decisões de uma assembleia democrática dentro de certos limites moralmente definidos é imprescindível para o tratamento de seus concidadãos com igual respeito[26].

Assim, se combinarmos a doutrina do consentimento do Estado com a ideia da legitimidade democrática de Estados, então teremos uma concepção híbrida da legitimidade das instituições internacionais. A inclusão da democracia como condição para a validade do consentimento do Estado fortalece muito os fundamentos morais da doutrina do consentimento estatal para a legitimidade[27].

A abordagem de consentimento do Estado deve se iniciar a partir da observação de que nem toda a legislação internacional é criada por meio de tratados. Uma parte significativa do direito internacional consiste em direito internacional consuetudinário. E direito internacional consuetudinário é apenas fracamente[28] baseado no consentimento dos Estados. Uma regra de costume torna-se obrigatória em um Estado somente se o Estado não alegou oposição persistente a ela. Se ele tem afirmado tais objeções, a regra não lhe é obrigatória.

Um problema com o direito consuetudinário internacional, do ponto de vista da visão de consentimento do Estado, é que parece não haver uma forma unilateral para fugir à aplicação desse direito internacional, ao

---

[26] CHRISTIANO, Thomas, *Democratic Legitimacy and International Institutions, cit p.* 133.

[27] CHRISTIANO, Thomas, *Democratic Legitimacy and International Institutions, cit*, p. 134.

[28] Isso porque não depende de um consentimento expresso, mas sim da reiterada observância a determinado costume.

contrário de grande parte do direito convencional e isso implica em uma séria limitação para a versão individualista do consentimento do Estado[29].

Outra preocupação é que o sistema tem pouco em termos de recursos para restringir o poder dos Estados mais proeminentes. Os Estados podem ser coagidos se eles não conseguem oferecer uma razão suficiente para não participarem de um regime destinado a prosseguir um dos objetivos moralmente obrigatórios. Isso pode fornecer um controle sobre os Estados mais poderosos apenas em determinadas circunstâncias, por exemplo, quando há uma série de outros Estados poderosos dispostos a colocar pressão sobre o Estado recalcitrante. As consequências disso são que os Estados mais fracos são limitados enquanto os Estados mais poderosos não são[30].

John Locke argumentou que, quando um grupo de pessoas se reúne para formar um corpo político, implicitamente, este grupo concorda em tomar decisões subsequentes por algum método não unânime. Seus motivos para isso foram que um acordo unânime seria difícil de ser formado quando há uma grande quantidade de desacordo e, ademais, cada indivíduo tem consciência de que isso tornaria a sociedade política ineficaz[31].

Esta maioria, entretanto, não tem sido adotada para as associações que os Estados contemporâneos celebram. Eles permanecem fortemente comprometidos com algumas exceções ao consentimento do Estado, sendo a base de novas obrigações. O medo dos custos externos impostos por outros Estados parece compensar a preocupação de que a tomada de decisão consensual é muito lenta e pesada e ameaça minar a capacidade das organizações internacionais para resolver os principais problemas.

Para as instituições se tornarem legítimas, elas devem ter, ao menos, uma capacidade moderada para perseguir os objetivos que são moralmente obrigatórios ou que, no mínimo, não bloqueiam a execução de objetivos moralmente obrigatórios. Portanto, se a exigência de consentimento do Estado é demasiado difícil para a execução do objetivo moralmente obrigatório, ela deve ser de alguma forma substituída ou complementada por outras exigências[32].

Christiano defende, então, que podemos imaginar a concepção da legitimidade das instituições internacionais, ao longo do preenchimento de

---

[29] CHRISTIANO, Thomas, *Democratic Legitimacy and International Institutions, cit*, p. 136.

[30] CHRISTIANO, Thomas, *Democratic Legitimacy and International Institutions, cit*, p. 136.

[31] LOCKE, John. *Segundo Tratado Sobre o Governo, cit*, p. 95-96.

[32] CHRISTIANO, Thomas, *Democratic Legitimacy and International Institutions, cit*, p. 138.

FILOSOFIA DO DIREITO INTERNACIONAL

três etapas amplamente lockianas. As três etapas são formadas por uma primeira fase constitucional de *jus cogens*, normas e outros princípios gerais de direito – um sistema fortemente limitado de associação voluntária justa entre Estados democráticos e alguns princípios internos para o desenho de instituições internacionais. Instituições internacionais legítimas devem ser criadas através de um processo constitucionalmente restrito e fortemente limitado de consentimento estatal e eles devem satisfazer determinadas restrições internas, que lhes permitam prosseguir eficazmente os objetivos de uma forma amplamente igualitária. A segunda fase é constituída pelo processo fortemente limitado de consentimento estatal democraticamente justo. A terceira etapa, por fim, é formada por um conjunto de princípios para assegurar que as instituições internacionais que persigam objetivos moralmente obrigatórios sejam razoavelmente eficazes e justas em sua estrutura interna[33].

Dessa forma, pode-se atestar que Christiano defende, em suma, que o consentimento do Estado tem um papel importante a desempenhar dentro de uma concepção de vários estágios de como direito e as instituições internacionais devem ser construídas, mas não age isoladamente na construção do direito internacional, tendo em vista a necessidade não apenas deste se instituir de forma legítima, mas, da mesma forma, de ser conformado por instituições intrinsecamente democráticas.

A teoria de Christiano peca, primeiramente, ao isolar da ordem internacional os Estados que não sejam conformados por uma ordem democrática e, em segundo lugar, por, ao atribuir um caráter voluntarista à sua tese, afastar – o que é pior – os indivíduos destes Estados não democráticos da ordem jurídica internacional.

A democracia enquanto *ethos* do direito internacional não pode exigir, como pré-requisito para a admissão à ordem jurídica internacional, sejam os Estados formados democraticamente. Ela pretende que o *ethos*, ou seja, "a morada do homem", na ordem jurídica internacional seja a democracia. Para tanto, a ordem jurídica não pode pretender ser o *locus* de exclusão, mas sim da inclusão dos diversos Estados, com a conformação das vontades através de um procedimento.

Christiano, então, ao que tudo indica, falha na busca pela construção da legitimidade da ordem jurídica internacional ao desloca-la da demo-

---

[33] CHRISTIANO, Thomas, *Democratic Legitimacy and International Institutions, cit,* p. 138.

cracia enquanto *ethos* do direito internacional. Pettit, por outro lado, conforme se demonstrará no terceiro capítulo, parece enfrentar de uma forma melhor essa questão.

3. Instituições internacionais legítimas: uma perspectiva neorrepublicana

3.1. A legitimidade na matriz neorrepublicana.

Philip Pettit, professor irlandês radicado na *Princeton University* nos Estados Unidos, tornou-se renomado autor, sobretudo, em virtude de sua matriz neorrepublicana[34][35]. Por meio dessa corrente teórica, o autor questiona a submissão pessoal à vontade alheia, mormente em áreas da vida em que a intervenção do Estado nas escolhas pessoais poderia ser significativamente reduzida. A ideia central na teoria neorrepublicana é que o Estado, além de proteger os seus cidadãos da dominação privada, deve fazê-lo da mesma forma em relação à dominação do próprio "Leviatã"[36].

Em virtude disso, as teses formuladas por Pettit encontram-se, fatalmente, orbitando a volta dos três ideais máximos da tradição republicana: a igual liberdade dos cidadãos, as restrições constitucionais e a virtude coletiva da eterna vigilância do Estado pelos cidadãos, que, em conjunto, culminam na ideia de liberdade como não dominação[37].

Vale ter em mente, assim, que de acordo com a proposta de democracia de Pettit, o Estado se legitima quando concede a cada cidadão igual participação no sistema de controle popular sobre o governo. O conceito de liberdade proposto pelo autor de Princeton sugere que quando os cidadãos vivem sob um governo que não controlam, então, não vivem em liberdade[38].

A teoria republicana da legitimidade política, inevitavelmente, decorre dessa proposta de democracia. Ela defende que a legitimidade estaria fundamentada na ideia de interferência controlada segundo a qual enquanto as

---

[34] Fonte: http://www.princeton.edu/~ppettit/. Acesso em 06 de jun. de 2015.
[35] Ou Republicanismo Liberal, já que considera uma concepção inclusiva dos cidadãos da sociedade (todos adultos capazes) e não aquela concepção tradicional que considerava tão somente os machos dominantes (PETTIT, Philip. *Legitimate International Institutions: A Neo- -Republican Perspective cit*, p. 142).
[36] PETTIT, Philip. *Legitimate International Institutions: A Neo-Republican Perspective cit.*
[37] Idem.
[38] Idem.

FILOSOFIA DO DIREITO INTERNACIONAL

pessoas governadas pelo Estado controlarem a interferência praticada pelo governo, então elas não sofrerão dominação do Estado e poderão gozar de liberdade. Um Estado que é apropriadamente controlado se legitimaria no sentido de não exercer dominação sobre seu povo. O Estado, com efeito, praticaria interferência, mas somente interferiria nos termos do povo e não com a sua própria vontade ou ao seu bel prazer[39].

Em seu texto *Legitimate International Institutions: A Neo-Republican Perspective*, Pettit defende, assim como Thomas Christiano, que a legitimidade de uma ordem internacional requer o desenvolvimento de uma associação voluntária de estados representativos. Mas, diferentemente de Christiano, Pettit o faz a partir da ora exposta perspectiva neorrepublicana[40], iniciando, exatamente, com uma exposição sobre a sua tese da liberdade enquanto não dominação.

Segundo Pettit, a partir da perspectiva neorrepublicana, qualquer controle não deliberativo que afete a liberdade do indivíduo é identificado como dominação. Nesse contexto, o indivíduo será dominado por outros em determinada situação na medida em que estes tiverem o poder de interferir em sua escolha e tal poder não estiver sujeito ao seu próprio controle[41].

É dizer, se um indivíduo, deliberadamente, acata ou pede a ajuda de um amigo para lhe auxiliar no controle do consumo do cigarro e da bebida, essa ajuda não importa em dominação até o momento em que o indivíduo tem controle sobre a interferência de seu amigo em sua opção. Em suma, a liberdade em uma determinada escolha, a partir da visão neorrepublicana de Pettit, implica na ausência, por parte de terceiros, do poder arbitrário de interferência, mas não na ausência de interferência em si mesma[42].

Para tanto, se tratarmos da questão em escala individual, cada indivíduo deve ter recursos suficientes para não se submeter à dominação por outros agentes[43]. Esses recursos devem ser constituídos, ao menos, por poder financeiro, posição social e proteção jurídica. Além de deter esses

---

[39] Idem.

[40] PETTIT, Philip. *Legitimate International Institutions: A Neo-Republican Perspective cit*, p. 139.

[41] PETTIT, Philip. *Legitimate International Institutions: A Neo-Republican Perspective cit*, p. 141.

[42] PETTIT, Philip. *Legitimate International Institutions: A Neo-Republican Perspective cit*, p. 141.

[43] Abordando o tema sobre a perspectiva de Raz, Aleixo e Andrade explicam que: "se os direitos humanos protegem apenas o que é essencial para a capacidade e a condição humana, Raz dirá ser necessário encontrar um limiar para esses direitos na doutrina tradicional, sob pena de configurá-los como um domínio excepcional de normatividade, ou seja, merecedor de proteção mesmo que isso exija medidas excepcionais. Encontrar esse limiar somente será

DEMOCRACIA COMO *ETHOS* NO DIREITO INTERNACIONAL

recursos enquanto indivíduo, deve, da mesma forma, possuí-los enquanto grupo, de forma a evitar a influência de agentes como o Estado e corporações nacionais ou internacionais. Por fim, as entidades estatais utilizadas para essa distribuição de recursos não podem eles mesmos dominar um ou mais indivíduos[44].

Os dois primeiros requisitos são demandas por justiça, sendo o primeiro uma demanda por justiça interna, enquanto o segundo constitui uma clara demanda por justiça também em nível internacional. O terceiro requisito reflete um anseio por legitimidade. Em outros termos, ele exige que as entidades que promovem a justiça devem sempre operar em padrões adequados para alcançar este fim[45].

Essa demanda por legitimidade se fraciona em duas: nacional, que é assegurada pelo Estado, e internacional, assegurada pela ordem internacional. Quanto à legitimidade interna, ou nacional, o grande desafio se encontra em assegurar que o governo seja um garantidor da não-dominação por entidades privadas e não um dominador público, enquanto o problema da legitimidade internacional consiste em assegurar que o exercício do poder internacional para evitar a dominação de determinados grupos por outros não implique exatamente dominação[46].

3.2. A legitimidade em âmbito nacional

A partir do até então reconstruído, vê-se que, para Pettit, um Estado é considerado internamente legítimo à medida que exercita o seu papel de uma forma não dominadora. Na prática, isso implica em que o Estado deve atribuir aos cidadãos formas equânimes e efetivas de controle da sua atuação[47].

É inevitável perceber, portanto, que a teoria neorrepublicana não está preocupada, como aquela que outrora lhe permitiu a existência, com a perspectiva fundacional de um Estado. De fato, Pettit não atribui importância às teorias contratuais, segundo as quais o Estado foi o resultado de uma aceitação geral dos homens com a finalidade de se safarem do estado

---

possível se as pessoas não tiverem direito a tudo que pode ou vai melhorar a qualidade de vida" (2015, p. 16).

[44] PETTIT, Philip. *Legitimate International Institutions: A Neo-Republican Perspective cit*, p. 142.

[45] PETTIT, Philip. *Legitimate International Institutions: A Neo-Republican Perspective cit*, p. 143.

[46] PETTIT, Philip. *Legitimate International Institutions: A Neo-Republican Perspective cit*, p. 143.

[47] PETTIT, Philip. *Legitimate International Institutions: A Neo-Republican Perspective cit*, p. 144.

FILOSOFIA DO DIREITO INTERNACIONAL

de natureza[48]. O critério neorrepublicano da legitimidade interna repousa em uma perspectiva funcional: o Estado deve operar em uma base não arbitrária, concedendo aos seus cidadãos formas equânimes e efetivas de controle da sua atuação.

Dito controle, por sua vez, deve ser viabilizado, primeiramente, por uma influência popular sobre os agentes governamentais, de forma que os cidadãos sintam-se efetivamente representados[49]. Essa representação significa não apenas o exercício do poder por cidadãos eleitos para representar os seus eleitores, mas, da mesma forma, por procuradores dos anseios populares que agem em meios informais, como os ativistas de direitos humanos.

Em segundo lugar, dita influência deve ser canalizada e organizada, de forma que o governo se sinta pressionado a atender aos anseios da população como um todo, ou seja, governe nos termos do povo. Em outros termos, a influência deve servir para influenciar o governo na construção de sua agenda política, mas não como uma forma de imposição privilegiada e controlada de determinado ponto de vista[50].

Dessa forma, as políticas que se demonstrarem inconsistentes com as pretensões levantadas por essa organização de representantes (sejam eles eleitos ou procuradores) devem ser excluídas da agenda governamental, enquanto aquelas políticas que levarem em consideração as citadas pretensões devem ser implementadas por meio de um procedimento democrático, seja ele uma votação em um parlamento, um plebiscito ou um referendo[51].

3.3. A legitimidade em âmbito internacional

Sustentados os fundamentos para a construção da legitimidade da autoridade estatal em âmbito interno, há, então, condições suficientes para proceder à abordagem do contexto internacional. De fato, a discussão acerca da legitimidade nacional provê um modelo para a discussão da legitimidade internacional.

---

[48] Teorias estas classicamente defendidas por autores como Thomas Hobbes, John Locke e Jean-Jacques Rousseau.

[49] PETTIT, Philip. *Legitimate International Institutions: A Neo-Republican Perspective cit*, p. 146.

[50] PETTIT, Philip. *Legitimate International Institutions: A Neo-Republican Perspective cit*, p. 147.

[51] PETTIT, Philip. *Legitimate International Institutions: A Neo-Republican Perspective cit*, p. 150.

DEMOCRACIA COMO *ETHOS* NO DIREITO INTERNACIONAL

A ordem jurídica internacional, como é sabido, é conformada, sobretudo, por organizações internacionais e pelos Estados[52], sendo que aquelas estabelecidas por estes e organizadas sob o pano de fundo de um arcabouço jurídico ao menos minimamente compartilhado entre os Estados e consolidados, em regra, por meio de tratados.

Ocorre que essa estrutura que reivindica a legitimidade internacional culmina em dois problemas sem precedentes na construção da legitimidade em âmbito doméstico. São os problemas da *associação* e do *desequilíbrio*[53].

Segundo Pettit, assim como no nível nacional, a legitimidade internacional vai depender do quanto a ordem internacional é submetida a um controle efetivo e equanimemente compartilhado entre os membros dessa ordem. Ocorre que, no nível doméstico, há muito pouca ou nenhuma discussão acerca dos membros que constituem a ordem nacional. A associação na ordem nacional é formada, como já dito, por adultos capazes. Mas e em um nível internacional, quem deve formar essa associação: os indivíduos ou os Estados?[54]

Pettit ressalta, assim como Thomas Christiano[55], a dificuldade em se enxergar os indivíduos como participantes ativos na construção da legitimidade internacional, na forma como o são em nível nacional. De fato, a sociedade civil internacional, formada pelos observadores internacionais, está muito distante de demonstrar a força que a sociedade civil exerce sobre os governos internamente[56].

Um problema ainda maior para a tese segundo a qual os indivíduos seriam partes ativas na construção da legitimidade internacional é sugerido pelo fato de que se os indivíduos formam estados legítimos, constituídos e mantidos nos termos ora avençados, por que razão pretenderiam se submeter a uma ordem internacional?[57]

Pois bem, se devemos, então, desconsiderar os indivíduos enquanto partes ativas na construção da legitimidade internacional e se devemos seguir o mesmo modelo proposto por Pettit para a construção da legi-

---

[52] CASELLA, Paulo Borba; SILVA, G. E. do Nascimento; ACCIOLY, Hildebrando. *Manual de Direito Internacional Público*. 19. ed. São Paulo: Saraiva, 2011, p. 250.

[53] PETTIT, Philip. *Legitimate International Institutions: A Neo-Republican Perspective cit*, p. 152.

[54] PETTIT, Philip. *Legitimate International Institutions: A Neo-Republican Perspective cit*, p. 152.

[55] CHRISTIANO, Thomas, *Democratic Legitimacy and International Institutions, cit*, p. 134-135.

[56] PETTIT, Philip. *Legitimate International Institutions: A Neo-Republican Perspective cit*, p. 152.

[57] PETTIT, Philip. *Legitimate International Institutions: A Neo-Republican Perspective cit*, p. 153.

FILOSOFIA DO DIREITO INTERNACIONAL

timidade em nível doméstico, então podemos sustentar que uma ordem internacional será legítima à medida que seja efetiva e equanimemente controlada pelos Estados?

Este, *a priori*, não parece ser um caminho muito interessante, já que, entre os Estados que formam a ordem internacional, há aqueles que não têm um fundamento para exercer esse controle, já que não se constituem internamente de forma legítima, ou não têm condições de oferecer os meios adequados para a construção do controle desejado, ou mesmo são reconhecidos como opressores do seu próprio povo[58].

Poderíamos, então, afastar este problema concedendo o controle de forma efetiva e equânime a todos aqueles Estados legitimamente constituídos, mas, com efeito, isso implicaria em afastar as decisões internacionais daqueles indivíduos que vivem oprimidos por Estados instituídos de forma não legítima[59].

Mas, dessa forma, estaríamos, como fez Christiano, alocando a democracia não enquanto *ethos* do direito internacional, mas enquanto mero pré-requisito, que não implicaria em uma via de mão dupla na qual há contribuição do direito internacional ao Estado e do Estado ao direito internacional.

Pode-se concluir, portanto, que, idealmente, a legitimidade internacional reivindica o cumprimento de dois requisitos. Primeiramente, estabelecendo condições para que todos os povos possam formar Estados legítimos que, de fato, os representem enquanto povo e, em segundo lugar, criando uma ordem internacional efetiva e equanimemente controlada por estes Estados[60].

Dessa forma, poderíamos falar em participação dos indivíduos na forma como pretendia Rawls em seu "O direito dos povos", no qual ele defende que o indivíduo existe no sistema internacional quando o Estado no qual ele se insere é liberal, ou seja, preenche os requisitos para adquirir a legitimidade interna[61].

Na prática, entretanto, poucos Estados poderiam, atualmente, cumprir o primeiro requisito imposto tanto por Pettit quanto por Rawls. De

---

[58] PETTIT, Philip. *Legitimate International Institutions: A Neo-Republican Perspective cit*, p. 153.
[59] PETTIT, Philip. *Legitimate International Institutions: A Neo-Republican Perspective cit*, p. 153.
[60] PETTIT, Philip. *Legitimate International Institutions: A Neo-Republican Perspective cit*, p. 153.
[61] RAWLS, John. *O direito dos povos*. Trad. Luiz Carlos Borges. São Paulo: Martins Fontes, 2001, p. 38.

DEMOCRACIA COMO *ETHOS* NO DIREITO INTERNACIONAL

fato, como muito bem frisou Mirlir Cunha[62], em uma linguagem tipicamente rawlsiana, a ordem jurídica internacional não é conformada apenas por "povos liberais razoáveis" e por "povos decentes", razão pela qual, primeiramente, a teoria de Rawls se torna uma verdadeira "utopia realista" e, em segundo lugar, "devido às suas fortes raízes liberais, questiona-se se a ideia de tolerância aqui defendida por Rawls não se confundiria com um universalismo dessas mesmas bases liberais"[63].

Diante dessa realidade, Pettit defende que a melhor solução seria a inclusão dos demais Estados não formados por "povos liberais razoáveis" e "povos decentes", já que, no seu ponto de vista, a incorporação a uma ordem internacional pode fomentar a legitimidade interna. Com efeito, indiretamente, os Estados são compelidos a instituir determinadas práticas nacionais que permitem a legitimação do sistema interno de governo quando anuem com determinados tratados e princípios internacionais.

Não fosse o bastante, a própria inserção dos indivíduos na ordem internacional permite aos indivíduos de Estados ainda não legitimamente maduros recorrerem à própria ordem internacional[64] contra ações ilegítimas do seu próprio Estado[65].

Adotada essa perspectiva, pode-se afirmar, então, que a ordem internacional será legítima à medida que for construída para maximizar constantemente o número de indivíduos que vivem sob regimes domésticos legítimos, concedendo a todos os Estados legítimos efetivos e equânimes controles sobre as suas operações[66].

Mas há, ainda, o segundo problema outrora suscitado, relativo ao desequilíbrio ou à negociação assimétrica, como se refere Christiano[67], que começa, então, a se desenhar. Como será realizado este controle de forma

---

[62] CUNHA, Mirlir. *O pensamento de John Rawls sobre o Direito dos Povos*. Artigo apresentado na disciplina TEMAS DE FILOSOFIA DO DIREITO – FILOSOFIA DO DIREITO INTERNACIONAL: FUNDAMENTOS DA AUTORIDADE E SUAS INSTITUIÇÕES", ministrada pelos professores Dr. Fabrício Bertini Pasquot Polido e Dr. Thomas da Rosa Bustamante durante o 1º semestre de 2015 no Programa de Pós-graduação da Faculdade de Direito da UFMG, 2015.

[63] CUNHA, Mirlir. *O pensamento de John Rawls sobre o Direito dos Povos*, p. 07.

[64] Como foi na condenação do Estado brasileiro no caso *Gomes Lund*, julgado pela Corte Interamericana de Direitos Humanos, em virtude do cometimento de crimes contra a humanidade à época do Estado ditatorial.

[65] PETTIT, Philip. *Legitimate International Institutions: A Neo-Republican Perspective cit*, p. 155.

[66] PETTIT, Philip. *Legitimate International Institutions: A Neo-Republican Perspective cit*, p. 155.

[67] CHRISTIANO, Thomas, *Democratic Legitimacy and International Institutions, cit*, p. 126.

FILOSOFIA DO DIREITO INTERNACIONAL

equânime? Como se daria a distribuição do poder de polícia e organização das autoridades? Igualmente entre os Estados? Priorizando o poder dos países? Ou o tamanho da sua população? Seria possível afastar a influência desse poder[68]?

Primeiramente, para Pettit, deve-se partir do pressuposto que as organizações sejam estruturadas e ligadas de tal forma que elas se sintam forçadas a respeitar os termos que permitiram a associação de todas as partes sempre que proferirem uma decisão[69]. Para tanto, paralelamente às questões internas, os Estados deveriam, em um nível internacional, buscar construir uma agenda compatível com os interesses e a viabilidade dos instrumentos internacionais.

Ademais, ainda que se aceite que os Estados mais poderosos busquem alguma assimetria ou desequilíbrio das autoridades a seu favor, essas assimetrias não poderiam ser de tal grandeza que colocassem em xeque a imparcialidade das autoridades, já que a reputação de determinada organização depende, invariavelmente, de sua imparcialidade[70].

Não fosse o bastante, existe ainda a possibilidade de formação de coalisões entre Estados, de forma a buscarem interesses comuns em detrimento à assimetria em favor de determinado Estado mais poderoso[71].

Esse desenho institucional[72] ainda não se aproxima muito do ideal anteriormente suscitado, mas, sem sombra de dúvida, permite a atribuição de legitimidade à ordem jurídica internacional em construção em observância às condições fáticas impostas pela realidade que hoje se vive.

O ideal democrático, ou a ideia de democracia enquanto *ethos* do direito internacional, como mote e não como requisito, parece, com Pettit, ser melhor observado que na teoria de Christiano.

---

[68] PETTIT, Philip. *Legitimate International Institutions: A Neo-Republican Perspective cit*, p. 155.

[69] PETTIT, Philip. *Legitimate International Institutions: A Neo-Republican Perspective cit*, p. 158.

[70] PETTIT, Philip. *Legitimate International Institutions: A Neo-Republican Perspective cit*, p. 159.

[71] PETTIT, Philip. *Legitimate International Institutions: A Neo-Republican Perspective cit*, p. 159.

[72] Que em muito se assemelha à ideia de aderência ou da saliência de Dworkin, que, segundo Moura e Enriquez, "consiste na ideia de que quando há uma alta representação de Estados que concordam e desenvolvem um código de práticas, surge uma obrigação, ainda que *prima facie*, dos outros Estados de aderirem a esse código de práticas, pois não só promove a legitimidade interna do Estado, mas também do Direito Internacional. Logo, o que propõe o autor é exatamente um sistema baseado na representação que culmina em um efeito cascata, a fim de que as nações respeitem e reforcem a aplicação desses princípios, diante de uma força moral gravitacional" (2015, p. 13).

DEMOCRACIA COMO *ETHOS* NO DIREITO INTERNACIONAL

De fato, a teoria de Pettit, à semelhança do que procurou fazer Dworkin em *A New Philosophy for International Law*[73], busca construir não apenas a legitimidade da ordem jurídica internacional, mas conceder a ela um caráter eminentemente democrático.

4. Considerações finais

"Existem somente os indivíduos: tudo o mais – as nações e as classes sociais – é mera comodidade intelectual"[74], disse, em determinada oportunidade, Jorge Luis Borges. Esse pensamento do autor argentino seria, em sua crueza, provavelmente abominado por teóricos do direito internacional e por filósofos políticos, que defendem, em regra, a relevância preponderante do Estado no cenário internacional, em detrimento à figura do indivíduo.

Philip Pettit, entretanto, inverteu a lógica de grande parte da doutrina internacionalista e, a partir da filosofia política, se aproximou do pensamento de Borges, ainda que sem compartilhar, em momento algum, do seu anarquismo.

Pettit e Christiano, assim como a grande parte da doutrina internacionalista, defenderam a tese de que a construção da legitimidade da autoridade internacional depende, assim como em nível doméstico, do consentimento. Mas esse consentimento, que, em nível internacional, representativamente deve ser prestado pelo Estado, deve sê-lo feito de forma a refletir e fomentar o caráter inafastavelmente democrático desse Estado.

De fato, Christiano e Pettit demonstraram que o caráter democrático do Estado deveria ser condição de possibilidade para que pudesse prestar o seu consentimento na construção da ordem jurídica internacional. Demonstraram, ainda, que esse caráter democrático imprescindiria da adoção de formas de controle da gestão pública que culminassem na satisfação da liberdade enquanto não dominação.

Mas como não se satisfez com uma teoria meramente ideal, Pettit, superando Christiano, propôs fossem legitimados a prestar o seu consentimento, da mesma forma, os Estados que não atingissem aquela desejável condição de possibilidade, justamente porque a sua participação na ordem

---

[73] DWORKIN, Ronald. *A New Philosophy for International Law*. Wiley Periodicals, Inc. *Philosophy and Public Affairs*. V. 41, n.1, 2013.

[74] BORGES, Jorge Luis. *Revista Siete Días*. Buenos Aires, 23 de abril de 1973, ano VI, n. 310, pp. 55-59.

FILOSOFIA DO DIREITO INTERNACIONAL

jurídica internacional inequivocamente fomenta o implemento futuro dessa condição.

De fato, Pettit tomou em consideração que a democracia, enquanto *ethos* do direito internacional, exige não que a ordem jurídica internacional seja formada apenas por Estados democraticamente constituídos, mas que seja formada de maneira democrática e que, ademais, incite os Estados não democraticamente constituídos a se submeterem a um regime democrático.

Se não pretendeu ser anarquista como Borges e se dedicar unicamente aos indivíduos, a teoria ora reconstruída de Pettit, melhor que a teoria de Christiano, no marco da democracia como *ethos* do direito internacional, procurou explicitamente reintroduzir o indivíduo no cenário jurídico internacional e atribuir a eles – ou a nós – a oportunidade tanto de tutelar o consentimento estatal em nível internacional, quanto de fomentar a democracia em nível nacional por meio dos instrumentos oferecidos pelo direito internacional.

5. Referências

Livros e artigos

ALEIXO, Letícia Soares Peixoto; ANDRADE, Pedro Gustavo Gomes. *Fundamentos da autoridade do Direito Internacional: os Direitos Humanos*. Artigo apresentado na disciplina TEMAS DE FILOSOFIA DO DIREITO – FILOSOFIA DO DIREITO INTERNACIONAL: FUNDAMENTOS DA AUTORIDADE E SUAS INSTITUIÇÕES", ministrada pelos professores Dr. Fabrício Bertini Pasquot Polido e Dr. Thomas da Rosa Bustamante durante o 1º semestre de 2015 no Programa de Pós-graduação da Faculdade de Direito da UFMG.

BORGES, Jorge Luis. *Revista Siete Días*. Buenos Aires, 23 de abril de 1973, ano VI, n. 310, pp. 55-59.

CANÇADO TRINDADE, Antônio Augusto. *Os Tribunais Internacionais Contemporâneos e a Busca da Realização do Ideal da Justiça Internacional*. Rev. Fac. Direito UFMG, Belo Horizonte, n. 57, p. 37-68, jul./dez. 2010.

CASELLA, Paulo Borba; SILVA, G. E. do Nascimento; ACCIOLY, Hildebrando. Manual de Direito Internacional Público. 19. ed. São Paulo: Saraiva, 2011.

CHRISTIANO, Thomas. *Democratic Legitimacy and International Institutions, in* BENSON,

DEMOCRACIA COMO *ETHOS* NO DIREITO INTERNACIONAL

Samantha; TASIOULAS, John (orgs.) (2010). The philosophy of internacional law, p. 119-138.

CUNHA, Mirlir. *O pensamento de John Rawls sobre o Direito dos Povos*. Artigo apresentado na disciplina TEMAS DE FILOSOFIA DO DIREITO – FILOSOFIA DO DIREITO INTERNACIONAL: FUNDAMENTOS DA AUTORIDADE E SUAS INSTITUIÇÕES", ministrada pelos professores Dr. Fabrício Bertini Pasquot Polido e Dr. Thomas da Rosa Bustamante durante o 1º semestre de 2015 no Programa de Pós-graduação da Faculdade de Direito da UFMG.

DWORKIN, Ronald. *A New Philosophy for International Law*. Wiley Periodicals, Inc. Philosophy and Public Affairs. V. 41, n.1, 2013.

HORKHEIMER, Max. Eclipse da Razão. Rio de janeiro: Labor do Brasil, 1976.

KELSEN, Hans. Teoria pura do Direito. 8ª edição. São Paulo. Editora WMF Martins Fontes, 2009.

KINGSBURY, Benedict; STRAUMANN, Benjamin. *State of nature versus commercial sociability as the basis of international law in* BENSON, Samantha; TASIOULAS, John (orgs.) (2010). *The filosophy of international law*, p. 33-52.

LOCKE, John. *Segundo Tratado Sobre o Governo*. 2.ed. Trad. E. Jacy Monteiro. São Paulo: Abril Cultural, 1978.

MOURA, Gregore Moreira; ENRIQUEZ, Igor de Carvalho. *A filosofia do Direito Internacional não escrita por Ronald Dworkin*. Artigo apresentado na disciplina TEMAS DE FILOSOFIA DO DIREITO – FILOSOFIA DO DIREITO INTERNACIONAL: FUNDAMENTOS DA AUTORIDADE E SUAS INSTITUIÇÕES", ministrada pelos professores Dr. Fabrício Bertini Pasquot Polido e Dr. Thomas da Rosa Bustamante durante o 1º semestre de 2015 no Programa de Pós-graduação da Faculdade de Direito da UFMG.

PETTIT, Philip. *Legitimate International Institutions: A Neo-Republican Perspective, in* BENSON, Samantha; TASIOULAS, John (orgs.) (2010). The filosophy of international law, p. 139-161.

PETTIT, Philip. *On the People's Terms. A Republican Theory and Model of Democracy*. New York: Cambridge University Press, 2012.

RAWLS, John. *O direito dos povos*. Trad. Luiz Carlos Borges. São Paulo: Martins Fontes, 2001.

RAZ, Joseph. *The Morality of Freedom*. Oxford: Oxford University Press, 1986.

RAZ, Joseph. *Human rights without foundations*. In: BESSON, Samantha; TASSIOULAS,

FILOSOFIA DO DIREITO INTERNACIONAL

John (Orgs.). The Philosophy of International Law. Oxford: Oxford University, 2010.

VARELLA, Marcelo Dias. *Efetividade do Órgão de Solução de Controvérsias da Organização Mundial do Comércio: uma análise sobre os seus doze primeiros anos de existência e das propostas para seu aperfeiçoamento*. Rev. bras. polít. int. vol.52 no.2 Brasília July/Dec. 2009.

Websites

Convenção de Viena sobre o Direito dos Tratados: Acesso em 13 de junho de 2015:
http://www.planalto.gov.br/ccivil_03/_Ato2007-2010/2009/Decreto/D7030.htm

Estatuto da Corte Internacional de Justiça: Acesso em 13 de junho de 2015:
http://www.planalto.gov.br/ccivil_03/decreto/1930-1949/d19841.htm

Philip Pettit's Web Page: Acesso em 06 de junho de 2015:
http://www.princeton.edu/~ppettit/.

CAPÍTULO 9

AS ORIGENS DOS DIREITOS DAS MINORIAS E OS LIMITES DO DIREITO À AUTODETERMINAÇÃO DOS POVOS

HUMBERTO ALVES DE VASCONCELOS LIMA
E LEONEL EUSTÁQUIO MENDES LISBOA

> "[...] o conceito político mais dinâmico do século XX. A noção de que grupos nacionais ou étnicos são titulares de 'autodeterminação' transformou tanto a cartografia quanto a sensibilidade política do mundo".
> (Thomas Franck)[1]

1. Introdução

O princípio da autodeterminação no Direito Internacional comporta duas acepções. A primeira seria a **autodeterminação territorial**, que sugere uma noção de independência, no sentido de que o povo de determinado Estado possui a liberdade de escolher e realizar sua estrutura política e

---

[1] "[...] *the most dynamic political concept of the twentieth century. The notion that national or ethnic groups are entitled to 'self-determination' has transformed both the world's cartography and political sensibility*". FRANCK, Thomas M. *The Power of Legitimacy among Nations*. Oxford: Oxford University Press, 1990. p. 154.

FILOSOFIA DO DIREITO INTERNACIONAL

constitucional sem sofrer ingerências externas.[2] Como se observa, trata-se da **dimensão política** da autodeterminação que, segundo Martti Koskenniemi, atua como justificação para uma ordem internacional centrada no Estado.[3] É a antítese da intervenção; uma concepção mais próxima do que parecem propor os dispositivos convencionais que mencionam o princípio. Na Carta da Organização das Nações Unidas (ONU), a autodeterminação, juntamente com a igualdade, é um valor exaltado como base para o desenvolvimento de relações pacíficas e amistosas entre as nações (art. 1, item 2 e art. 55).[4] Já o Pacto Internacional de Direitos Civis e Políticos em seu artigo 1º, item 1, posiciona o princípio da autodeterminação como fundamento para a liberdade de escolhas políticas e condição para o desenvolvimento econômico, social e cultural.[5]

Um segundo sentido para o princípio é o de autodeterminação baseada na identidade, que seria aquela invocada por grupos sociais minoritários que se distinguem de outros grupos no interior de um mesmo Estado por estarem atrelados por um *idem sentire*, qualificado por critérios étnicos, culturais, religiosos e/ou linguísticos.[6] É a dimensão cultural da autodeterminação; o tipo de valor que moveria pretensões separatistas como a

[2] WALDRON, Jeremy. *Two Concepts of Self-Determination. In* BESSON, Samantha; TASIOULAS, John (Org.). *The Philosophy of International Law.* Oxford: Oxford University Press, 2010.p. 397. *"In its moderate and widely accepted form, self-determination simply means that the people of a country have the right to work out their own constitutional and political arrangements without interference from the outside".*

[3] KOSKENNIEMI, Martti. *National Self-Determination Today: Problems of Legal Theory and Practice. International and Comparative Law Quarterly,* v. 43, 1994. p. 245. "[...] *in the first place, national self-determination acts as a justification of a State-centered international order".*

[4] Art. 1, item 2, Carta da ONU: "Os propósitos das Nações Unidas são: (...) Desenvolver relações amistosas entre as nações, baseadas no respeito ao princípio de igualdade de direitos e de **autodeterminação** dos povos, e tomar outras medidas apropriadas ao fortalecimento da paz universal"; Art. 55, Carta da ONU: "Com o fim de criar condições de estabilidade e bem estar, necessárias às relações pacíficas e amistosas entre as Nações, baseadas no respeito ao princípio da igualdade de direitos e da **autodeterminação** dos povos, as Nações Unidas favorecerão..." [g.n.].

[5] Art. 1º, item 1, Pacto Internacional de Direitos Civis e Políticos: "Todos os povos têm direito à autodeterminação. Em virtude desse direito, determinam livremente seu estatuto político e asseguram livremente seu desenvolvimento econômico, social e cultural".

[6] Tradução livre de: *"I shall call this the* identity-based *conception of self-determination. It no longer correlates tidily with existing territorial boundaries. A people may exist as a minority in a given country, and the persons who compose that people may think of themselves as having an identity that distinguishes them from other inhabitants of the country where they live".* WALDRON, J. *op. cit.* p. 398.

AS ORIGENS DOS DIREITOS DAS MINORIAS

dos catalães na Espanha, os curdos do Irã, Iraque e Síria, ou a verificada na província de *Québec*, no Canadá. Esse outro sentido da autodeterminação, segundo Martti Koskenniemi, contrasta com sua acepção territorial, na medida em que, "longe de suportar as estruturas formais da condição de ser Estado [*statehood*], oferece um desafio a elas".[7]

A autodeterminação territorial como expressão de liberdade política de um Estado é um princípio essencial de uma ordem pós-colonial[8] e atualmente reconhecido como fonte de obrigações *erga omnes*[9]. Mesmo em um contexto de globalização e intensificação do movimento de circulação de mercadorias, trabalhadores, capital, serviços e outras formas de relações transnacionais, noções como as de fronteiras, território e soberania ainda ocupam uma posição central na Política e no Direito Internacional[10].

Não obstante, a ONU reconhece que 16 territórios ainda não possuem autonomia política[11] ("colonialismo residual"), e convivem com o exer-

---

[7] KOSKENNIEMI, M. *National Self-Determination Today: Problems of Legal Theory and Practice.* cit. p. 246. "*But of course there is another sense of national self-determination which far from supporting the formal structures of statehood provides a challenge to them*".

[8] A Declaração sobre a Concessão da Independência aos Países e Povos Coloniais (Resolução 1514 XV da Assembleia Geral da ONU, 1960), afirma em seu artigo 2: "Todos os povos têm o direito à autodeterminação; em virtude deste direito, podem determinar livremente o seu estatuto político e prosseguir livremente o seu desenvolvimento econômico, social e cultural", texto que foi repetido no Pacto Internacional de Direitos Civis e Políticos de 1966.

[9] No caso Timor leste (Portugal v. Austrália), a Corte Internacional de Justiça afirmou o caráter *erga omnes* do princípio da autodeterminação: "*In the Court's view, Portugal's assertion that the right of peoples to self-determination, as it evolved from the Charter of the United Nations and from United Nations practice, has an erga omnes character, is irreproachable. The principle of self-determination of peoples has been recognized by the Charter and in the jurisprudence of the Court; it is one of the essential principles of contemporary international law*". INTERNATIONAL COURT OF JUSTICE. *Summaries of Judgments. Case Concerning East Timor (Portugal v. Australia)*, 1995. p. 78. Disponível em: <http://www.icj-cij.org/docket/files/84/6951.pdf> Acesso em: 06 maio de 2015. O Timor Leste foi o último Estado a alcançar a independência, no ano de 2002, em relação à Indonésia, que ocupou a ilha militarmente a partir de 1975.

[10] Depois de observar que mudanças tecnológicas e econômicas, bem assim o surgimento das modernas organizações internacionais, contribuíram para um cenário de interdependência e de interesses transnacionais, Malcolm Shaw faz o alerta de que "[...] *one should not exaggerate the effects upon international law doctrine today of such trends. Territorial sovereignty remains as a key concept in international law*". Cf. SHAW, Malcolm N. *International Law.* Cambridge University Press, 6 ed., 2008. p. 488.

[11] São eles: Saara Ocidental, Anguilla, Bermudas, Ilhas Virgens Britânicas, Ilhas Caiman, Ilhas Falkland, Montserrat, Santa Helena, Ilhas Turks and Caicos, Ilhas Virgens Americanas, Gibraltar, Samoa Americana, Polinésia Francesa, Ilhas Guam, Nova Caledônia, Ilhas Pitcairn,

FILOSOFIA DO DIREITO INTERNACIONAL

cício da autoridade do Estado administrador, o que não significa necessariamente algo ilegítimo. Como explica John Quintero, a Organização fomenta outras formas de respeito à autodeterminação além da independência, especialmente por meios de integração e associação com o Estado administrador, que poderia exercer um papel importante no auxílio ao desenvolvimento econômico e social do território com um progressivo acréscimo à sua autonomia política.[12] Obviamente, tal modelo só seria legítimo se baseado em um genuíno acordo mútuo.

Por outro lado, a *autodeterminação baseada na identidade* é uma noção mais fluida, exatamente por se construir sobre aspirações culturais de um grupo social. Ao contrário da dimensão política da autodeterminação, que pode ser facilmente vinculada aos territórios já delineados – ainda que complexidades possam surgir com problemas relacionados a reconhecimento de Estados ou disputas fronteiriças – a acepção cultural do princípio tem que lidar com o desafio de identificar grupos sobre critérios subjetivos. Há, com efeito, grave insegurança a nível político, judicial e acadêmico a respeito da real existência e, caso afirmada, do exato conteúdo do princípio da autodeterminação para além de sua concepção meramente territorial. Como reconheceu James Crawford:

> (...) como quase todos irão concordar, autodeterminação é também *lex obscura*. Não está muito claro para ninguém o que isso significa, ao menos fora do contexto colonial. Existem grandes incertezas sobre sua interpretação e aplicação, incertezas essas que parecem atingir o coração da própria noção de autodeterminação. Mas como podem as duas coexistirem? Como pode existir um conceito jurídico, um direito, no mínimo, que geralmente se admite existir quando ninguém sabe o que significa?[13]

Toquelau. Cf. UNITED NATIONS. The United Nations and Decolonization. *Non-Self-Governing Territories*. Disponível em: <http://www.un.org/en/decolonization/nonselfgovterritories.shtml> Acesso em: 6 maio 2015.

[12] QUINTERO, John. *United Nations University. Residual Colonialism in the 21st Century*. Disponível em: <http://unu.edu/publications/articles/residual-colonialism-in-the-21st-century.html> Acesso em: 11 maio 2015.

[13] *"(...) as almost would agree, self-determination is also lex obscura. No one is very clear as to what it means, at least outside the colonial context. There are major uncertainties about its interpretation and application, uncertainties which seems to go to the heart of the notion of self-determination itself. But how can the two coexist? How can there be a legal concept, a right no less, which is generally admitted to*

AS ORIGENS DOS DIREITOS DAS MINORIAS

Seja como for, qualquer interpretação que se busque extrair do princípio deverá lidar com as implicações políticas decorrentes da acomodação dos interesses de grupos minoritários, que podem variar de pretensões moderadas de autonomia a reivindicações mais extremas pela secessão territorial. A dificuldade de se estabelecer critérios seguros para definir se e sob quais condições um grupo minoritário pode se separar de um Estado – seja para se integrar a outro ou mesmo se constituir em um novo Estado[14] – ou então usufruir de maior autonomia política sem que disso resulte a secessão, é o desafio central do princípio da autodeterminação. Em outros termos, a problemática que envolve o princípio consiste em saber se há, segundo o Direito Internacional, um direito subjetivo de grupos minoritários à autodeterminação com fundamento na identidade e, caso afirmativo, quais critérios balizam o exercício desse direito.

2. Conceitos de minorias no Direito Internacional

2.1. Contextualização do momento histórico e da noção de minoria

Com o ocaso da URSS surge espaço político-pragmático para o desenvolvimento — tanto no campo teórico como no campo das articulações políticas — de concepções mais concretas de minorias e de seus direitos. Mesmo já havendo sido ventiladas estas ideias com alguma estruturação ao fim da Primeira e da Segunda Guerra Mundial, a concretização dos conceitos de minorias e dos debates em torno de suas implicações não tinha espaço num ambiente de polarização e manipulação política tão forte como o da Guerra Fria. Afinal, inúmeras são as experiências históricas em que uma potência inimiga favorece e fortalece a articulação de um grupo interno minoritário e contra-hegemônico no território de um Estado inimigo ou estrategicamente necessário, a fim de por em xeque sua estabilidade polí-

---

exist when no one knows what it means?" CRAWFORD, James. *The Right of Self-Determination in International Law: Its Development and Future. In* ALSTON, Philip (org.). *Peoples' Rights.* Oxford: Oxford University Press, 2001. p. 10.

[14] Obviamente, saber se um novo Estado formado através de secessão territorial irá ser ou não reconhecido é uma questão política do domínio de discricionariedade dos demais Estados.

FILOSOFIA DO DIREITO INTERNACIONAL

tica e governabilidade, por meio da valorização de pretensões de autonomia deste grupo minoritário.[15]

Com a queda de um dos polos contendores da geopolítica internacional, dois são os principais motivos que propiciam a discussão dos direitos de minorias: (i) menores riscos de que valorização política de minorias nos Estados da Europa Ocidental implique em infiltração ou o fortalecimento de valores soviético-comunistas nestes Estados, podendo-se assim abrir o diálogo requerido por tais grupos e (ii) a janela de oportunidade para as potências ocidentais de influenciar diretamente a reestruturação política dos países da Europa do Leste, antes sobre a órbita de influência soviética.

Isso considerado, a partir de 1989 intensifica-se a elaboração de teorias da filosofia política, com viés pragmático, a fim de melhor compreender este fenômeno e dimensionar a forma de lidar com as pretensões de direitos destes grupos[16], como é o caso do "multiculturalismo liberal"[17].

Cabe ainda, antes de adentrar nas implicações teóricas desta corrente, fixar um conceito de etnia a ser utilizado neste artigo a fim de evitar repetições e ambiguidades. O conceito adotado neste artigo é utilizado pelos antropólogos James Peoples and Garrick Bailey:

> Em essência, um grupo étnico é uma distinta categoria social de pessoas baseada em percepções de experiência social compartilhada ou descendência. Os membros do grupo étnico veem a si mesmos compartilhando tradições culturais e história que os distinguem dos demais grupos. A identidade do grupo étnico tem um forte componente psicológico ou emocional que divide os povos entre categorias opostas de "nós" e "eles". Em contraste com a estratificação social, que divide e une as pessoas de acordo com uma série de eixos hori-

---

[15] KYMLICKA, Will. *Minority Rights in Political Philosophy and International Law*. In: BESSON, Samantha; TASIOULAS, John. (Eds.). *The Philosophy of International Law*. 1. ed. New York: Oxford University Press, 2010. p. 379.

[16] KYMLICKA, Will. *Minority Rights in Political Philosophy and International Law*, p. 380.

[17] Dentre as diversas denominações como "multiculturalismo", "cidadania diferenciada", "reconhecimento político", "direitos de grupo", "culturalismo liberal" e "integração pluralista", neste artigo será adotada a denominação "multiculturalismo liberal" para tratar, de forma geral, destas teorias uma vez que todas elas tratam to reconhecimento e da acomodação de minorias etnoculturais, de forma, em maior ou menor grau, consistente com as teorias do liberalismo democrático, da mesma forma que Will Kymlicka, em seu artigo no livro de Besson e Tasioulas.

AS ORIGENS DOS DIREITOS DAS MINORIAS

zontais sobre a base de fatores socioeconômicos, identidades étnicas dividem e unem as pessoas de acordo com uma série de eixos verticais. Logo, grupos étnicos, ao menos em teoria, atravessam as diferenças de classes socioeconômicas, englobando pessoas de todos os estratos da população.[18]

Portanto, etnia ou grupo étnico, para os fins deste artigo, é o grupo humano que se percebe distinto dos outros grupos humanos por uma ou mais características de natureza cultural ou biológica, ou ambas, reais ou imaginárias, e no qual os indivíduos que dele fazem parte se percebem como semelhantes entre si com base nessas mesmas categorias.

Por outro lado, embora a terminologia "minoria" possa sugerir uma quantidade menor de pessoas, e não raro, o grupo minoritário é, do ponto de vista populacional, menor que o grupo majoritário ou que o conjunto dos grupos majoritários, tal conceito refere-se a uma *posição minoritária de poder*, seja no campo econômico, político, social ou cultural, seja ainda por razões de identidade religiosa, de gênero, étnica, etc., e não apenas uma quantidade reduzida de pessoas.

Logo, os conceitos de minoria e etnia/grupo étnico não se confundem, visto que existem grupos minoritários sem identificação étnica e grupos étnicos majoritários.

2.2. Emersão das teorias de multiculturalismo liberal

As principais teorias do multiculturalismo liberal e as primeiras normas de direito internacional das minorias emergem concomitantemente no último quarto do século XX. Naquele período havia forte debate entre comunitaristas e liberais especialmente nos círculos anglo-americanos da filoso-

---

[18] *"In essence, an ethnic group is a named social category of people based on perceptions of shared social experience or ancestry. Members of the ethnic group see themselves as sharing cultural traditions and history that distinguish them from other groups. Ethnic group identity has a strong psychological or emotional component that divides the people of the world into opposing categories of "us" and "them." In contrast to social stratification, which divides and unifies people along a series of horizontal axes on the basis of socioeconomic factors, ethnic identities divide and unify people along a series of vertical axes. Thus, ethnic groups, at least theoretically, cut across socioeconomic class differences, drawing members from all strata of the population".* PEOPLES, James; BAILEY, Garrick (2010). *Humanity: An Introduction to Cultural Anthropology*, 9 ed. Wadsworth Cengage Learning. p. 389.

FILOSOFIA DO DIREITO INTERNACIONAL

fia política. A posição comunitarista em relação aos direitos de minorias focava-se especialmente no papel da cultura como elemento constitutivo das identidades individuais e de grupos e nos direitos à manutenção das formas de vida tradicionais de cada grupo, sua língua, práticas tradicionais e valores próprios. Em sua crítica aos liberais, os comunitaristas apontavam o elemento teórico da atomicidade individual como o principal que poria os grupos minoritários sobre permanente risco de violação e constante pressão de assimilação.

Por sua vez, os liberais apontavam a necessidade de se interpretar os sistemas sociais do ponto de vista do indivíduo e sua fundamental liberdade, mas passaram, com o debate, a incorporar como legítimas as preocupações dos comunitaristas com os direitos dos grupos minoritários a autonomia politico-jurídica. Contudo, a principal crítica dos liberais aos comunitaristas era o risco de que ao dar autonomia jurídica a grupos minoritários poder-se-ia justificar ou mesmo fomentar a capacidade destes grupos de imporem normas a seus membros contra a livre vontade deles.

Toma corpo, por consequência desse debate, o multiculturalismo liberal incorporando o direito de relativa autonomia de determinados grupos em relação à coletividade nacional, mas com atenção central também em garantir aos indivíduos internos ao grupo minoritário o acesso à coletividade nacional e a proteção contra a violação de suas liberdades individuais pelo grupo minoritário no qual se inserem.

Diferentemente do processo retromencionado de amadurecimento teórico, a emersão dos direitos de minorias no Direito Internacional depende bastante da conjuntura da política e das relações internacionais no mesmo período.

Contudo, no leste europeu, após o ocaso soviético, uma vez retirado o represamento político para questões de autonomia, diversas realidades semelhantes passaram a ter viabilidade ou possibilidade de viabilidade de modificação.

Diante do abalo político-institucional sofrido nestes países e da tensão entre grupos étnicos verifica-se a necessidade dos Estados de darem resposta concreta e jurídica que de alguma forma impedisse um descarrilamento deste processo de reconhecimento de diversidades em conflitos de fundo étnico e genocídios, como ocorreu na ex-Iugoslávia, entre outros[19].

[19] KYMLICKA, Will. *Minority Rights in Political Philosophy and International Law*, p. 385.

AS ORIGENS DOS DIREITOS DAS MINORIAS

Era patente a necessidade de um modelo jurídico capaz de superar as deficiências que o "Estado unitário homogênio" (ou o "Estado soberano nacional")[20] apresentava em relação aos grupos minoritários sub-nacionais.

2.3. Diferentes conceitos de minorias

A fim de interpretar as deficiências conceituais e pragmáticas do Estado nação é necessário analisar as demandas e necessidades das minorias que desafiavam e desafiam esse modelo político-jurídico.

2.3.1. "Antigas" e "novas minorias"

Há uma diferenciação de marcante importância teórica, política e histórica das lutas por direitos de minorias, qual seja, a distinção entre "antigas minorias" e "novas minorias". Exemplos das primeiras seriam (i) as minorias nacionais propriamente ditas, como na hipótese dos Estados A e B, e (ii) os povos indígenas e das últimas seriam (i) os imigrantes, (ii) os refugiados, e (iii) os deslocados.

As novas minorias seriam aquelas posteriores ao estabelecimento e consolidação do próprio Estrado no qual se localiza a população a que se refere ou à sua definição de limites territoriais. Caracterizada pela forte conexão com os valores, cultura, língua, bem como fluxos político-econômicos relativamente recentes que mantêm os indivíduos daquele grupo mais ligados uns aos outros e à sua nação de origem que aos demais cidadãos do Estado onde se encontram e mesmo ao Estado propriamente dito.

Em outras palavras, grupos neste artigo chamados de "novas minorias" são aqueles que chegaram "recentemente" ao Estado no qual atualmente residem. Esta sua relativa novidade diz respeito a algumas décadas ou algumas gerações, conforme o caso concreto. A razão fundamental de identificação entre os indivíduos de um grupo de uma "nova minoria" é a sua herança comum decorrente de uma vida anterior (própria ou de ascendentes) em outro Estado onde (eles ou seus ascendentes) exerciam a forma de vida que buscam reproduzir e manter no novo território onde atualmente habitam.

---

[20] Neste artigo, este conceito de "Estado unitário homogênio", o "Estado soberano nacional" será referido simplesmente como "Estado-nação".

FILOSOFIA DO DIREITO INTERNACIONAL

Cabe destacar que a capacidade de articulação política destas pretensões de cada grupo e a urgência em seu atendimento têm significativo impacto sobre a viabilidade e sobre o conteúdo das demandas que apresenta. Também impacta sobre o conteúdo dessas pretensões a sua forma de articulação, os motivos pelos quais aquele grupo, ou os ascendentes dos membros daquele grupo, se deslocou para o Estado que atualmente ocupa, seja por razões socioeconômicas, busca de refúgio ou remoção forçada.

Mesmo assim, as características conceituais comuns de "novas minorias" se preservam. Os indivíduos e grupos de novas minorias, em maior ou menor medida, estão dispostos e necessitam se adaptar aos paradigmas políticos, religiosos, culturais, linguísticos e sociais, visto que de uma forma ou de outra buscam uma combinação de (a) continuar a vida como era e (b) construir nova vida, mas buscam fazer isso sem serem assimilados pelo grupo hegemônico e perderem sua identidade.

Pode-se dizer que as principais demandas políticas, religiosas, culturais, linguísticas e sociais de grupos de "novas minorias" referem-se ao "direito de mudar pouco e/ou de mudar lentamente".

2.3.2. "Antigas minorias" – Minorias nacionais

Conforme acima referido, o conceito de minorias nacionais pode referir-se aos grupos minoritários em um determinado Estado em seu conceito genérico, bem como a um perfil específico de grupo minoritário, as minorias nacionais propriamente ditas, que têm características que as diferenciam das demais, mas que configuram, ao lado dos povos indígenas, como "antigas minorias".

Diferentemente das "novas minorias" que são relativamente recentes no Estado em que se localiza aquela população, as "antigas minorias" constituem, muitas vezes, (a) populações subnacionais anteriores à própria formação territorial daquele Estado ou (b) mesmo a grupos que "perderam" a disputa pela hegemonia nacional nos Estados onde se localizam.

No caso da primeira hipótese são (i) grupos que habitam territórios que foram conquistados há considerável tempo por ou Estado, geralmente um vizinho, com o qual não possuem identificação nacional ou (ii) territórios que por outro motivo acabaram, durante o processo de delimitação territorial entre Estados vizinhos, sendo recortados do Estado com o qual

AS ORIGENS DOS DIREITOS DAS MINORIAS

aquele grupo possui identificação nacional e onde, de maneira geral, se configura como maioria.

A segunda hipótese refere-se às nações desprovidas da condição de Estado, grupos minoritários que "perderam a disputa" pela hegemonia nacional ou pela independência política-territorial frente a outro grupo humano com construção identitária própria.

Ambas hipóteses, a da população (i) do "lado errado" da fronteira e (ii) desprovida de Estado, referem-se a situações que, de forma historicamente consistente, só existem nos locais onde os Estado nacionais primeiro se formaram, da própria interação dos grupos nacionais que batalharam, metafórica e concretamente, pela hegemonia política, cultural, linguística, social e até religiosa em determinadas porções territoriais que vieram a tornar-se os territórios destes Estados soberanos. O cenário histórico possível para tais eventos e fenômenos é, conforme afirma Kymlicka[21], necessariamente o continente europeu, em especial sua porção mais ao oeste.

Caberia adicionar aqui as formações estatais que ocorreram no chamado Oriente Médio. Embora nem todas as características do processo histórico de disputa por pela condição de Estado estejam presentes como no caso europeu, é inegável que em diversas partes do Meio Oriente grupos nacionais conseguiram durante a história impor-se de forma hegemônica sobre grupos minoritários. Contudo, é também inegável a enorme acentuação destas assimetrias de poder quando das incursões e "partilha" de territórios conquistados pelos Estados Europeus nos séculos antecedentes às guerras mundiais.

2.3.3. "Antigas minorias" – Povos indígenas

Contudo, nos ambientes geográficos definidos pelos europeus como "Novo Mundo" e "Novíssimo Mundo" a formação dos Estados se deu de maneira fundamentalmente diferente da maneira como ocorreu na Europa.

Os europeus alcançaram e colonizaram os povos das Américas e na Oceania após a própria formação de seus próprios Estados. Uma vez que a "vida em Estado" para os europeus precede o contato com os povos nativos destes continentes o que efetivamente ocorre é a dominação das populações nativas que são incorporadas forçadamente ao domínio do Estado

---

[21] KYMLICKA, Will. *Minority Rights in Political Philosophy and International Law*, p. 382.

FILOSOFIA DO DIREITO INTERNACIONAL

estrangeiro em relação ao qual lhes é negado participar das tomadas de decisão.

Além disso, aos povos nativos foram impostos valores culturais, religiosos, morais e sociais alienantes e dissociados de seu percurso histórico sendo a eles negada, em maior ou menor medida, a própria dignidade de seus valores de identificação e até mesmo as suas formas de expressão artísticas, linguísticas e religiosas.

É necessário aqui reforçar a distinção entre os conceitos de minoria nacional propriamente dita e povo indígena. Diferentemente das minorias nacionais que encontravam-se, em maior ou menor medida, no mesmo processo histórico e político de formação dos Estados nacionais e luta pela consolidação hegemônica politico-jurídica de duas autoridades soberanas sobre os territórios que conseguiam dominar, os povos indígenas encontravam-se em processos históricos distintos e com buscas político-sociais não homogêneas, mas completamente diferentes das dos europeus.

Cabe também mencionar o argumento de James M. Diamond[22] em "Armas, Germes e Aço", da desvantagem biológica de letal susceptibilidade às doenças carregadas pelos navegadores europeus, responsável pela morte da maior parte da população nativa das Américas[23], bem como a diferença tecnológica entre os grupos dos conquistadores que contavam com aço, pólvora, montarias domesticadas e escrita bem codificada e os nativos que, mesmo possuidores de outras tecnologias, não possuíam capacidade defensiva contra aquelas do "velho mundo" por eles desconhecidas[24].

2.4. Consequências politico-jurídicas do reconhecimento jurídico das minorias

Além da importância simbólica a um olhar político e social, o reconhecimento jurídico de uma minoria tem importantes repercussões jurídicas diretas e indiretas. Em geral é fácil antever as repercussões aqui referidas

---

[22] Embora controversa a obra de Diamond e contraste fortemente com o a outra fonte da Antropologia citada neste artigo, esta citação se faz como uma referencia à, aqui interpretada como, a tão marcante diferença material entre os europeus e os nativos das Américas e Oceania.

[23] DIAMOND, James. M. *Guns, Germs and Steel*. 1. ed. New York: W. W. Norton & Company, 1999, p. 357.

[24] DIAMOND, James. M. *Guns, Germs and Steel*, p. 359.

como diretas, uma vez que costumam ser a realização das reivindicações daquele grupo minoritário. Logo, um grupo que fala um idioma diferente do majoritário, homogeneamente pratica uma religião específica e refere-se a si como um grupo (sub)nacional específico e é reconhecido juridicamente com um grupo minoritário tem declarados[25] seus direitos a estes três elementos de vida e direito de proteção do Estado para que os exerça, e passa a desfrutar destes direitos.

Por outro lado as repercussões jurídicas indiretas seriam aquelas que atingem e provocam reação (i) do Estado, (ii) do(s) grupo(s) majoritário(s) nacional e (iii) dos outros grupos minoritários.

O Estado, ao reconhecer juridicamente uma minoria e declarar/conceder direitos especiais de proteção, deve deslocar parte de seus recursos orçamentários e humanos para proteger os direitos dessa minoria conforme as suas específicas necessidades.

O(s) grupo(s) majoritário(s) é(são) atingidos pela limitação, de forma jurídica, da hegemonia de suas regras sociais, sendo fixada e passa pelo processo de acomodação que poderá incluir reações negativas e de violação dos diretos das minorias, o que acarretará maior necessidade de envolvimento do Estado.

Outras minorias que acompanham o processo de reconhecimento/ declaração de direitos de outro grupo minoritário passam a vislumbrar a realização das suas pretensões de direito pelo mesmo meio de reconhecimento jurídico. Isso acontece nos casos das minorias nacionais, mas de forma mais forte com os povos indígenas e a categoria que representam.

2.4.1. Minorias nacionais propriamente ditas

As principais repercussões diretas do reconhecimento de minorias nacionais *stricto sensu* são a base de seu processo de busca por respeito a diferenças. De forma central, a pretensão das minorias nacionais, na atualidade, tem sido o direito de ser diferente, mesmo que dentro do sistema de Estados europeus. Conforme será tratado na sessão seguinte, mesmo os casos de busca de autonomia mais concreta tendem a converter-se no direito

---

[25] Não se trata aqui de reputar aparentemente fácil a concretização do processo de reconhecimento, pelo contrário: destaca-se as hipotéticas consequências deste reconhecimento que podem se somar às razões pelas quais o reconhecimento de direitos de minoria é negado.

FILOSOFIA DO DIREITO INTERNACIONAL

à diferença, seja ela cultural, linguística, comportamental, e até mesmo jurídica, em certa medida.

Uma hipótese para isso é que, como as minorias nacionais ou perderam a disputa pela condição de Estado ou acabaram do lado errado da fronteira, o centro de suas reivindicações e pretensões fundamentais não é a de abandonar o sistema de Estados, mas adquirir a capacidade de preservar seu modo de vida, de interpretação da realidade e valores, mesmo fazendo parte de uma sociedade nacional maior, inserida num sistema internacional diverso. As repercussões jurídicas deste modelo de autonomia são menores tendo em vista a ausência de normativa específica no Direito Internacional.

Seguindo as discussões após a adoção da A/RES/47/135[26], as comissões preparatórias da Assembleia Geral das Nações Unidas chegaram em 1993 a rascunhar uma declaração mais robusta e dispositiva que garantisse a autonomia das minorias nacionais europeias, mas este projeto não avançou dada a ampla controvérsia sobre o tema. Uma das razões desta ampla controvérsia dizia, e diz, respeito à localização territorial das minorias nacionais na Europa. Os grupos minoritários embora encontrem-se relativamente condensados em algumas áreas existe parte muito significativa destes grupos que se integrou de forma tão significativa a outras partes do território do seu Estado e mesmo de outros.

Mais do que isso, há que se considerar aqui que a própria noção do que significa soberania, condição de Estado e integridade territorial estariam ameaçadas no continente europeu e no Direito Internacional como um todo com a aprovação de um texto que criasse um caminho dispositivo para que as minorias nacionais realizassem suas buscas por maior garantia de direitos e autonomia. Por outro lado, acabou-se por optar por uma reafirmação das declarações genéricas e de texto aberto já feitas em 1992, por meio da resolução A/RES/48/138[27], suficiente apenas para fornecer argumentos fundamentadores de pretensões de direitos para embates políticos

---

[26] Resolução A/RES/47/135, de 18 de dezembro de 1992, que aprovou como anexo a Declaração dos Direitos das Pessoas Pertencentes a Minorias Nacionais, Étnicas, Religiosas ou Linguísticas.
[27] Resolução A/RES/48/138, de 04 de março de 1994, que reafirmou a Resolução A/RES/47/135, e registrou as aprovações de 1993 nos subcomitês da Assembleia Geral das Nações Unidas, sem, contudo, aprovar textos de linguagem mais fechada e mais dispositiva.

internos, estes legitimados pela autoridade das Nações Unidas e do Direito Internacional. Algo diferente ocorreu em relação aos povos indígenas.

2.4.2. Povos indígenas

Conforme acima já referido, os povos indígenas são minorias nacionais propriamente ditas cuja história e relação com o Estado e suas instituições é bastante diferente. Diferentemente de ser um contendor com o colonizador pela condição de Estado naquele território, os povos indígenas, de forma geral, foram apenas expropriados de suas terras sobre as quais tinham domínio estabelecido por uma concepção diferente de relação com a terra em si e com os recursos que dela provêm.

Além disso, embora os domínios indígenas tenham sido brutalmente reduzidos e inúmeros tenham desaparecido, os remanescentes continuam hoje a manter alguma forma de relação com a terra que permanece diferente da noção de propriedade privada imobiliária e a sua relação com os recursos da natureza e relações familiares e sociais. Mais do que um direito a viver de forma diferente, e um aparato de suporte para garantir-lhes estes direitos, os povos indígenas necessitam de alguma quantidade de autogoverno, visto que seu próprio modo de vida depende disso. Ademais, nas Américas e na Oceania, dado que a interação com o modelo de Estado europeu foi mais recente e assimétrico, e considerando ainda que os grupos majoritários descendentes dos colonizadores não chegam a ocupar toda a extensão territorial de forma suficientemente homogênea, até mesmo em razão da relativa extensão territorial destes Estados, torna-se possível considerar o destaque ou a operação especial de terras atualmente ou tradicionalmente ocupadas por indígenas para garantir-lhes ali alguma medida de autogoverno.

Isso tudo considerado, e tendo em vista o crescente consenso internacional de que o processo de colonização foi fundamentalmente injusto para com estas populações. Assim, também na sequência dos debates de 1992 quando foi aprovada a Resolução A/RES/47/75[28], no ano de 1993 foi preparados os rascunho de declaração dos direitos indígenas mais con-

---

[28] Resolução A/RES/47/75 de 14 de dezembro de 1992 estabeleceu o ano de 1993 como o Ano dos Povos Indígenas, impulsionando as discussões pelo reconhecimento de direitos dos de autonomia e relativo autogoverno povos indígenas.

FILOSOFIA DO DIREITO INTERNACIONAL

creta e dispositiva, que embora não tenha sido aprovada naquele ano[29], os debates pelos direitos indígenas continuaram a amadurecer sendo finalmente adotada[30] em 2007, pela Assembleia Geral das Nações Unidas, a Declaração das Nações Unidas dos Direitos dos Povos Indígenas, com texto muito mais dispositivo e fechado, prevendo direitos concretos para esta categoria de minorias.

Somou-se a isso a Convenção 169 da Organização Internacional do Trabalho[31] que garante aos povos indígenas, entre outros, o direito de serem prévia, formal e livremente consultados, desde que instruídos, acerca de decisões legislativas ou do Executivo concernindo os direitos indígenas, seja em geral, seja em um caso concreto, devendo ser consultados aqueles potencialmente afetados pela decisão.

Contudo, cabe chamar atenção uma repercussão indireta do reconhecimento destes direitos a povos indígenas: mais e mais grupos passaram a buscar reconhecer-se e afirmar-se como indígenas a fim de gozarem destra proteção do direito internacional.

Conforme mencionado, o conceito de povos indígenas destina-se a definir os grupos nativos que foram subjugados pelo processo de colonização nas Américas e Oceania. Contudo, embora o conceito a isso se destine originalmente, não seria impossível incluir neste conceito outros grupos com as mesmas características mesmo estando eles localizados em outros continentes, afinal seria difícil sustentar como não arbitrária esta exclusão.

O risco que advém disso é que diversos grupos de minorias historicamente subjugadas na Ásia, África e Oriente Médio passem a se identificar como povos indígenas a fim de adquirir o mesmo status de proteção, sendo que as características conceituais destes grupos dificilmente nos levariam a considerá-los povos indígenas, isso além de forçar um reenquadramento identitário com fins primordialmente pragmáticos, pode acabar por enfraquecer a própria legitimidade da noção de povo indígena, e com isso, os seus direitos decorrentes.

---

[29] Em 1993 foi aprovada a Resolução A/RES/48/163, de 21 de dezembro daquele ano. Esta Resolução estabelece a Década Mundial dos Povos Indígenas, o que fortaleceu mais ainda as discussões sobre os direitos desses povos e as formas de sua efetivação.

[30] Resolução A/RES/61/295, de 02 de outubro de 2007, que aprova a Declaração das Nações Unidas do Direito dos Povos Indígenas.

[31] Promulgada após ratificação, apenas em 2014, por meio do Decreto n. 5.051, de 19 de abril daquele ano.

246

AS ORIGENS DOS DIREITOS DAS MINORIAS

De fato os limites deste conceito são bastante turvos e quase qualquer contorno a ser traçado dependeria bastante de que lado o grupo que a deseja desejaria estar. Isso, conforme descreve Kymlicka decorre da própria estrutura de incentivos criada pelas normas do sistema das Nações Unidas aplicáveis a povos indígenas:

> Como deveria já estar claro, a atual estrutura da ONU não oferece nenhum incentivo para que qualquer minoria interna se identifique como uma minoria nacional, uma vez que minorias nacionais podem reivindicar apenas direitos genéricos de minorias. Ao contrário, todas as minorias internas tem um incentivo de se (re)definir como "povos indígenas". Se eles vêm à ONU sob a denominação de "minoria nacional" eles não ganham nada além dos direitos genéricos do art. 27; se eles vêm como "minorias indígenas", eles têm a promessa de direitos sobre a terra, controle sobre recursos naturais, autonomia política, direitos sobre o idioma, e pluralismo jurídico.[32]

2.4.3. Novas minorias

Quanto às novas minorias, o desafio ao conceder-lhes ou reconhecer-lhes direitos de garantia de proteção de sua forma de vida no novo território onde se localizam decorre da repercussão indireta de uma espécie de convite à imigração, que pode, muitas vezes, ser indesejada pelo Estado anfitrião. Em outras palavras: reconhecer direitos de novas minorias sinaliza atrativamente para potenciais imigrantes, o que pode não ser a intenção do Estado.

Isso explicaria a complexa situação na qual se encontram os Estados europeus, em especial aqueles com litoral no mediterrâneo, mas não apenas eles. Estes Estados criaram sistemas significativamente sólidos

---

[32] *"As should be clear by now, the current UN framework provides no incentive for any homeland minority to identify itself as a national minority, since national minorities can claim only generic minority rights. Instead, all homeland minorities have an incentive to (re)-define themselves as 'indigenous peoples'. If they come to the UN under the heading of 'national minority', they get nothing other than generic article 27 rights; if they come as 'indigenous peoples', they have the promise of land rights, control over natural resources, political autonomy, language rights, and legal pluralism".* KYMLICKA, Will. *Minority Rights in Political Philosophy and International Law, cit.* p. 394.

FILOSOFIA DO DIREITO INTERNACIONAL

de proteção social e de respeito à individualidade e diferença e também contam com instituições relativamente liberais e, ao menos formalmente, impedidas de exercer discriminação com base em etnia, religião, língua materna etc.

Este sistema de respeito pela diferença, associado aos programas de cuidado e proteção universais sinalizam de forma muito atrativa para potenciais imigrantes de que eles serão respeitados e terão a garantia da continuação de seu modo de vida no território daquele Estado. Contudo, de forma geral, não é do interesse dos mencionados Estados a atração de tantos imigrantes. O desafio que surge, neste caso, é como fazer, o Estado, para manter seus padrões de respeito e garantia de autonomia de natureza liberal-multiculturalista e, ao mesmo tempo, controlar o fluxo imigratório sem violar estes mesmo padrões, os direitos de refugiados e os Direitos Humanos como um todo.

3. A evolução do princípio de autodeterminação dos povos em foros internacionais

Uma forma de compreender a natureza de um instituto jurídico se dá através do resgate histórico de sua trajetória como elemento de adjudicação, ou seja, da análise dos casos em que ele foi invocado como fundamento de decisão. Isso permite verificar como a interpretação a respeito desse instituto – sempre exigida daquele que o aplica – evolui ao longo do tempo.

Em relação ao princípio da autodeterminação esse tipo de análise é válido na medida em que possibilita compreender como os desafios que envolvem sua aplicação, tal como discutido na Introdução, foram enfrentados em órgãos adjudicatórios ou políticos. Não obstante, o princípio da autodeterminação tem a peculiaridade de envolver alto grau de incerteza e, ao mesmo tempo, caso levado às últimas consequências, poder implicar em resultados extremos para um Estado. Logo, a responsabilidade imposta sobre uma corte ao decidir uma demanda envolvendo reivindicações com base na autodeterminação é igualmente extrema. Por essa razão, como observou Jan Klabbers "[...] provavelmente, nunca é muito realista esperar

AS ORIGENS DOS DIREITOS DAS MINORIAS

que órgãos judiciais profiram decisões permitindo (ou mesmo ordenando) que Estados já existentes se rompam em nome da autodeterminação".[33]

A abordagem adotada pelas Cortes e outros foros internacionais nessas condições sempre se mostrou cautelosa: afirma-se que o direito à autodeterminação não necessariamente deve resultar em secessão territorial.[34]

Tendo tais considerações em mente, serão apresentados alguns casos a seguir que de certa forma evidenciam um esforço para se definir balizas seguras de aplicação do princípio da autodeterminação diante de uma reivindicação de secessão, sua expressão mais extrema.[35]

3.1. O Caso das Ilhas Åland

O primeiro caso em que o princípio da autodeterminação figurou como objeto de discussão em um foro internacional foi o *Caso das Ilhas Åland*, apreciado pelo Conselho da Liga das Nações em 1921.

Antes de iniciar a análise do caso propriamente dito, é importante observar que neste período, imediatamente seguinte ao final da Primeira Guerra Mundial, nutria-se grande entusiasmo com a ideia de autodeterminação dos povos, em um ambiente intelectual fortemente influenciado pelo liberalismo de Woodrow Wilson. Ao tecer comentários sobre a Conferência de Paz de Versailles, Thomas Franck esclareceu que a comitiva estadunidense tinha recebido firmes instruções para resolver todas as disputas territoriais da Europa com base em um critério étnico[36], como forma de possibilitar a autodeterminação de grupos minoritários em um continente

---

[33] *"[...] it was probably never very realistic to expect judicial bodies to render final decisions allowing (or even ordering) existing states to be broken up in the name of self-determination"*. KLABBERS, Jan. *The Right to be Taken Seriously: Self-Determination in International Law*. Human Rights Quarterly, v. 28, 2006. p. 190.

[34] Segundo Jan Klabbers: *"They have separated self-determination from the possible outcome of secession, and they have somehow declined to regard the right to self-determination as an enforceable right"*. KLABBERS, Jan. *The Right to be Taken Seriously: Self-Determination in International Law, cit.* p. 191.

[35] Além dos casos que serão comentados, vale ressaltar que a Corte Internacional de Justiça em diversas oportunidades se pronunciou sobre o princípio da autodeterminação em demandas que não envolviam pleitos de secessão. Cf. o parecer no *caso Namíbia* (*Consequências jurídicas para os Estados da presence continuada da África do Sul na Namíbia – África do Sudoeste – não obstante a resolução 276 (1970) do Conselho de Segurança)*; o caso *Saara Ocidental*; O caso *Timor-Leste (Portugal v. Austrália)*; e o parecer no caso *Consequências Jurídicas da Construção de um muro no Território Ocupado da Palestina*.

[36] FRANCK, T. *op. cit.* p. 154.

FILOSOFIA DO DIREITO INTERNACIONAL

multiétnico e multicultural. Havia no período pós-guerra, portanto, uma crença nesse novo modelo de organização política baseada na agregação étnico-cultural dentro das mesmas fronteiras.

Nesse contexto, as Ilhas Åland, situadas no Mar Báltico, foram objeto de disputa entre a Finlândia – que no momento declarava sua independência face a Rússia – e a Suécia. Influenciados pela retórica da autodeterminação, a maioria da população das Ilhas, de idioma sueco, manifestou, através de plebiscitos, o desejo de se separar da Finlândia com a consequente anexação à Suécia.[37] Por outro lado, sustentava a Finlândia que o princípio da autodeterminação não se aplicava ao caso e que a secessão implicaria em violação da soberania do Estado sobre seu território.

A Comissão de Relatores encarregada de analisar a situação adotou uma abordagem restritiva do princípio da autodeterminação, especialmente ao observar que não foi ele positivado na Convenção da Liga das Nações. Apesar de reconhecerem se tratar de um "princípio de justiça e de liberdade", considerou-se ser ele "expressado por uma fórmula vaga e geral que deu origem às mais variadas interpretações e diferenças de opinião".[38] Seguindo essa orientação, a Comissão afirmou que a secessão apenas se justifica como uma "solução excepcional", "um último recurso", em um contexto no qual a própria identidade do grupo minoritário esteja em perigo.

No caso dos Ålandeses, sua identidade se revelava em sua língua comum e seu interesse em preservá-la, sob o temor de desaparecimento diante da influência finlandesa.[39] Todavia, a Comissão não verificou qualquer forma de opressão ou discriminação feita pelo Estado finlandês sobre a Ilha; pelo contrário, havia garantias suficientes de que a Finlândia adotaria medidas concretas de preservação da identidade do grupo:

---

[37] *"This claim is based on the right of people to dispose freely of their own destinies, proclaimed by President Wilson and used to the advantage of several nationalities in the treaties which ended the great war".* Cf. LEAGUE OF NATIONS. *Report Presented To The Council Of The League of Nations By The Commission Of Rapporteurs,* 1921. p. 315. Disponível em: <http://www.ilsa.org/jessup/jessup10/basicmats/aaland2.pdf> Acesso em: 18 maio 2015.

[38] *"This principle is not, properly speaking a rule of international law and the League of Nations has not entered it in its Covenant. [...] It is a principle of justice and of liberty, expressed by a vague and general formula which has given rise to the most varied interpretations and differences of opinion".* LEAGUE OF NATIONS. *Report Presented To The Council Of The League of Nations By The Commission Of Rapporteurs, cit.* p. 317.

[39] LEAGUE OF NATIONS. *Report Presented To The Council Of The League of Nations By The Commission Of Rapporteurs, cit.* p. 319.

AS ORIGENS DOS DIREITOS DAS MINORIAS

Se fosse verdade que a incorporação à Suécia fosse o único meio para Aaland preservar o idioma sueco, nós não teríamos hesitado em considerar essa solução. Mas este não é o caso. Não há necessidade de separação. O Estado finlandês está pronto para garantir aos habitantes [das Ilhas Aaland] garantias satisfatórias e para observar fielmente o compromisso que com eles irá assumir; disso nós não temos dúvida. Retirar as Ilhas Aaland da Finlândia nessas circunstâncias consistiria em grande injustiça, enquanto do ponto de vista da história, geografia e da política, todos os argumentos militam em favor do *status quo*.[40]

A preservação dessas garantias foi assegurada através do ajuste de um tratado supervisionado pela Liga das Nações[41] e ainda hoje as Ilhas Åland são parte do território finlandês, posto que ao longo do tempo tenha sido ampliada sua autonomia política.[42]

Como consequência deste ajuste, o parlamento finlandês instituiu o Ato de Autonomia de Åland. Este Ato, além de regular o sistema político-eleitoral aalandês, fixa as competências constitucionais legislativas do parlamento e cristaliza uma limitação muito relevante para o caso: a desmilitarização e neutralidade permanente das ilhas, o que repercute em melhores garantias à vizinha Suécia.

Duas balizas importantes ao princípio da autodeterminação podem ser extraídas da decisão no caso das Ilhas Åland: a primeira é a de que a autodeterminação não implica em um direito de secessão motivada unica-

---

[40] *"If it were true that incorporation with Sweden was the only means of preserving its Swedish language for Aaland, we should not have hesitated to consider this solution. But such is not the case. There is no need for a separation. The Finnish State is ready to grant the inhabitants satisfactory guarantees and faithfully to observe the engagement which it will enter into with them: of this we have no doubt. To take the Aaland Islands away from Finland in these circumstances would be the more unjust inasmuch as from the point of view of history, geography and politics, all the arguments militate in favor of the status quo."* LEAGUE OF NATIONS. *Report Presented To The Council Of The League of Nations By The Commission Of Rapporteurs, cit.* p. 319.

[41] CRAWFORD, James. *The Right of Self-Determination in International Law: Its Developments and Future In*: ALSTON, Philip (org.). *Peoples' Rights. Collected courses of the Academy of European Law*, 2001. p. 13-14.

[42] Há um parlamento com poderes para legislar sobre assuntos de interesse interno e matéria orçamentária. Além disso, as Ilhas Åland possuem assento próprio no Conselho Nórdico desde 1970. Conferir o site oficial da Ilha, disponível em: <http://www.aland.ax/en/> Acesso em: 18 maio 2015.

FILOSOFIA DO DIREITO INTERNACIONAL

mente pelo desejo de um grupo – ainda que manifestado de forma democrática e inequívoca – se com isso não concordar o Estado ao qual este grupo pertence. A segunda consequência é a de que a secessão territorial é um resultado extremo e que pode ter lugar quando o Estado não pode ou não quer oferecer garantias efetivas de que a identidade ou existência daquele grupo será preservada – o que não significa dizer que ela obrigatoriamente poderá ocorrer nessas situações.

3.2. O caso Québec

O caso *Reference Re Secession of Québec* (1998) foi apreciado pela Suprema Corte do Canadá e, portanto, não se trata de uma decisão de uma corte internacional, o que até este ponto foi o objeto de análise desta seção. Todavia, a Corte foi provocada a se pronunciar sobre a aplicação do Direito Internacional ao caso, o que, a par da importância da decisão para a interpretação do princípio da autodeterminação, justifica seu estudo.

Como se verifica em outras partes do globo em que reivindicações secessionistas são manifestadas, o sentimento nacionalista dos habitantes da província de *Québec* se forma sobre a identidade linguística do grupo, francófonos em sua maioria, em contraste com o restante do Canadá, majoritariamente composto por anglófonos. Historicamente, a diferença de idioma determinou algum nível de desigualdade social que fizeram aflorar pretensões separatistas na província.[43]

Diante da possibilidade de secessão, o Governo Federal do Canadá solicitou à Suprema Corte que se pronunciasse sobre três questões:

1. Sob a Constituição do Canadá, pode a Assembleia Nacional, o legislativo ou o governo de Quebec efetivar a secessão de Quebec do Canadá unilateralmente?

2. O Direito Internacional confere à Assembleia Nacional, ao legislativo ou ao governo de Quebec o direito de efetivar a secessão de Quebec do Canadá unilateralmente? A esse respeito, existe um direito à autodeterminação sob o Direito Internacional que daria

---

[43] Para uma análise aprofundada do nacionalismo de *Québec*, conferir: HANDLER, Richard. *Nationalism and the Politics of Culture in Quebec.* University of Wisconsin Press, 1988.

à Assembleia Nacional, ao legislativo ou ao governo de Quebec o direito de efetivar a secessão de Quebec do Canadá unilateralmente?

3. No caso de conflito entre o Direito Interno e o Direito Internacional sobre o direito da Assembleia Nacional, do legislativo ou do governo de Quebec de efetivar a secessão de Quebec do Canadá unilateralmente, qual teria prevalência no Canadá?[44]

Confrontada com a segunda questão[45] – que é a de maior interesse para o presente estudo – a Suprema Corte do Canadá inicialmente considerou ser claro que o Direito Internacional não autoriza expressamente às "partes componentes" de um Estado soberano o direito de secessão unilateral.[46] Restavam, então, duas alternativas que pudessem sustentar a cogitada secessão de *Québec*: a) sobre a proposição de que não há proibição expressa à secessão unilateral no Direito Internacional, e o que não é expressamente proibido infere-se permitido; ou b) no dever implícito dos Estados de reconhecer a legitimidade da secessão resultado do exercício do "bem estabelecido" princípio de Direito Internacional à autodeterminação dos povos.[47]

Em relação à primeira alternativa, a corte inicialmente recordou que o princípio da autodeterminação evoluiu em harmonia com o princípio da integridade territorial dos Estados, de forma que "[...] o exercício desse direito deve ser suficientemente limitado de forma a prevenir ameaças à integridade territorial do Estado já existente ou à estabilidade das relações

---

[44] *"1. Under the Constitution of Canada, can the National Assembly, legislature, or government of Quebec effect the secession of Quebec from Canada unilaterally? 2. Does international law give the National Assembly, legislature or government of Quebec the right to effect the secession of Quebec from Canada unilaterally? In this regard, is there a right of self-determination under international law that would give the National Assembly, legislature or government of Quebec the right to effect the secession of Quebec from Canada unilaterally? 3. In the event of a conflict between domestic and international law on the right of the National Assembly, legislature or government of Quebec to effect the secession of Quebec from Canada unilaterally, which would take precedence in Canada?"* SUPREME COURT OF CANADA. *Reference Re Secession of Quebec*, 1998.

[45] A Corte considerou que detinha jurisdição para responder à questão 2 formulada pois não se tratava de uma aplicação abstrata e pura do Direito Internacional, mas algo que dizia respeito ao próprio "futuro da federação canadense". SUPREME COURT OF CANADA. *Reference Re Secession of Quebec, cit.* p. 219.

[46] SUPREME COURT OF CANADA. *Reference Re Secession of Quebec, cit.* p. 277.

[47] SUPREME COURT OF CANADA. *Reference Re Secession of Quebec, cit* p. 277.

FILOSOFIA DO DIREITO INTERNACIONAL

entre Estados soberanos".[48] Não há, portanto, incompatibilidade entre a manutenção da integridade territorial e o devido respeito ao direito de um povo de atingir sua plena autodeterminação.

Não obstante, a Corte reconheceu que um direito à secessão, com fundamento na autodeterminação, existiria em três situações excepcionais: (i) quando um povo estivesse sob domínio colonial; (ii) quando seu território estivesse sob ocupação militar estrangeira e (iii) quando fosse negado a esse povo o direito de exercer de forma significante sua autonomia internamente.[49]

Claramente, a situação de *Québec* não se enquadrava em nenhuma das hipóteses que justificavam a secessão. Observou a Corte que:

> Não se pode dizer plausivelmente que à população de Quebec está sendo negado acesso ao governo. Os cidadãos de Quebec ocupam proeminentes posições no governo do Canadá. Os habitantes da província fazem livremente suas escolhas políticas e buscam desenvolvimento econômico, social e cultural em Quebec, em todo o Canadá e através do mundo. A população de Quebec é equanimemente representada no legislativo, executivo e judiciário.[50]

Logo, um Estado cujo governo represente todos os povos presentes em seu território sobre a base da igualdade e sem discriminação e respeite o

---

[48] "[...] *the exercise of such a right must be sufficiently limited to prevent threats to an existing state's territorial integrity or the stability of relations between sovereign states*". SUPREME COURT OF CANADA. *Reference Re Secession of Quebec, cit.* p. 282. Com efeito, como ressaltado no parecer, diversas declarações da ONU – como por exemplo a Declaração de Viena sobre Direitos Humanos de 1993 – ressaltam que o direito à autodeterminação "[...] não deverá ser entendido como autorizando ou encorajando qualquer ação que conduza ao desmembramento ou coloque em perigo, no todo ou em parte, a integridade territorial ou a unidade política de Estados soberanos e independentes que se rejam em conformidade com o princípio da igualdade de direitos e da autodeterminação dos povos e que, consequentemente, possuam um Governo representativo de toda a população pertencente ao seu território, sem qualquer tipo de distinções".

[49] SUPREME COURT OF CANADA. *Reference Re Secession of Quebec, cit.* p. 284-286.

[50] "*The population of Quebec cannot plausibly be said to be denied access to government. Quebecers occupy prominent positions within the government of Canada. Residents of the province freely make political choices and pursue economic, social and cultural development within Quebec, across Canada, and throughout the world. The population of Quebec is equitably represented in legislative, executive and judicial institutions*". SUPREME COURT OF CANADA. *Reference Re Secession of Quebec, cit.* p. 286-287.

princípio da autodeterminação em seus "arranjos internos", tem o direito de proteger sua integridade territorial.[51]

A segunda alternativa analisada, que poderia justificar a secessão com base numa suposta obrigação dos Estados em reconhecer como legítima uma secessão conduzida sobre a autodeterminação, foi também rejeitada pela Corte. Observou-se que o fato de ser o Estado reconhecido como tal é uma questão diversa da condição de ser Estado *[statehood]*, e que "[...] não retrocede à data da secessão para servir retroativamente como fonte de um direito à secessão".[52] [53] Ou seja, em caso de eventual secessão unilateral de *Québec*, vindo a província a ser reconhecida como um novo Estado, tal reconhecimento não funcionaria como um fator de legitimação retroativa da secessão.

O parecer foi bem recebido tanto pelo Governo Federal – que via acomodada, ao menos juridicamente, uma pretensão separatista – quanto pelos *indépendentistes*, que consideraram importante a observação feita pela Corte de que, caso uma maioria dos *Quebecers* eventualmente votassem a favor da secessão, corresponderia ao Governo um dever de negociar.[54] [55]

3.3. O caso Kosovo

O parecer da Corte Internacional de Justiça (CIJ) no caso *Conformidade da declaração unilateral de independência de Kosovo com o Direito Internacional* (2010), foi solicitado pela Assembleia Geral da ONU, que formulou o seguinte questionamento: "*Is the unilateral declaration of independence by the*

---

[51] SUPREME COURT OF CANADA. *Reference Re Secession of Quebec, cit.* p. 284.

[52] "*[...] does not relate back to the date of secession to serve retroactively as a source of a 'legal' right to secede in the first place*". SUPREME COURT OF CANADA. *Reference Re Secession of Quebec, cit.* p. 289.

[53] A distinção entre a condição de ser Estado (*statehood*) e o reconhecimento do Estado (*recognition*) foi claramente evidenciada em relatório da *International Law Association*, em sua 75ª Conferência em 2012. Cf. INTERNATIONAL LAW ASSOCIATION. Sofia Conference. *Recognition/Non-Recognition in International Law*, 2012.

[54] Cf. LESLIE, Peter. Canada: The Supreme Court sets rules for the secession of Quebec. *Publius: The Journal of Federalism*, v. 28, n. 2, 1999. p. 138.

[55] "*The federalism principle, in conjunction with the democratic principle, dictates that the clear repudiation of the existing constitutional order and the clear expression of the desire to pursue secession by the population of a province would give rise to a reciprocal obligation on all parties to Confederation to negotiate constitutional changes to respond to that desire*". SUPREME COURT OF CANADA. *Reference Re Secession of Quebec, cit.* p. 265.

FILOSOFIA DO DIREITO INTERNACIONAL

Provisional Institutions of Self-Government of Kosovo in accordance with international law?".

Kosovo é uma ex-província da República Sérvia, porém de maioria populacional albanesa. Suas pretensões separatistas têm, portanto, motivações étnicas, ligadas a constantes disputas entre sérvios e albaneses pelo controle da região que remontam ao período de ocupação otomana nos Bálcãs.[56] Mais recentemente, durante o processo de desintegração da Iugoslávia e a intervenção da Organização do Tratado do Atlântico Norte (OTAN) em 1999, Kosovo foi administrada pela ONU até 2007 e declarou unilateralmente sua independência face a Sérvia em 2008. Dos 193 Estados-membros da ONU, 109 reconhecem Kosovo como um Estado independente.[57] [58]

Enfrentando o questionamento que lhe foi dirigido, a Corte Internacional de Justiça inicialmente considerou que a prática dos Estados não sinaliza existir qualquer proibição no Direito Internacional sobre declarações unilaterais de independência, ainda que possam elas resultar ou não na criação de um novo Estado e sofrerem, quase sempre, oposição do Estado do qual a independência é declarada.[59]

Se analisada à luz do princípio da integridade territorial, a Corte considerou que a declaração unilateral de independência tampouco viola o Direito Internacional. É que, segundo se argumentou, a aplicação do princípio está "confinada à esfera de relações entre Estados".[60]

Sobre a possibilidade de analisar a declaração de independência de Kosovo sob o princípio da autodeterminação como justificativa para uma "secessão remedial", a Corte se furtou a tal análise por considerá-la desnecessária para a definição de sua licitude.

---

[56] Um breve histórico do conflito kosovar pode ser lido em: KOSTOVICOVA, Denisa. *Kosovo: The politics of identity and space.* Routledge, 2005.

[57] REPUBLIKA E KOSOVËS. *Ministry of Foreign Affairs. Countries that have recognized the Republic of Kosova.* Disponível em: <http://www.mfa-ks.net/?page=2,33> Acesso em: 25 maio 2015.

[58] É importante lembrar novamente que a questão do reconhecimento não interfere na apreciação da legalidade da declaração unilateral de independência.

[59] INTERNATIONAL COURT OF JUSTICE. ***Accordance with International Law of the Unilateral Declaration of Independence in Respect of Kosovo***, Advisory Opinion of 22 July of 2010. p. 37.

[60] O princípio da integridade territorial está previsto no art. 2, item 4 da Carta da ONU: "Todos os Membros deverão evitar em suas relações internacionais a ameaça ou o uso da força contra a integridade territorial ou a dependência política de qualquer Estado, ou qualquer outra ação incompatível com os Propósitos das Nações Unidas".

A Corte considera que não é necessário resolver tais questões no presente caso. A Assembleia Geral requisitou a opinião da Corte apenas sobre se a declaração de independência está ou não de acordo com o Direito Internacional. Debates a respeito da extensão do direito à autodeterminação e da existência de qualquer direito de "secessão remedial", no entanto, se referem ao direito de se separar do Estado. Como a Corte já teve oportunidade de observar [...] e quase todos outros participantes iriam concordar, esta questão está além do escopo da questão proposta pela Assembleia Geral.[61]

Dessa forma, por 10 votos a 4, a Corte considerou que a declaração unilateral de independência de Kosovo não viola o Direito Internacional.

Não obstante, alguns juízes da Corte redigiram opiniões separadas para, ainda que votando com a maioria, expressar insatisfação com a timidez do parecer. O Juiz Bruno Simma, por exemplo, lamentou o fato de não ter sido apreciado o argumento sustentado pelo princípio da autodeterminação. Segundo ele, a Corte poderia ter enfrentado tais argumentos em seus méritos, o que incluiria uma profunda análise da possibilidade de o princípio da autodeterminação (ou qualquer outra regra) permitir ou mesmo garantir a independência via secessão.[62]

Também em opinião separada, o Juiz Antonio Augusto Cançado Trindade considerou a opressão sofrida pelos Albaneses de Kosovo como uma violação a sua autodeterminação interna. Ao lembrar que o princípio da autodeterminação se difunde no processo de descolonização, destaca que ele evolui como forma de emancipação dos povos frente a recorrência da tirania manifestada sob outras formas.[63] No caso de Kosovo:

---

[61] *"The Court considers that it is not necessary to resolve these questions in the present case. The General Assembly has requested the Court's opinion only on whether or not the declaration of independence is in accordance with international law. Debates regarding the extent of the right of self-determination and the existence of any right of "remedial secession", however, concern the right to separate from a State. As the Court has already noted (...), and as almost all participants agreed, that issue is beyond the scope of the question posed by the General Assembly".* INTERNATIONAL COURT OF JUSTICE. *Accordance with International Law of the Unilateral Declaration of Independence in Respect of Kosovo, cit.* p. 39.

[62] INTERNATIONAL COURT OF JUSTICE. *Accordance with International Law of the Unilateral Declaration of Independence in Respect of Kosovo, cit. Separate Opinion of Judge Bruno Simma.* p. 79-81.

[63] INTERNATIONAL COURT OF JUSTICE. *Accordance with International Law of the Unilateral Declaration of Independence in Respect of Kosovo, cit. Separate Opinion of Judge Cançado Trindade.* p. 194.

FILOSOFIA DO DIREITO INTERNACIONAL

[...] o "povo" ou "população" vitimada buscou independência, em reação à opressão e ao terror sistemáticos e duradouros, perpetrados em flagrante violação dos princípios fundamentais de igualdade e não-discriminação. A lição básica é clara: nenhum Estado pode usar seu território para destruir a população. Tais atrocidades atingem o absurdo de reverter a finalidade do Estado, que foi criado e existe para os seres humanos e não vice-versa.[64]

3.4. O caso do Muro da Palestina

Por sua vez, o parecer da Corte Internacional de Justiça no caso *sobre as consequências legais da construção de um muro nos Territórios Palestinos Ocupados, incluindo Jerusalém Oriental* (2004), foi solicitada pela Assembleia Geral da ONU, que formulou a seguinte questão:

Quais são as consequências da construção de um muro sendo construído em Israel, a Potência ocupante, nos Territórios Ocupados da Palestina, incluindo dentro e em volta de Jerusalém Oriental, como descrito no relatório do Secretário-Geral, considerando as regras e princípios de Direito Internacional, incluindo a Quarta Convenção de Genebra de 1949 e as resoluções do Conselho de Segurança e da Assembleia Geral relevantes?[65]

[64] "[...] *the victimized "people" or "population" has sought independence, in reaction against systematic and long-lasting terror and oppression, perpetrated in flagrant breach of the fundamental principle of equality and non-discrimination. The basic lesson is clear: no State can use territory to destroy the population. Such atrocities amount to an absurd reversal of the ends of the State, which was created and exists for human beings, and not vice-versa".* INTERNATIONAL COURT OF JUSTICE. *Accordance with International Law of the Unilateral Declaration of Independence in Respect of Kosovo, cit. Separate Opinion of Judge Cançado Trindade.* p. 194.

[65] "*What are the legal consequences arising from the construction of the wall being built by Israel, the occupying Power, in the Occupied Palestinian Territory, including in and around East Jerusalem, as described in the report of the Secretary-General, considering the rules and principles of international law, including the Fourth Geneva Convention of 1949, and relevant Security Council and General Assembly resolutions?*" INTERNATIONAL COURT OF JUSTICE. *Legal Consequences of the Construction of a Wall in the Occupied Palestinian Territory,* Advisory Opinion of 09 July of 204.

As origens dos direitos das minorias

Em linhas gerais, a situação fática a ser examinada pela Corte, que ensejou a consulta, é a da construção por Israel de um conjunto de fortificações, barreiras, muros, telas, gradeamentos, trincheiras, *checkpoints* e sistemas de logística e apoio a deslocamento de tropas. Este conjunto de estruturas, coletivamente referidas pelo Secretariado, Assembleia Geral e Conselho de Segurança da ONU como "muro" também foi assim referido pela Corte Internacional de Justiça.

Em seu parecer, a Corte declara que há um direito de autodeterminação no Direito Internacional que assiste ao povo palestino, visto que se encontra em um território não autogovernado, em razão da ocupação militar israelense.[66]

A CIJ reconhece que o princípio da autodeterminação estaria inscrito não apenas da própria Carta das Nações Unidas, mas estaria reafirmado na Resolução 2625 (XXV) da Assembleia Geral de forma que *"Every State has the duty to refrain from any forcible action which deprives peoples referred to [in that resolution] . . . of their right to self-determination"*. Completa, a Corte, sua fundamentação mencionando o Artigo 1 comum aos Pactos Internacionais dos Direitos Civis e Políticos e o Econômicos e sociais que estabelece o direito dos povos à sua autodeterminação, bem como reitera a responsabilidade dos próprios Estados em promover a realização deste direito e o seu respeito, em conformidade com as disposições da Carta da ONU.

A Corte cita também seus próprios precedentes nos quais tratou deste direito e em sua aplicação a povos não autogovernados:

> A corte irá recordar que em 1971 enfatizou que o atual desenvolvimento do Direito Internacional a respeito de territórios não-autogovernados, como estabelecido na Carta da Organização das Nações Unidas, faz com que o princípio da autodeterminação seja aplicável a todos. A Corte declarou que "Esta evolução deixa pouca dúvida de que o objetivo último da "sagrada confiança" mencionada no Artigo 22 da Convenção da Liga das Nações "era a autodeterminação dos povos".[67]

---

[66] INTERNATIONAL COURT OF JUSTICE. *Legal Consequences of the Construction of a Wall in the Occupied Palestinian Territory*, p. 171.

[67] *"The Court would recall that in 1971 it emphasized that current developments in 'international law in regard to non-self-governing territories, as enshrined in the Charter of the United Nations, made the principle of self-determination applicable to all [such territories]'. The Court went on to state that 'These*

FILOSOFIA DO DIREITO INTERNACIONAL

A Corte mencionou também o reconhecimento do caráter *erga omnes* atribuído ao direito dos povos à autodeterminação, originalmente reconhecido no Caso Timor do Leste (Portugal v. Austrália 1995).[68]

Entre as conclusões da opinião consultiva que são mais relevantes para o corte interpretativo a que este artigo se propõe, menciona-se que a Corte considerou que a construção do "muro" seria uma violação ao Direito Internacional, e que a violações ao direito seriam, entre outras, a este direito do povo palestino a autogovernar-se.

4. Considerações finais - o direito à autodeterminação como um direito destinado às minorias

Pode-se notar, diante de tudo aqui tratado, que há uma área de interseção importante entre os direitos e garantias de minorias e o direito à autodeterminação dos povos. É notável que o que as minorias buscam garantir, em maior ou menor grau, é o seu direito à autonomia, à construção livre e manutenção protegida de sua própria história e forma de interpretar e relacionar-se com o mundo.

---

developments leave little doubt that the ultimate objective of the 'sacred trust' referred to in Article 22, paragraph 1, of the Covenant of the League of Nations 'was the self-determination ... of the peoples concerned". Namibia case, para 52-53, Page 31, in Wall Case INTERNATIONAL COURT OF JUSTICE. *Legal Consequences of the Construction of a Wall in the Occupied Palestinian Territory*, p. 172.

[68] East Timor case para 29, Page 102, in Wall Case INTERNATIONAL COURT OF JUSTICE. *Legal Consequences of the Construction of a Wall in the Occupied Palestinian Territory*, p. 199.

De outro prisma, podemos notar que embora o direito à autodeterminação dos povos se dirija a todos os povos, entre eles aqueles que têm autonomia territorial e aqueles que não a tem, sendo que estes últimos são, na
maioria dos casos, grupos minoritários que se identificam desta forma e
buscam realizar sua autonomia e viver sua forma de vida.

Os próximos passos e desafios para o Direito Internacional Público
neste ponto é definir melhor os critérios de realização de autodeterminação, desde a aplicação de medidas que garantem relativa autonomia em
específicos aspectos políticos e jurídicos, ou uma proteção especial a um
modo de vida cultural ou religioso, até as determinações de secessão contra a vontade do Estado original.

5. Referências

Doutrina

ALSTON, Philip (org.). *Peoples' Rights*. Oxford: Oxford University Press, 2001.

BESSON, Samantha; TASIOULAS, John (Org.). *The Philosophy of International Law*. Oxford: Oxford University Press, 2010.

DIAMOND, J. M. *Guns, Germs and Steel*. 1. ed. New York: W. W. Norton & Company, 1999.

FRANCK, Thomas M. *The Power of Legitimacy among Nations*. Oxford: Oxford University Press, 1990.

HANDLER, Richard. *Nationalism and the Politics of Culture in Quebec*. University of Wisconsin Press, 1988.

INTERNATIONAL LAW ASSOCIATION. *Sofia Conference. Recognition/Non-Recognition in International Law*, 2012.

KLABBERS, Jan. *The Right to be Taken Seriously: Self-Determination in International Law*. Human Rights Quarterly, v. 28, 2006.

KOSKENNIEMI, Martti. *National Self-Determination Today: Problems of Legal Theory and Practice. International and Comparative Law Quarterly*, v. 43, 1994.

KOSTOVICOVA, Denisa. Kosovo: *The politics of identity and space. Routledge, 2005.*
LESLIE, Peter. Canada: *The Supreme Court sets rules for the secession of Quebec*. Publius: The Journal of Federalism., v. 28, n. 2, 1999.

FILOSOFIA DO DIREITO INTERNACIONAL

PEOPLES, James; BAILEY, Garrick. *Humanity: An Introduction to Cultural Anthropology*, 9 ed., Wadsworth Cengage Learning, 2010.

SHAW, Malcolm N. *International Law*. Cambridge University Press, 6 ed., 2008.

Julgados e pareceres

INTERNATIONAL COURT OF JUSTICE. *Accordance with International Law of the Unilateral Declaration of Independence in Respect of Kosovo*, Advisory Opinion of 22 July of 2010.

INTERNATIONAL COURT OF JUSTICE. *Legal Consequences of the Construction of a Wall in the Occupied Palestinian Territory*, Advisory Opinion of 09 July of 204.

INTERNATIONAL COURT OF JUSTICE. *Summaries of Judgments. Case Concerning East Timor (Portugal v. Australia)*, 1995. p. 78. Disponível em: <http://www.icj-cij.org/docket/files/84/6951.pdf> Acesso em: 06 maio de 2015.

LEAGUE OF NATIONS. *Report Presented To The Council Of The League of Nations By The Commission Of Rapporteurs*, 1921. p. 315. Disponível em: <http://www.ilsa.org/jessup/jessup10/basicmats/aaland2.pdf> Acesso em: 18 maio 2015.

SUPREME COURT OF CANADA. *Reference Re Secession of Quebec*, 1998.

Websites

QUINTERO, John. United Nations University. *Residual Colonialism in the 21st Century*. Disponível em: <http://unu.edu/publications/articles/residual-colonialism-in-the-21st--century.html> Acesso em: 11 maio 2015.

REPUBLIKA E KOSOVËS. Ministry of Foreign Affairs. *Countries that have recognized the Republic of Kosova*. Disponível em: <http://www.mfa-ks.net/?page=2,33> Acesso em: 25 maio 2015.

UNITED NATIONS. The United Nations and Decolonization. *Non-Self-Governing Territories*. Disponível em: <http://www.un.org/en/decolonization/nonselfgovterritories.shtml> Acesso em: 6 maio 2015.

Resoluções da Assembleia Geral das Nações Unidas

Resolução A/RES/47/75 de 14 de dezembro de 1992.

Resolução A/RES/47/135, de 18 de dezembro de 1992.

Resolução A/RES/48/163, de 21 de dezembro de 1993.

Resolução A/RES/48/138, de 04 de março de 1994.

Resolução A/RES/61/295, de 02 de outubro de 2007.

CAPÍTULO 10

FOMENTO AO DESENVOLVIMENTO E COMBATE À POBREZA: O PAPEL DESEMPENHADO PELO DIREITO INTERNACIONAL

Ana Luísa Soares Peres, Letícia de Souza Daibert
e Guilherme Andrade Carvalho

1. Introdução

O Direito Internacional não deve ser visto como um instrumento legitimador de um sistema que favorece a perpetuação da pobreza[1], justificando a atuação de determinado grupo em detrimento de outro. Como ramo da ciência social aplicada, o Direito deve ser uma ferramenta de mudança e transformação social, acompanhando as evoluções e as necessidades emergentes nessa estrutura.

Esse pressuposto, contudo, implica discussões sobre a real natureza do sistema regulado pelo Direito Internacional – seria uma comunidade internacional, com o compartilhamento de valores e objetivos comuns, ou

---

[1] No presente trabalho, o termo *pobreza* é empregado em seu caráter multidimensional, para designar circunstâncias em que um indivíduo se encontra privado do exercício pleno de suas capacidades, conforme definido pelo prof. Amartya Sen. A esse respeito, ver: SEN, Amartya. *Development as Freedom*. New York: Alfred A. Knopf, Inc. 2000, 4th ed. SEN, Amartya. *Poor, Relatively Speaking*. Oxford: Oxford Economic Papers, New Series, Vol. 35 No. 2, July 1983.

FILOSOFIA DO DIREITO INTERNACIONAL

tratar-se-ia de uma sociedade internacional, caracterizada pela heterogeneidade de interesses. De forma mais pragmática, pode-se questionar se os sujeitos do Direito Internacional estariam interessados em construir uma realidade melhor para todos, ou atuariam apenas de forma egoística, na medida em que buscariam satisfazer necessidades individuais.

Segundo Koskenniemi, o mundo seria tanto um conjunto de unidades autocentradas, quanto uma totalidade funcional, uma vez que não há uma representação do todo que não seja, concomitantemente, uma representação do particular[2]. O autor afirma que:

> "Valores universais" ou "a comunidade internacional" somente podem ser conhecidos por meio da mediação de um Estado, uma organização ou um movimento político. Da mesma forma, por trás de cada noção de um direito internacional universal está sempre uma visão particular, expressa por um ator particular em uma situação particular. Por essa razão, não há sentido em questionar a contribuição do direito internacional para a comunidade global sem antes esclarecer *qual* perspectiva do direito internacional é utilizada e a *quem* ela pertence (grifos no original).[3].

As Organizações Internacionais (OIs), nesse contexto de relações de poder, adquirem especial importância na promoção dos interesses dos grupos mais vulneráveis. As OIs são formadas com base em uma estrutura de geometria variada, o que significa que seus membros têm características, desafios, vantagens e recursos diferenciados. Essas singularidades devem ser consideradas no exercício das atividades das OIs, bem como na elaboração e aplicação de suas normas, de modo a proporcionar uma verdadeira inclusão dos membros.

---

[2] KOSKENNIEMI, Martti. *The Politics of International Law*. Oxford and Portland: Hart Publishing, 2011. p. 221.

[3] Tradução livre de: *"'Universal values' or 'the international community' can only make themselves known through mediation by a state, an organization or a political movement. Likewise, behind every notion of universal international law there is always some particular view, expressed by a particular actor in some particular situation. This is why it is pointless to ask about the contribution of international law to the global community without clarifying first what or whose view of international law is meant"*. KOSKENNIEMI, *Martti. The Politics of International Law, cit.* p. 221-222.

Um único padrão não serve para todos e "circunstâncias especiais como pobreza, carência de capacidade governamental, doenças extremas ou desastres naturais podem justificar medidas que não são aplicadas igualmente para todas as nações ou para todos os grupos de cidadão" (tradução livre)[4]. Partindo desses pressupostos, o presente trabalho enfoca as iniciativas de duas OIs – a Organização Mundial do Comércio (OMC) e a Organização das Nações Unidas (ONU) no combate à pobreza.

A atual desigualdade entre os países e os níveis de pobreza dela resultantes decorrem de um processo histórico no qual, durante muito tempo, a ideia de colonizador/colonizado ou de dominador/dominado foi central nas relações econômicas, políticas, sociais e culturais estabelecidas.

Considerando o contexto histórico da relação entre países ricos e países pobres, Thomas Pogge propõe que os primeiros arquem com os custos da erradicação da pobreza, pois eles seriam os maiores causadores e também os maiores beneficiários dela.

> [A] erradicação da pobreza em uma velocidade moralmente aceitável imporia custos expressivos e custos de oportunidade aos países ricos. Mas a aceitação de tais custos não é caridade generosa, mas compensação devida pelos danos produzidos pelos injustos arranjos institucionais globais, cuja imposição passada e presente têm beneficiado enormemente os cidadãos dos países ricos[5].

As considerações formuladas pelo autor inserem-se em um contexto no qual a "financeirização" da economia e a mundialização do capital reduziram a condição dos Estados nacionais, em especial os mais pobres, de

---

[4] Tradução livre de: *"Special circumstances, such as poverty, or lack of governmental capacity, or extreme disease, or a natural disaster, may be a justification for measures which do not apply equally to all nations or all citizen groups".* JACKSON, John H. *Sovereignty, the WTO and Changing Fundamentals of International Law.* Cambridge: Cambridge University Press, 2006. p. 25.

[5] *"[E]radicating severe poverty at a morally acceptable speed would impose substantial costs and opportunity costs on the affluent countries. But acceptance of such costs is not generous charity, but required compensation for the harms produced by unjust global institutional arrangements whose past and present imposition by the affluent countries brings great benefits to their citizens."* POGGE, Thomas. *The Role of International Law in Reproducing Massive Poverty.* In: BESSON, Samantha. TASIOULAS, John (orgs.). *The Philosophy of International Law.* New York: Oxford University Press, 2010. p. 431.

FILOSOFIA DO DIREITO INTERNACIONAL

controlarem ou regularem suas economias[6]. O capital, especialmente o especulativo, não encontra mais barreiras nacionais, migrando sem restrições para países que proporcionem baixa carga tributária e mão de obra barata e desprovida de garantias trabalhistas, na chamada "modernidade líquida[7]".

No entanto, a adoção de uma postura de culpabilização/vitimização nas discussões sobre o tema de pobreza e desenvolvimento é pouco frutífera, na medida em que não contribui para avanços concretos nas negociações que visam mitigar o problema ou propor soluções para as questões levantadas.

O Direito Internacional pode ser utilizado, dessa forma, para garantir o avanço e a discussão de temas essenciais para os países em desenvolvimento e de menor desenvolvimento relativo. Mesmo com a crítica a muitos conceitos desse ramo do Direito, cuja formação moderna está baseada em preceitos eurocentristas do séc. XIX, que não refletem as necessidades da maior parte dos Estados, o seu papel e sua importância na sociedade internacional não podem ser ignorados. Até mesmo porque princípios como soberania, não intervenção e autorregulamentação, que serão retomados posteriormente nesse artigo, foram fundamentais para garantir a independência de múltiplos países, constatando-se a vocação universal do Direito Internacional.

Não se deve, portanto, buscar superar o Direito Internacional, mas sim reformulá-lo[8]. Para tal fim, é essencial priorizar a inclusão e o empoderamento daqueles que sofrem diretamente os efeitos da desigualdade, como a pobreza. Os atores internacionais, no âmbito de suas capacidades jurí-

---

[6] ALVES JUNIOR, Onofre Batista. *O Outro Leviatã e a Corrida ao Fundo do Poço*. São Paulo: Almedina, 2015. p. 126.

[7] Toma-se a expressão utilizada pelo sociólogo polonês Zigmunt Bauman para expressar a fluidez das relações e na modernidade. Segundo o autor, a modernidade líquida expressa a mobilidade das relações sociais, políticas e econômicas, que não encontram mais as barreiras tradicionais, sejam elas estatais, institucionais, morais, dentre outras. *"Os fluidos se movem facilmente. Eles "fluem", "escorrem", "esvaem-se", "respingam", "transbordam", "vazam", "inundam", borrifam", "pingam", são "filtrados", "destilados"; diferentemente dos sólidos, não são facilmente contidos – contornam certos obstáculos, dissolvem outros e invadem ou inundam seu caminho. (...) Essas são razões para considerar "fluidez" ou "liquidez" como metáforas adequadas quando queremos captar a natureza da presente fase, nova de muitas maneiras, na história da modernidade.".* Vide BAUMAN, Zigmunt. *Modernidade líquida*. Rio de Janeiro: Zahar, 2001. p. 8-9.

[8] SHAW, Malcom Nathan. *International Law*. Cambridge: Cambridge University Press, 2008, 6th ed. p. 39-41.

dicas, devem participar das decisões que lhes afetem, direta ou indiretamente, como as que envolvem temas econômicos e financeiros, bem como usufruir dos benefícios da ordem internacional.

Os esforços internacionais relacionados ao enfrentamento da pobreza, mais do que o combate à baixa renda, envolvem a consideração de uma série de indicadores como educação, saúde e empoderamento feminino, que devem ser analisados e incluídos em políticas que visem à superação desse obstáculo. Segundo Amartya Sen:

> A perspectiva de pobreza-capacidade não significa uma negação do delicado ponto de vista de que baixa renda claramente é uma das grandes causas da pobreza, uma vez que a falta de renda pode ser a razão principal para a privação de capacidade. De fato, uma renda inadequada representa uma forte predisposição para uma vida empobrecida[9].

O estudo da pobreza sob o enfoque da capacidade permite analisar a natureza e as causas da pobreza, na medida em que concentra os estudos nos fins almejados, em vez dos meios empregados para se alcançar tais fins, principalmente o aumento da renda. Para Sen, no seio dessa relação reside a importância de se garantir a liberdade, fator essencial para a persecução das finalidades pretendidas[10].

No presente artigo, o enfoque principal será dado ao desenvolvimento, que constitui um dos elementos da multifacetada agenda de combate à pobreza. Inicialmente, expõem-se as principais teorias de Thomas Pogge e de Tom Campbell sobre o papel do Direito Internacional na erradicação da pobreza. Optou-se, nas seções seguintes, pela análise do tema da pobreza sob o ponto de vista principal do Direito Econômico Internacional. A escolha se justifica pelo fato de tanto Thomas Pogge, quanto Tom Campbell, relacionarem a existência e/ou o agravamento da pobreza global com as instituições e normas econômicas internacionais atualmente existentes.

---

[9] Tradução livre de: "*The perspective of capability-poverty does not involve any denial of the sensible view that low income is clearly one of the major causes of poverty, since lack of income can be a principal reason for a person's capability deprivation. Indeed, inadequate income is a strong predisposing condition for an impoverished life*". SEN, Amartya. *Development as Freedom*. New York: Alfred A. Knopf, Inc. 2000, 4th ed. p. 87.

[10] SEN, Amartya. *Development as Freedom, cit.* p. 90.

FILOSOFIA DO DIREITO INTERNACIONAL

Desse modo, na terceira seção, é apresentado um breve histórico sobre os esforços internacionais de combate à pobreza, identificados nos séculos XX e XXI. A quarta seção trata do papel da OMC no combate à pobreza, tanto em sua atuação independente, como em conjunto com outras OIs. Na quinta e última seção, analisar-se-á a relação entre as políticas redistributivas e a redução da desigualdade, formulando-se breves apontamentos sobre a adequação e a viabilidade de instituição de um tributo global, cujo objetivo seria o financiamento de projetos de erradicação da pobreza.

2. O Dever de Erradicação da Pobreza sob a Perspectiva de Thomas Pogge e de Tom Campbell

Os efeitos devastadores das guerras e crises econômicas ocorridas ao longo do século XX, especialmente a Primeira e a Segunda Guerras Mundiais, levaram os Estados nacionais a discutirem a conformação de um arcabouço institucional e normativo internacional apto a tutelar um conjunto de direitos mínimos, que deveriam ser titularizados por todos os indivíduos.

Thomas Pogge reconhece, em seu texto The Role of International Law in Reproducing Massive Poverty, a existência desse arcabouço institucional e normativo internacional. Não obstante, ele afirma que a ordem global, estabelecida sob tais instituições e normas, é a responsável pela morte de mais de 360 milhões de pessoas por problemas relacionados com a pobreza nos 20 anos que se seguiram ao fim da Guerra Fria. Para o autor, as fatalidades seriam causadas pela forma como se estruturam a ordem econômica e a política global, que desconsiderariam as necessidades da parcela mais vulnerável da população mundial[11].

O autor aponta três argumentos que seriam utilizados para justificar a inação internacional no combate aos problemas sociais: (a) variações na estruturação da ordem global não teriam impactos significantes na evolução da pobreza severa; (b) a atual ordem global está próxima do ideal em termos de erradicação da pobreza; e (c) a ordem global não está causando a pobreza extrema, mas apenas falhando em aliviá-la tanto quanto poderia[12].

Após se empenhar em desconstruir cada uma das justificativas, apontando como causa da pobreza extrema a formatação da ordem global, Pogge

---

[11] POGGE, Thomas. The Role of International Law in Reproducing Massive Poverty, cit. p. 431.
[12] POGGE, Thomas. The Role of International Law in Reproducing Massive Poverty, cit. p. 417.

FOMENTO AO DESENVOLVIMENTO E COMBATE À POBREZA

defende a responsabilização dos países, empresas e organismos internacionais que se beneficiam diretamente da atual formatação da ordem global. De acordo com sua teoria, por uma questão de justiça, os beneficiários desta ordem global deveriam ser chamados a compensar os danos causados à parcela mais pobre da população mundial.

Tom Campbell, a seu turno, propugna pela caracterização da abolição da pobreza como direito humano. Segundo o autor, esse reconhecimento seria essencial para que o dever de erradicação da pobreza deixasse de ser entendido como um imperativo moral, e passasse a integrar uma obrigação jurídica[13]. Essa transformação seria primordial, ainda, para que se pudesse vincular a implementação dos direitos civis e políticos aos direitos econômicos e sociais.

> Atualmente, muito embora oficialmente se atribua igual importância aos direitos econômicos e sociais, de um lado, e civis e políticos, de outro, não há dúvidas de que, por uma razão ou outra, os direitos econômicos e sociais são relativamente negligenciados na prática. A tortura é tida como inaceitável, a pobreza apenas desafortunada[14].

Campbell defende, além disso, que a positivação do dever de erradicação da pobreza deve ter como fundamento os princípios relacionados à humanidade, e não simplesmente à justiça[15]. A abordagem proposta busca evitar discussões sobre a culpabilidade de eventuais responsáveis diretos pela violação destes direitos, bem como debates sobre qual concepção de justiça seria a mais adequada para a atual sociedade globalizada. Pretende, ainda, servir de fundamento para a instituição de um tributo global destinado ao fomento do desenvolvimento humano, por meio da erradicação

---

[13] CAMPELL, Tom. *Poverty as a Violation of Human Rights. Working Paper 2003/09. Centre for Applied Philosophy and Public Ethics* (CAPPE). Disponível em: http://www.cappe.edu.au/docs/working-papers/Campbell4.pdf Acessado em: 03 de junho de 2015. p. 02.

[14] Tradução livre de: *"Currently, while official cognizance is given to the equal importance of economic and social rights on the one hand and civil and political rights on the other, there is no doubt that, for one reason or another, social and economic rights are in practice relatively neglected. Torture is held to be unacceptable, poverty merely unfortunate."* CAMPELL, Tom. *Poverty as a Violation of Human Rights.* p. 2-3.

[15] CAMPELL, Tom. *Poverty as a Violation of Human Rights.* p. 2-3.

da pobreza[16]. Neste sentido, a responsabilidade seria compartilhada por todos os membros da sociedade internacional, devendo-se levar em consideração a capacidade contributiva de cada agente.

3. Direito Internacional e o Combate à Pobreza: Metas do Milênio

A importância do estudo do desenvolvimento no cenário econômico internacional foi destacada pelos autores cepalinos[17] do final da década 1940. Nesse primeiro momento, acreditava-se que a melhor forma para se superar o "subdesenvolvimento" seria a adoção de práticas protecionistas, a fim de favorecer a indústria doméstica. Essa foi uma estratégia seguida até a década de 1970 por países em desenvolvimento, como o Brasil, que conseguiram consolidar o setor industrial nacional em setores estratégicos, com a substituição de importações[18.]

Ainda na década de 1960, com a criação da Conferência das Nações Unidas para Comércio e Desenvolvimento (UNCTAD)[19], os tópicos de negociação relacionados com o desenvolvimento passaram a ocupar lugar de destaque nas relações internacionais. Os países em desenvolvimento começaram a adotar uma postura mais afirmativa e reivindicatória no cenário econômico internacional.

Nesse contexto, houve uma mobilização por parte desse grupo de nações, então denominado de terceiro mundo, para que a sociedade internacional não fosse monopolizada pelo conflito entre capitalismo e socialismo, mas considerasse também os interesses associados ao desen-

[16] CAMPELL, Tom. *Poverty as a Violation of Human Rights*. p. 3.

[17] A Comissão Econômica para América Latina e Caribe (CEPAL) foi criada pela ONU em 1948, com o objetivo de contribuir para o desenvolvimento da região e coordenar esforços de cooperação econômica entre os países. A escola do pensamento econômico fundada pelos seus membros originários é frequentemente referida na literatura como *cepalina*.

[18] Segundo um artigo de Sachs e Warner, citado por Hoekman e Kostecki, o crescimento econômico em países em desenvolvimento mais abertos é 3,5% maior do que aqueles com economia fechada HOEKMAN, Bernard M.; KOSTECKI, Michel M. *The Political Economy of the World Trading System- The WTO and Beyond*. 2nd Edition, New York: Oxford University Press, 2001. p. 16. Tal dado demonstra a ineficiência da adoção de práticas protecionistas nos dias atuais.

[19] Instituída pela Assembleia Geral das Nações Unidas em 1964, a *United Nations Conference on Trade and Development* (UNCTAD) é o órgão da ONU destinado ao tratamento integrado das questões de comércio e desenvolvimento, bem como de temas conexos, como finanças, tecnologia, investimentos e empreendedorismo.

volvimento e à condição peculiar desses Estados, muitos dos quais tinham conquistado a independência recentemente[20]. Este novo movimento exigia a igualdade entre os Estados na sociedade internacional, igualdade esta que somente seria possível se se reconhecesse a desigualdade existente entre os países, de modo a conceder um tratamento favorável aos Estados em desenvolvimento[21].

A crise econômica que se iniciou na Ásia em 1997 e logo se espalhou por todo o mundo, atingido fortemente a Federação Russa (Rússia) e a América Latina, testou os mecanismos econômicos e financeiros até então existentes. Estes se revelaram incapazes de solucionar a crise mundial, o que levou à criação do G-20 financeiro, um fórum composto pelas principais economias, desenvolvidas e em desenvolvimento, com o intuito de debater temas econômicos e buscar a adoção de medidas coordenadas.

O controle do sistema econômico e financeiro por poucos países já não era mais satisfatório e eficiente. Nessa mesma conjuntura, em 1999, o sistema multilateral de comércio sofreu duras críticas, principalmente durante a Conferência de Seattle. A desconfiança e o temor das ações tomadas pela OMC, alimentados em grande parte pelo desconhecimento do funcionamento da Organização, marcaram os protestos naquela ocasião. As denúncias abrangiam tanto a situação de dependência dos países menos desenvolvidos, quanto a usurpação de poder de decisão dos governos nacionais.

Em uma conjuntura de crise e com a proximidade do novo milênio, a ONU promoveu esforços para acordar uma lista composta por oito objetivos relacionados ao desenvolvimento, com o intuito de combater de forma mais incisiva os problemas enfrentados pela população mais pobre do mundo[22].

---

[20] Pode-se citar como acontecimentos marcantes desse período a Conferência de Bandung (1955), com a defesa da emancipação completa dos territórios ainda coloniais, e a I Conferência dos Países não alinhados em Belgrado (1961), com a promoção dos ideais de convivência pacífica e não-intervenção.

[21] SILVA, Roberto Luiz. *Direito Internacional Público*. 4ª ed. Belo Horizonte: Del Rey, 2010. p. 1.

[22] Os oito objetivos do milênio relacionados ao desenvolvimento foram estabelecidos no ano 2000 e incluem oito compromissos de combate à pobreza, que deveriam ser cumpridos até até 2015. Eles representam um esforço inédito na tentativa de satisfazer as necessidades das pessoas mais pobres do mundo e os resultados advindos dessa iniciativa proporcionaram avanços no assunto. Nesse esforço, a ONU conta com ajuda de diversos parceiros, como governos e sociedade civil. Em 2015, os Membros da ONU acordaram uma nova e mais ambiciosa agenda de desenvolvimento. As dezessete metas, conhecidas como objetivos do desenvolvimento

FILOSOFIA DO DIREITO INTERNACIONAL

O primeiro desses objetivos, que aborda de forma mais contundente a pobreza, é a eliminação da extrema pobreza e da fome. Ele foi desdobrado em três metas principais – i) diminuir pela metade a proporção de pessoas que recebem menos de \$1,25 por dia, entre os anos de 1990 e 2015; ii) alcançar emprego integral e produtivo para todos, incluindo mulheres e jovens; iii) diminuir pela metade a proporção de pessoas que sofrem com a fome, entre os anos de 1990 e 2015.

A primeira meta foi atingida em 2010. Naquele ano, a taxa de pessoas na zona de extrema pobreza, segundo o padrão empregado, caiu para menos da metade dos índices de 1990. Isso significa a saída de 700 milhões de pessoas da zona de extrema pobreza, apesar de 1,2 bilhões de pessoas ainda estarem nessa classificação[23].

Em relação à segunda meta, logrou-se a redução do número de trabalhadores que vivem com menos de \$1,25 ao dia, que passou de 678 milhões de pessoas para 384 milhões. Isso representa uma queda de 294 milhões no período de dez (10) anos, compreendido entre os anos de 2001 e 2011. Atualmente, o maior desafio na realização plena dessa meta está em solucionar a diferença da taxa de emprego entre os gêneros, uma vez que a porcentagem de homens empregados era 24,8 % superior à de mulheres em 2012[24].

O terceiro aspecto, de redução das pessoas que sofrem de fome, é o que possui os resultados menos expressivos. O objetivo estabelecido foi quase atingido em 2015, mas isso significa que cerca de 842 milhões de pessoas

---

sustentável, devem ser implementadas até 2030. Para mais detalhes, ver: *We Can End Poverty. Millennium Development Goals and Beyond cdmn.* Disponível em: http://www.un.org/millenniumgoals/. Acessado em 08 de junho de 2015". Sustainable Development Goal: 17 goals to transform our world. Disponível em: http://www.un.org/sustainabledevelopment/. Acessado em 14 de março de 2016..

[23] *Millennium Development Goals. Goal 1: Eradicate Extreme Poverty & Hunger.* Disponível em: http://www.un.org/millenniumgoals/poverty.shtml. Acessado em 08 de junho de 2015.

[24] *Millennium Development Goals. Goal 1: Eradicate Extreme Poverty & Hunger.* Disponível em: http://www.un.org/millenniumgoals/poverty.shtml. Acessado em 08 de junho de 2015.Este dado se torna alarmante quando se tem em mente que na maior parte das residências dos países mais pobres é a mulher a responsável pelo sustenta da família, o que ressalta a importância de políticas específicas voltadas para o empoderamento feminino no combate à pobreza. Nesse sentido, o ponto três dos objetivos do milênio trata da promoção da igualdade de gênero e do empoderamento feminino.

FOMENTO AO DESENVOLVIMENTO E COMBATE À POBREZA

ainda sofrem de desnutrição, dentre as quais 99 milhões são crianças com menos de cinco anos[25].

Importa salientar que o Brasil conseguiu atingir cinco das oito metas do milênio estabelecidas. O percentual da população vivendo com menos de US$1,25 (um dólar americano e vinte e cinco centavos) ao dia, por exemplo, caiu de 17,2% (1990) para 6,1% (2009). Restam desafios como melhorar a saúde materna, promover o desenvolvimento ambientalmente sustentável e promover esforços mais ativos de cooperação internacional para o desenvolvimento[26].

Os esforços de redução de pobreza, capitaneados pelos Estados reunidos em OIs, demonstram, assim, que não assiste razão à Pogge quando ele afirma que:

> Tais reformas [de combate à pobreza] têm sido bloqueadas pelos governos dos países ricos que, perseguindo seus próprios interesses e das suas empresas e cidadãos, estão desenhando e impondo uma ordem institucional global que, contínua e previsivelmente, produz vastos excessos de pobreza severa e mortes prematuras relacionadas com a pobreza[27].

A ONU, assim como as demais OIs, é eminentemente composta por Estados. Não obstante as negociações sejam facilitadas por servidores da Organização, a tomada de decisão cabe aos próprios Estados, por meio de votações que seguem quóruns estabelecidos nos acordos constitutivos. Conclui-se, portanto, que os Estados membros da ONU, ricos e pobres, concordaram em estabelecer metas comuns de redução da pobreza mundial.

Percebe-se, dessa forma, o interesse de o Direito Internacional combater a pobreza, em seus mais diferentes aspectos, com a adoção de polí-

---

[25] *Millennium Development Goals. Goal 1: Eradicate Extreme Poverty & Hunger.* Disponível em: http://www.un.org/millenniumgoals/poverty.shtml. Acessado em 08 de junho de 2015.

[26] Fact Sheet: The MDGs in Brazil. Konrad Adenauer Stiftung. Disponível em: http://www.kas.de/wf/doc/9942-1442-2-30.pdf Acessado em 13 de julho de 2015.

[27] Tradução live de: *"Such reforms have been blocked by the governments of the affluent countries which, advancing their own interests and those of their corporations and citizens, are designing and imposing a global institutional order that, continually and foreseeably, produces vast excesses of severe poverty and premature poverty-related deaths."* POGGE, Thomas. *The Role of International Law in Reproducing Massive Poverty, cit.* p. 417.

FILOSOFIA DO DIREITO INTERNACIONAL

ticas concretas, cujos resultados apresentam avanços sem precedentes na história. Não há dúvidas de que ainda há muito a se fazer para assegurar a eliminação da pobreza, mas os esforços até aqui desempenhados demonstram o papel protagonista do Direito Internacional para a satisfação desse propósito.

4. OMC e Desenvolvimento

4.1. Contextualização

A Rodada do Uruguai (1986-1994) foi a mais longa e complexa negociação econômica multilateral da história. Seu texto final totalizou aproximadamente vinte e seis mil páginas e culminou no estabelecimento de uma nova OI: a OMC[28].

A instituição da nova entidade representou a passagem de um sistema em que a implementação das esparsas normas existentes se dava de forma eminentemente voluntária e em que as disputas eram resolvidas por meios diplomáticos (power oriented); para um sistema mais igualitário, em que as normas vigentes e as decisões exaradas pelo órgão de solução de controvérsias são juridicamente vinculantes (rule oriented)[29]. O objetivo dessa alteração seria permitir um real engajamento dos países mais pobres nas negociações, ao promover o aumento da confiança – fator estruturante das relações internacionais – entre os membros da Organização[30].

O sistema de solução de controvérsias da OMC (SSC) é frequentemente descrito como sendo a "joia da coroa" do sistema multilateral de comércio[31]. O SSC é baseado em regras claramente definidas, com prazos esta-

[28] JACKSON, John Howard. *Sovereignty, the WTO, and Changing Fundamentals of International Law, cit.* p. 98.
[29] JACKSON, John Howard. *Sovereignty, the WTO, and Changing Fundamentals of International Law, cit.* p. 89. JACKSON, John H. *The World Trading System: law and policy of international economic relations,* 2ª edição. Cambridge: The MIT Press, 1997. p. 97.
[30] Ver: JACKSON, John Howard. *Sovereignty, the WTO, and Changing Fundamentals of International Law, cit,* p. 146. PETERSMANN, Ernst-Ulrich. *Multilevel Trade Governance in the WTO Requires Multilevel Constitutionalism.* In: JOERGES, Christian. PETERSMANN, Ernst-Ulrich. (eds.) *Constitutionalism, Multilevel Trade Governance and Social Regulation.* Portland: Hart Publishing, 2006. p. 36.
[31] JACKSON, John Howard. *Sovereignty, the WTO, and Changing Fundamentals of International Law, cit,* p. 82.

276

FOMENTO AO DESENVOLVIMENTO E COMBATE À POBREZA

belecidos para a compleição de cada uma das fases. Seu objetivo não é o de fazer coisa julgada, mas sim resolver conflitos, especialmente por meio de consultas.

> O SSC é único, tanto no direito internacional como nas suas instituições [...]. Ele engloba a jurisdição exclusiva compulsória e a adoção praticamente automática dos relatórios de solução de controvérsias, o que é extraordinário para uma instituição com competências tão diversas e com responsabilidades como as da OMC (...)[32].

Além de ostentar um sistema de solução de controvérsias mais robusto, entende-se que o arcabouço normativo da OMC é mais restritivo do que o existente sob o GATT/1947. De fato, para que a Organização pudesse efetivamente promover a redução das barreiras existentes ao livre comércio, fez-se necessário restringir a capacidade de os Estados membros adotarem políticas domésticas de promoção do desenvolvimento que, na prática, funcionassem como barreiras ou como forma de burlar os compromissos de liberalização do comércio por eles assumidos[33].

As transformações instituídas com o estabelecimento da OMC – mecanismo compulsório de solução de controvérsias e normas mais abrangentes e mais restritivas – têm como objetivo imediato a redução dos entraves aos intercâmbios mercantis entre os países. No entanto, a liberalização do comércio não é tida como um fim em si mesmo.

O propósito fundamental da OMC é, em realidade, contribuir para a expansão das relações comerciais, de forma transparente e a partir de um arcabouço normativo comum aos seus Estados membros, com vistas à promoção do crescimento econômico de todos os parceiros comerciais. O compromisso com o desenvolvimento é afirmado mediante referências explícitas nos textos dos tratados constitutivos da Organização. O preâmbulo do Acordo de Marraqueche é um exemplo:

---

[32] Tradução livre de: *"This DSS is unique in international law and institutions(...). It embraces mandatory exclusive jurisdiction and virtually automatic adoption of dispute settlement reports, extraordinary for an institution with such broad-ranging competence and responsibilities as the WTO (...)"* JACKSON, John Howard. *Sovereignty, the WTO, and Changing Fundamentals of International Law, cit*, p. 135.

[33] SANTOS, Álvaro. *Carving out policy autonomy for developing countries in the world. Virginia Journal of Internacional Law*. Vol. 52:551. p. 556.

FILOSOFIA DO DIREITO INTERNACIONAL

Reconhecendo que as suas relações na esfera da atividade comercial e econômica devem objetivar a elevação dos níveis de vida, o pleno emprego e um volume considerável e em constante elevação de receitas reais e demanda efetiva, o aumento da produção e do comércio de bens e de serviços, permitindo ao mesmo tempo a utilização ótima dos recursos mundiais em conformidade com o objetivo de um desenvolvimento sustentável e buscando proteger e preservar o meio ambiente e incrementar os meios para fazê-lo, de maneira compatível com suas respectivas necessidades e interesses segundo os diferentes níveis de desenvolvimento econômico (...)[34].

Observa-se, dessa forma, que a principal função da OMC, proclamada em seus acordos constitutivos, seria fomentar o desenvolvimento socioeconômico, seja pelo estabelecimento de padrões normativos mínimos para a promoção do comércio livre e justo, seja pela solução de conflitos por meio do SSC. Além disso, os benefícios da liberalização comercial não estão limitados ao aspecto econômico, mas são também visíveis no incremento do padrão de vida global[35].

Sob esse enfoque, o Alto Comissariado da ONU para direitos humanos já solicitou uma aproximação do comércio com os direitos humanos[36]. A OMC pode ser considerada, assim, uma ferramenta importante para a promoção do desenvolvimento e da redução da pobreza. Anderson e Wager[37] argumentam que as regras e práticas da OMC envolvem direitos civis, uma vez que promovem a liberdade de mercado, e que também con-

---

[34] Tradução livre. Acordo de Marraqueche Constitutivo da Organização Mundial do Comércio, de 15 de abril de 1994, doc. OMC LT/UR/A/2.

[35] HOEKMAN, Bernard M.; KOSTECKI, Michel M. *The Political Economy of the World Trading System- The WTO and Beyond, cit.* p. 18.

[36] UNITED NATIONS, *The Realization of Economic, Social and Cultural Rights: Globalization and Its Impact on the Full Enjoyment of Human Rights,* U.N. ESCOR, 52d Sess., provisional Agenda Item 4, 15, U.N. Doc. E/CN.4/Sub.2/2000/13 (2000). Nesse mesmo estudo conclui-se que, apesar de superficialmente democrática, a OMC é caracterizada por uma desigualdade de poder entre seus membros. Ademais, sugere-se uma reforma da estrutura da Organização, de forma a melhorar a participação de países em desenvolvimento, de atores não estatais e a relação com o sistema das Nações Unidas.

[37] ANDERSON, Robert D.; WAGER, Hannu. *Human Rights, Development, and the WTO: the Cases of Intellectual property and Competition policy. Journal of International Economic Law* 9(3), 707–747, 2006.

FOMENTO AO DESENVOLVIMENTO E COMBATE À POBREZA

tribuem para o desenvolvimento e para a realização de diversos direitos econômicos, sociais e culturais, ao facilitar o crescimento econômico e a correta alocação dos recursos.

Reconhece-se, no entanto, que os custos da acessão e de participação de muitos países em desenvolvimento e de menor desenvolvimento relativo (LDC) na OMC foram, à época, maiores do que o aumento correspondente do seu nível de desenvolvimento relativo. A adesão a todos os acordos multilaterais concluídos com a Rodada do Uruguai é condição para os Estados ingressarem na Organização[38], o que culmina, por exemplo, na elevação dos padrões mínimos de proteção de direitos de propriedade intelectual internamente, mesmo que o sistema produtivo doméstico não esteja preparado para absorver essas mudanças. Na lição do professor Trebilcock:

> Avaliações subsequentes demonstraram que para muitos países em desenvolvimento os custos dos compromissos extraídos deles [dos Acordos], especialmente com relação à harmonização regulatória da propriedade intelectual, saúde e leis de segurança, excederam quaisquer ganhos que eles possam ter obtido da melhora do acesso a mercados[39].

Conscientes da existência desse problema, os Estados membros da OMC iniciaram negociações com o objetivo de redefinir e expandir o status especial e diferenciado atribuído aos países em desenvolvimento e LDC dentro da Organização. Ao longo da Rodada Doha[40], tem-se, ainda, buscado negociar alterações nos tratados constitutivos da OMC, com o objetivo de reequilibrar as obrigações impostas aos países em desenvolvimento e LDC durante a Rodada do Uruguai, por meio de mecanismos que garantam sua real inserção no comércio internacional.

---

[38] Princípio do *single undertaking*.

[39] Tradução livre de: *"Subsequent evaluations have shown that for many developing countries the cost of the commitments extracted from them, especially with respect to regulatory harmonization of intellectual property and health and safety laws, exceeded any gains they may have realized from improved market access."* TREBILCOK, Michael. *Between Theories of Trade and Development: the future of the world trading system. The Robert Hudec public Lecture.* Society for International Economic Law. 24 de julho de 2014. p 5.

[40] A Rodada Doha é a primeira rodada de negociações multilaterais de comércio lançada desde a criação da OMC.

FILOSOFIA DO DIREITO INTERNACIONAL

4.2 OMC: mecanismo de dominação ou instrumento para o desenvolvimento?

Em seu texto *The Role of International Law in Reproduciong Massive Poverty*, Thomas Pogge atribui à ordem institucional global a responsabilidade premente pela existência da pobreza extrema e das mortes prematuras de seres humanos relacionadas com a pobreza[41]. De maneira geral, o autor estabelece afirmações teoréticas para comprovar as suas ideias, por meio da escolha aleatória de fontes e da citação descontextualizada e sem referenciais comparativos de dados e de documentos. Em uma passagem, ele afirma que:

> As regras existentes favorecem os países ricos, permitindo que eles continuem protegendo os seus mercados por meio de quotas, tarifas, regras anti-dumping, créditos a exportações e subsídios a produtores domésticos de maneiras não permitidas a países pobres, ou que [países pobres] não teriam condições de arcar. Outro importante exemplo inclui as normas da Organização Mundial do Comércio (OMC) sobre investimentos transnacionais e direitos de propriedade intelectual, como o Tratado sobre Aspectos Comerciais Relativos aos Direitos de Propriedade Intelectual (TRIPS), tratado de 1995[42]. (tradução livre)

Para comprovar as suas afirmações, o autor apresenta dados divulgados por organismos como o Banco Mundial e a Organização para Cooperação Econômica e Desenvolvimento (OCDE), que demonstram que houve um aumento da desigualdade no mundo entre 1980 e 2000[43].

No excerto transcrito, o filósofo não demonstra a relação entre aumento da desigualdade e aumento da pobreza. Falha, ainda, em estabelecer

---

[41] POGGE, Thomas. *The Role of International Law in Reproducing Massive poverty, cit.* p. 417.

[42] *"The present rules favour the affluent countries by allowing them to continue protecting their markets through quotas, tariffs, anti-dumping duties, export credits and subsidies to domestic producers in ways that poor countries are not permitted, or cannot afford, to match. Other important examples include the World Trade Organization (WTO) regulations on cross-border investment and intellectual property rights, such as the Trade-Related Aspects of Intellectual property Rights (TRIPs) Treaty of 1995."* POGGE, Thomas. *The Role of International Law in Reproducing Massive poverty, cit.* p. 420.

[43] POGGE, Thomas. *The Role of International Law in Reproducing Massive poverty, cit.* p. 421.

FOMENTO AO DESENVOLVIMENTO E COMBATE À POBREZA

qualquer relação entre a acessão de Estados à OMC e o aumento da desigualdade. Além disso, ele ignora a aplicação do princípio do single undertaking[44], ao asseverar que as normas da OMC permitiriam que países ricos protegessem seus mercados de formas não autorizadas a países pobres. Desconsidera, ainda, a existência de mecanismos de inserção de países em desenvolvimento e LDC existentes no próprio arcabouço normativo da OMC, que forneceriam a estes as condições para melhor usufruir das ferramentas disponíveis no sistema multilateral do comércio.

Pogge reconhece a importância do comércio para o desenvolvimento dos Estados pobres, mas afirma que eles não recebem oportunidades comerciais equitativas sob o regime da OMC. Os Estados aderiram à Organização porque, caso contrário, suas possibilidades de comércio seriam ainda mais restritas[45].

Importa ressaltar que a adesão dos países à OMC é formalizada por um protocolo de acessão, que estabelece compromissos e medidas específicas, de acordo com as necessidades de cada Membro, de forma a garantir os benefícios da Instituição e a equilibrar o peso das obrigações assumidas.

A participação da China no comércio mundial, por exemplo, adquiriu maior relevância após a sua acessão à OMC, em 2001[46]. A rápida expansão dos intercâmbios mercantis internacionais contribuiu enormemente para o crescimento econômico do país e redução da pobreza da população, não obstante a manutenção dos altos índices de desigualdade.

> O alto nível de desigualdade persistente na China não reflete uma deterioração dos padrões de vida dos grupos mais pobres. Entre 2002 e 2007, (...), o crescimento da renda domiciliar per capita das parcelas mais pobres na distribuição de renda foi substancial. Durante esse período de cinco anos, a renda da parcela mais pobre cresceu aproximadamente 50 por cento e 60 para a segunda parcela mais pobre

---

[44] Ao contrário do GATT/47, todos os acordos da OMC se aplicam a todos os seus Estados membros.

[45] POGGE, *Op. Cit.* p. 425.

[46] Ao aceder à Organização, o país assinou o protocolo de Adesão da China à OMC, por meio do qual aderiu aos princípios da entidade, tais como livre comércio, princípio da nação mais favorecida, tratamento nacional e transparência. Da mesma forma, o país passou a integrar todos os acordos multilaterais, inclusive o TRIPS, sendo-lhe assegurado prazo para adaptação interna às novas normas. Declaração Ministerial sobre a Acessão da República popular da China de 10 de novembro de 2001 (WT/L/432), como adotada em 23 de novembro de 2001.

FILOSOFIA DO DIREITO INTERNACIONAL

[da população]. O aumento da renda desses grupos de baixa renda contribuiu para uma marcante redução na pobreza[47].

Segundo relatório da Missão Permanente da China na OMC, o país tornou-se o maior exportador mundial de mercadorias; o segundo maior importador mundial de mercadorias; o quarto maior exportador de serviços; o terceiro maior importador de serviços; o maior receptor de investimentos estrangeiros diretos entre os países em desenvolvimentos; e o maior investidor direto entre os países em desenvolvimento[48].

O caso da China, apesar de emblemático, é apontado como falacioso por Pogge. Segundo o autor, o crescimento chinês deve-se à sua habilidade de produzir bens de qualidade, a preços módicos e em escala global, o que seria, inclusive, prejudicial aos países em desenvolvimento e LDC[49].

Entretanto, ao analisar os efeitos da recente acessão de um outro país à OMC, a Rússia[50], as conclusões são bastante semelhantes àquelas obtidas com a análise do caso chinês. Muito embora o crescimento econômico verificado após 2012[51] tenha sido menor do que o da China, conforme consta de relatório encomendado pelo governo russo ao Banco Mundial, estimou-se que a parcela mais pobre da população irá se beneficiar diretamente da acessão da Rússia à OMC. Os cálculos feitos pelos economistas respon-

---

[47] Tradução livre de: *"China's persistently high inequality does not reflect a deterioration of living standards for poorer groups. Between 2002 and 2007, years for which we have CHIP data, growth of per capita household income of poorer deciles in the income distribution was substantial (figure 2).4 During this five-year period, income increased by nearly 50 percent for the poorest decile, and by nearly 60 percent for the second-poorest decile. Rising incomes for these lowincome groups contributed to a marked drop in poverty."* Banco Mundial. *The Challenge of High Inequality in China.* 2013. p. 2. Disponível em: http://www.worldbank.org/content/dam/Worldbank/document/poverty%20documents/Inequality-In-Focus-0813.pdf Acessado em 01 de junho de 2015.

[48] *China and the WTO: past, present and future. permanent Mission of China to the WTO.* p. 14. Disponível em http://www.wto.org/english/thewto_e/acc_e/s7lu_e.pdf. Acessado em 01 de junho de 2015.

[49] POGGE, Thomas. *The Role of International Law in Reproducing Massive Poverty, cit.* p. 426.

[50] China e Rússia são Estados que acederam à OMC no início dos anos 2000, têm forte participação no comércio internacional e, ao mesmo tempo, enfrentam graves problemas sociais internamente. Além disso, ambos os países possuem o status de economia emergente e são membros dos BRICS. As semelhanças possibilitam a comparação ora formulada. Ressalva-se, no entanto, a inexistência de consenso doutrinário a respeito de se seriam países desenvolvidos ou em desenvolvimento.

[51] A Federação Russa acedeu à OMC em 22 de agosto de 2012.

FOMENTO AO DESENVOLVIMENTO E COMBATE À POBREZA

sáveis pelo relatório apontam que o rendimento de 55.000 (cinquenta e cinco mil) famílias seria direta e positivamente afetado pela liberalização do comércio de bens e serviços[52].

O Acordo sobre Medidas de Investimento Relacionadas com o Comércio (TRIMS), aludido por Pogge no trecho citado, tem por objetivo o fomento à expansão e progressiva liberalização do comércio internacional e a facilitação do investimento para além das fronteiras nacionais. Ele também pretende servir como um instrumento de fomento ao crescimento econômico de todos os parceiros comerciais, em especial, dos países em desenvolvimento. Esses objetivos devem ser perseguidos em um contexto de livre comércio[53].

Ao contrário do que se infere da leitura do texto do filósofo, os países em desenvolvimento e LDC receberam tratamento diferenciado e mais favorável sob o TRIMS. Por meio do Artigo 4, foi-lhes concedido um período de transição de sete anos, durante o qual a observância do acordo não seria obrigatória. Em decisão de novembro de 2001[54], já no âmbito da Rodada Doha, determinou-se que o Conselho do TRIMS apreciasse, de forma positiva, os eventuais pedidos de extensão do período de transição formulados por LDC.

O TRIMS não teve a abrangência pretendida pelos países desenvolvidos, mas vedou a aplicação de medidas de investimentos inconsistentes com os dispositivos do Artigo III (tratamento nacional) e do Artigo XI (restrições quantitativas) do GATT por parte dos Membros da OMC[55].

Os países em desenvolvimento e LDC enfrentaram dificuldades na incorporação de muitas das mudanças introduzidas pelo Acordo sobre Aspectos do Direito de Propriedade Intelectual Relacionado ao Comércio (TRIPS) aos sistemas nacionais de proteção à propriedade intelectual. Os países em desenvolvimento deixaram, na oportunidade, de negociar

---

[52] RUTHERFORD, Thomas. TARR, David. SHEPOTYLO, Oleksandr. *poverty Effects of Russia's WTO Accession: Modeling "Real" Households and Endogenous productivity Effects. policy Research Working papers. World Bank*. Disponível em: http://elibrary.worldbank.org/doi/pdf/10.1596/1813-9450-3473 Acessado em 01 de junho de 2015.

[53] *Agreement on Trade-Related Investment Measures*. Disponível em: https://www.wto.org/english/docs_e/legal_e/18-trims.pdf Acessado em 01 de junho de 2015.

[54] *Decision of the General Council on the work of the Working Group* (WT/WGTI/2).

[55] JUNIOR, Umberto Celli. Os países emergentes e as medidas de investimento relacionadas ao comércio: o acordo TRIMS da OMC. *Revista da Faculdade de Direito da Universidade de São paulo*. São Paulo: V. 99, 2004. p. 514.

FILOSOFIA DO DIREITO INTERNACIONAL

a incorporação de normas que atendessem aos seus reais interesses, sem obter garantias concretas em contrapartida[56].

A forma de interpretação das normas contidas no TRIPS foi sendo aprimorada ao longo dos 20 anos de existência da OMC. Por meio da aplicação do disposto nos artigos 6, 7 e 8 do TRIPS, é possível promover o equilíbrio entre as vantagens auferidas pelos titulares dos direitos de propriedade intelectual e os benefícios dos consumidores de produtos protegidos por esses direitos. Esse entendimento foi ratificado pelo painel, por exemplo, no caso Canada-Pharmaceuticals.

> Os termos dessas condições devem ser analisados com cuidado especial nesse ponto. Tanto os objetivos quanto as limitações estabelecidas nos Artigos 7 e 8.1 devem obviamente serem considerados ao fazê-lo, assim como todos os demais dispositivos do Acordo TRIPS que indiquem seus objetivos e propósitos[57].

Howse, criticando o texto de Pogge, reconhece que os efeitos produzidos pelo TRIPS sobre o bem-estar das populações dos Estados membros da OMC depende da interpretação das normas segundo princípios e objetivos de acordo com os quais o tratado foi celebrado:

> Tome as regras de propriedade intelectual aludidas por Pogge. Interpretadas de forma equilibrada e, como temos argumentado, à luz dos direitos humanos, incluído o direito à saúde, o Acordo do TRIPS, que contém limitações significativas ou cláusulas de equilíbrio, não precisa ter um efeito negativo sobre o bem-estar das pessoas dos países pobres[58]. (tradução livre)

---

[56] WATAL, Jayashree. *Intellectual property rights in the WTO and Developing Countries.* Haia: Kluwer Law International, 2001. p. 27.

[57] Tradução livre de: "*The words of those conditions must be examined with particular care on this point. Both the goals and the limitations stated in Articles 7 and 8.1 must obviously be borne in mind when doing so as well as those of other provisions of the TRIPS Agreement which indicate its object and purposes.*" Canada – Term of patent protection (Canada – patent Term) (WT/DS170/AB/R), como adotado em 18 de setembro de 2000. para. 7.26.

[58] "*Take the rules on intellectual property rights to which Pogge alludes. Interpreted in a balanced way, and as we have argued, in light of human rights including the right to health, the TRIPS agreement, which contains significant limitations or balancing clauses, need not have negative effects on the well--being of people in poor countries.*" HOWSE, Robert. TEITEL, Ruti. *Global Justice, poverty, and*

No campo de acesso a medicamentos, a Decisão do Conselho Geral do TRIPS para Implementação do Parágrafo 6 da Declaração de Doha sobre TRIPS e Saúde Pública (Declaração)[59], conseguiu aprimorar o mecanismo de emissão de licenças compulsórias e produção de medicamentos genéricos, principalmente em situações de emergência nacional ou outras circunstâncias de extrema urgência. A Declaração é uma demonstração da inclinação de os Estados membros da OMC interpretarem as normas de propriedade intelectual de forma equilibrada e à luz dos direitos humanos.

Os impactos da Declaração sobre o preço dos medicamentos podem ser observados no gráfico abaixo[60]:

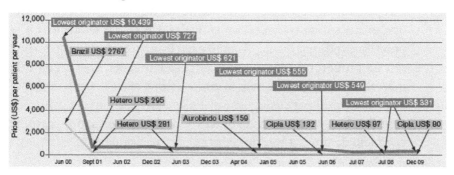

Da análise do gráfico depreende-se que, desde a adoção da Declaração, houve uma drástica redução no preço de medicamentos para o tratamento de HIV/AIDS. A flexibilidade introduzida pela própria OMC, por meio da Declaração, permitiu que um número maior de pessoas recebesse o tratamento adequado para a sua condição[61].

---

the International Economic Order. In: BESSON, Samantha. TASIOULAS, John. The philosophy of International Law. New York: Oxford University press, 2010. p. 447.
[59] Implementation of paragraph 6 of the Doha Declaration on the TRIPS Agreement and public health, WT/L/540 and Corr.1, 1 September 2003, Decision of the General Council of 30 August 2003.
[60] Millennium Development Goals. Access to medicines. Disponível em: https://www.wto.org/english/thewto_e/coher_e/mdg_e/medicine_e.htm Acessado em 09 de junho de 2015.
[61] Segundo relatório dos Médicos Sem Fronteiras, a redução no preço dos medicamentos anti-retrovirais possibilitou que o projeto de atenção a pacientes infectados passasse de três para vinte e quatro países, entre os anos 2000 e 2014. Médicins Sans Frontières. Untangling the Web of Antiretroviral price Reductions. 17th Edition. July 2014. Disponível em: http://www.msfaccess.org/sites/default/files/MSF_UTW_17th_Edition_4_b.pdf Acessado em: 09 de junho de 2015.

FILOSOFIA DO DIREITO INTERNACIONAL

Os breves exemplos acima indicam que, ao contrário do afirmado por Pogge[62], os dados apresentados por ele não são suficientes para demonstrar que a presente ordem global é absolutamente ineficaz no que diz respeito à redução da pobreza. Na realidade, os mercados, assim como o Direito Internacional e suas instituições, podem servir como instrumentos de combate à pobreza e aos problemas decorrentes dela. Como assevera Campbell:

> Então, em relação à pobreza, as avaliações sobre o mercado, ou formas específicas de mercado, devem ver os mercados como mecanismos econômicos e sociais que podem ser precondições necessárias para a melhoria material do bem-estar humano. Nesse contexto, os mercados devem ser aceitos como desejáveis, se aceitarmos que a pobreza é indesejável. (...) [E]ntão é necessário esclarecer que o que se está requerendo é que sejam feitas adaptações nos arranjos de mercado, para torná-los mais justos ou (o que não é necessariamente a mesma coisa) para assegurar que eles não resultem em privações significativas para alguns daqueles afetados por eles, por exemplo por meio de um sistema de redistribuição de riqueza[63].

O comércio internacional pode ter um impacto significativo sobre a redução da pobreza mundial, melhorando materialmente as condições de vida humana. A OMC, ao estabelecer regras mínimas para governar as relações econômicas entre seus Membros, favorece o aumento dos fluxos comerciais entre eles, criando um ambiente negocial de maior transparência e confiança.

Ainda, conforme mencionado na seção antecedente, o preâmbulo e objetivos dos acordos constitutivos da OMC determinam que suas nor-

---

[62] POGGE. *Op. cit.* p. 421.

[63] Tradução livre de: *"Thus, in relation to poverty, evaluations of the market system, or particular forms of market system, have to see markets as economic and social mechanisms that may be necessary preconditions of the material improvements in human well-being. In this context, markets must be accepted as desirable if we accept that poverty is undesirable. [T]hen it needs to be made clear that what is being called for is adaptations in market arrangements either to make them more fair or (and this is not necessarily the same thing) to ensure that they do not result in significant deprivations for some of those affected by it, for instance by a system of welfare redistribution."* CAMPELL, Tom. *poverty as a Violation of Human Rights.* Working paper 2003/09. *Centre for Applied philosophy and public Ethics (CAPPE).* Disponível em: http://www.cappe.edu.au/docs/working-papers/Campbell4.pdf Acessado em 03 de junho de 2015. p. 17.

FOMENTO AO DESENVOLVIMENTO E COMBATE À POBREZA

mas sejam interpretadas de forma favorável ao aumento do bem-estar das populações, que se traduz em metas como o alcance do pleno emprego ou do fomento do desenvolvimento sustentável.

Por essa razão, a OMC pode ser descrita como sendo uma Instituição capaz de efetivamente trazer prosperidade e de aumentar o bem-estar das populações de seus Estados membros.

4.3. A OMC e os Objetivos de Desenvolvimento do Milênio

A OMC, como Organização que, de várias formas, atua em parceria com a ONU, também se juntou aos esforços empreendidos a fim de alcançar os oito objetivos do milênio, especialmente o fomento ao desenvolvimento. No que concerne especificamente o sistema multilateral do comércio, o principal compromisso assumido foi o de construir uma parceria global para o desenvolvimento, conforme o oitavo ponto da lista, que se caracteriza como condição para que todos os outros objetivos sejam sustentáveis em longo prazo. Tais objetivos são, dessa forma, complementares e interdependentes, e, consequentemente, as atividades da OMC também favorecem a consecução de outros propósitos, como o da erradicação da pobreza extrema e da fome, aludido anteriormente[64].

O objetivo do desenvolvimento desdobra-se em seis aspectos principais: i) o aprofundamento de um sistema financeiro e comercial mais aberto; ii) considerar as necessidades especiais dos países de menor desenvolvimento relativo; iii) considerar as necessidades especiais de países em desenvolvimento sem saída para o mar e daqueles que sejam pequenas ilhas; iv) lidar com os problemas de débitos dos países em desenvolvimento; v) cooperar com companhias farmacêuticas, para prover acesso para remédios essenciais; vi) tornar disponível os benefícios de novas tecnologias[65].

Com exceção dos propósitos estritamente financeiros, relacionados às dívidas externas, todos os outros possuem alguma ligação com as atividades da OMC e foram ou são abordados nas agendas negociais. Com efeito,

---

[64] *Millennium Development Goals. The WTO and the Millennium Development Goals*. Disponível em: https://www.wto.org/english/thewto_e/coher_e/mdg_e/mdg_e.htm. Acessado em 08 de junho de 2015.

[65] *Millennium Development Goals. United Nations Millennium Development Goals*. Disponível em: https://www.wto.org/english/thewto_e/coher_e/mdg_e/mdgs_e.htm. Acessado em 08 de junho de 2015.

FILOSOFIA DO DIREITO INTERNACIONAL

a OMC busca garantir um ambiente internacional propício para a atuação dos países em desenvolvimento. Esse objetivo perpassa os acordos da Instituição, por meio de exceções que garantem um tratamento especial e diferenciado, bem como de previsões de capacitação humana e técnica e de transferência de conhecimento e tecnologia[66].

Desde a fundação da Organização, as exportações provenientes de países em desenvolvimento registraram um expressivo aumento e superaram aquelas oriundas de países desenvolvidos. Importante registrar que 47% das mercadorias exportadas por aquele grupo de países têm como destino outros Estados em desenvolvimento[67]. Mesmo que grande parte desse aumento seja atribuída à China, maior exportadora mundial, vale lembrar que dentre os Membros desenvolvidos estão a União Europeia e os Estados Unidos, segundo e terceiro maiores exportadores, respectivamente, o que implica a contribuição de vários membros em desenvolvimento para atingir esse resultado expressivo nas exportações[68].

O volume de exportações é apenas um dos indicadores usados para se auferir o grau de desenvolvimento de um país. A participação efetiva dos membros em desenvolvimento na OMC, para que sejam capazes de promover as necessidades próprias de sua realidade, é essencial para que o objetivo de se atingir um nível mais alto de desenvolvimento possa ser alcançado. No entanto, a Instituição ainda não foi capaz de mitigar os efeitos das assimetrias existentes entre seus membros nos processos de tomada de decisão.

4.4 Países em desenvolvimento e LDC: Membros plenos e com participação efetiva?

A ideia de autonomia está hoje atrelada às noções de inserção e de autoafirmação. A inclusão dos países em desenvolvimento no debate sobre os rumos dos sistemas econômico e financeiro internacionais resulta na pro-

---

[66] *Millennium Development Goals. A global partnership.* Disponível em: https://www.wto.org/english/thewto_e/coher_e/mdg_e/global_partnership_e.htm. Acessado em 08 de junho de 2015.

[67] *Millennium Development Goals. Trade and development.* Disponível em: https://www.wto.org/english/thewto_e/coher_e/mdg_e/development_e.htm . Acessado em 08 de junho de 2015.

[68] *The world factbook.* Disponível em: https://www.cia.gov/library/publications/the-world--factbook/rankorder/2078rank.html. Acessado em 13 de junho de 2015.

FOMENTO AO DESENVOLVIMENTO E COMBATE À POBREZA

moção de um modelo mais transparente e participativo[69]. Com a ascensão desses Estados e seu crescente peso no cenário internacional, seus interesses e posições passaram a fazer parte das mesas de negociação.

A integração efetiva desse grupo de países nos processos de tomada de decisão em nível internacional seria o instrumento mais eficaz de combate à pobreza e a todos os outros fatores relacionados a um baixo grau de desenvolvimento. Os Estados que atualmente enfrentam mais desafios para alcançar maiores níveis de desenvolvimento são também os Estados mais aptos a propor soluções efetivas e duradouras para os problemas que enfrentam[70].

Reconhece-se que o comércio multilateral não é perfeito e não produz os mesmos resultados para todos. É necessário, pois, não apenas introduzir os países em um sistema multilateral de comércio, mas também integrá-los, fornecendo as condições e os instrumentos apropriados para que eles sejam capazes de alcançar uma atuação independente, com a oportunidade de crescimento e desenvolvimento, tanto econômico quanto social.

Com a finalidade de lidar com o amplo leque de desafios apresentados, é indispensável a existência de fóruns de discussão, os quais devem ser conduzidos de forma democrática[71], apreciando todas as perspectivas apresentadas pelos países. O objetivo é conciliar as diferentes posições, por meio da prevalência dos melhores argumentos, com o intuito de alcançar a solução que ofereça mais benefícios para o sistema multilateral do comércio e promova o desenvolvimento.

A Rodada Doha demonstra a imprescindibilidade de se considerar os interesses desenvolvimentistas para o avanço da Organização. O impasse na conclusão dessa mesma Rodada de negociações, contudo, também evi-

---

[69] Principalmente a partir da articulação desses países em grupos como o G20 comercial e o G20 financeiro.

[70] Mesmo no caso de regimes despóticos ou corruptos, não há justificativas plausíveis para excluí-los dos processos de tomada de decisão, já que nenhuma instituição internacional é capaz de julgar imparcialmente quais seriam os critérios para determinar se um país deveria ou não estar sob a proteção do princípio da soberania. *HOWSE, Robert. TEITEL, Ruti. Global Justice, poverty, and the International Economic Order, cit.* p. 446.

[71] Para uma análise mais aprofundada sobre democracia no Direito Internacional, cf MARTINS, João Victor; FARIAS, Keyla. *Democracia como Ethos no Direito Internacional.* Trabalho produzido no curso da disciplina Temas de Filosofia do Direito, Filosofia do Direito Internacional: Fundamentos da Autoridade e suas Instituições, ministrada pelo Prof. Dr. Fabrício Bertini Pasquot Polido e pelo Prof. Dr. Thomas da Rosa Bustamante, capítulo 8.

FILOSOFIA DO DIREITO INTERNACIONAL

dencia que são poucas as chances de que isso ocorra sem que se garanta também uma maior participação dos membros em desenvolvimento na construção das normas e políticas do sistema multilateral do comércio. A satisfação dos propósitos da OMC exige, em primeiro lugar uma reestruturação do sistema de tomada de decisão da Instituição.

Para Pogge, mesmo que houvesse a inclusão dos países em desenvolvimento e LDC nos processos decisórios, o consentimento de muitos deles estaria viciado, em função da carência democrática no plano doméstico. O autor cita, como exemplo, a acessão à OMC da Nigéria, de Mianmar, da Indonésia, do Zimbábue e do Congo, todas efetivadas em contextos de ditaduras, o que não daria aos governantes a autoridade moral para consentir em nome daqueles que estão sendo oprimidos[72].

Pode-se afirmar que o consentimento e a participação dos países em desenvolvimento não eliminam as injustiças das normas internacionais existentes ou das instituições presentes na sociedade internacional. Isso, contudo, não significa que uma ordem mais justa seria possível sem seu envolvimento[73]. Pelo contrário, a ideia de exclusão de um grupo de Estados das decisões remonta a um contexto histórico em que poucas potências acreditavam saber o que era melhor para todos

A OMC necessita, portanto, dar mais voz aos seus Membros, para que estes possam influenciar, de maneira eficaz e igualitária, o sistema de tomada de decisões. Somente assim, eles poderão fazer parte de um verdadeiro sistema multilateral do comércio, capaz de responder aos anseios de seus membros e de cumprir os objetivos que inspiraram a sua criação.

5. A Ordem Política e Econômica na Modernidade Líquida: Políticas Redistributivas como Instrumento para Mitigação da Desigualdade

Como observado ao longo do texto, as nações enfrentam direta ou indiretamente o problema crônico das desigualdades sociais e da fome. Apesar de ser apontado por alguns autores como um dos culpados pela persistente situação de pobreza de algumas comunidades, o comércio internacional possui mecanismos efetivos de combate à desigualdade e à pobreza, espe-

---

[72] POGGE, Thomas. *The Role of International Law in Reproducing Massive poverty, cit.* p. 425.
[73] HOWSE, Robert. TEITEL, Ruti. Global Justice, poverty, and the International Economic Order, *cit.* p. 444.

cialmente quando analisados sob o enfoque desenvolvimentista. Neste cenário, mostra-se necessário identificarmos, ou ao menos tentarmos identificar, os reais motivos que levam às mazelas ora discutidas. Somente assim, poderemos buscar soluções adequadas que, geralmente, passam por instrumentos de tributação e redistribuição de renda.

A atual sociedade internacional é complexa, influenciada por inúmeros fatores determinantes para a situação econômica e financeira dos Estados e de seus cidadãos. A abordagem reducionista de culpabilização da OMC e de suas regras pode, em última análise, desviar o estudo da busca por soluções efetivas para a erradicação da pobreza.

Seria demasiadamente ousado apontar um único ator como culpado pela miséria no mundo. É possível identificar, entretanto, um fator decisivo para a limitação da atuação estatal no campo das garantias sociais concedidas a seus cidadãos e manutenção de sua situação de pobreza, qual seja, a volatilidade do capital na pós-modernidade.

As relações entre o capital e o trabalho sofreram profundas alterações ao longo das últimas décadas. Na chamada modernidade sólida[74], os trabalhadores dependiam do emprego para sobreviver e o capital precisava deles para se multiplicar. A desmobilização das atividades econômicas, geralmente fabris, dependiam de grande volume de tempo e dinheiro.

Entretanto, na modernidade líquida, a globalização e o avanço tecnológico enfraquecem as barreiras dos Estados nacionais. Frequentemente, observamos bens sendo produzidos de forma esparsa e fragmentada, em diversos países ao longo do globo. O capital flui, buscando territórios férteis, com tributação diminuta e direitos trabalhistas reduzidos ou inexistentes. O capital financeiro especulativo passa a figurar como uma das figuras centrais nas transações cotidianas, principalmente levando-se em consideração o fato de que o rendimento do capital é bem maior que crescimento da renda e da produção[75].

Neste sentido, a extrema volatilidade do capital faz com que os Estados nacionais percam a capacidade de regulação de seus mercados, de modo que se vejam compelidos a flexibilizar suas normas tributárias, ambientais, trabalhistas e regulatórias, na tentativa de atrair capitais internacionais.

---

[74] BAUMAN, Zigmunt. *Modernidade líquida, cit.*

[75] Como consequência lógica, observa-se uma constante e crescente acumulação de capital e de desigualdade social. PIKETTY, Thomas. O Capital no Século XXI. Rio de Janeiro: Intrínseca, 2013.

FILOSOFIA DO DIREITO INTERNACIONAL

O Estado Providência se vê obrigado a ceder espaço a políticas econômicas ortodoxas e austeras, o que constitui um cenário cada vez mais propício à perpetuação e aumento das desigualdades sociais e pobreza extrema. Qualquer tentativa de oneração das atividades produtivas e especulativas pode ser mal vista pelos investidores que, sem demais esforços, poderão transferir seus investimentos para outros países.

Neste contexto, uma vez que o capital volátil e as ações depreendidas na sociedade internacional têm grandes efeitos no arranjo doméstico, as iniciativas estatais focadas na erradicação da pobreza e das desigualdades sociais não podem ser analisadas isoladamente, fora do cenário internacional. A importância dos esforços desempenhados pelas OIs em combater a pobreza vem justamente do fato de este ser um problema coletivo e não estar restrito às fronteiras nacionais, exigindo esforços igualmente coletivos, que seriam também mais eficazes. Deve-se levar em consideração, assim, a influência do poder econômico transnacional do capital, dos Estados, e dos entes internacionais (OMC, FMI, Banco Mundial)[76].

Uma solução comumente apontada por diversos autores perpassa pela instituição de tributos com a finalidade de controle e redistribuição direta ou indireta de rendas e patrimônios. Analisando a estrutura de concentração de patrimônios e a disparidade das rendas observadas por meio de seus estudos, Piketty propõe a instituição de um imposto mundial sobre o capital[77]. Campbell, na mesma direção, sugere a instituição de um Tributo Humanitário Global (THG), que se assemelharia a um imposto sobre grandes fortunas em âmbito internacional, cabendo à ONU a administração, fiscalização e punição dos contribuintes[78].

Pogge, por sua vez, vem defendendo a criação de um Dividendo sobre Recursos Globais (DRG), partindo da ideia de que nenhum Estado possui direito de propriedade absoluta sobre os recursos minerais, devendo dividir, ao menos, uma pequena parcela do produto da exploração destes

---

[76] ALVES JUNIOR, Onofre Batista. O outro Leviatã e a corrida ao fundo do poço, *cit.*, p. 129.

[77] PIKETTY, Thomas. O Capital no Século XXI, *cit.*, p. 501.

[78] CAMPBELL, Tom. A pobreza como violação dos direitos humanos: justiça global, direitos humanos e as empresas multinacionais. In: NOLETO, Marlova Jovchelovitc; WERTHEIN, Jorge (Org.). *pobreza e desigualdade no Brasil: traçando caminhos para a inclusão social*. Brasília: UNESCO, 2003. p. 130-132.

FOMENTO AO DESENVOLVIMENTO E COMBATE À POBREZA

bens. O autor também propõe que estes tributos sejam pagos à ONU e ONGs de comprovada idoneidade[79].

Como se vê, as instituições globais e transnacionais, bem como o próprio Direito Internacional, exercem um papel de destaque no combate à pobreza, distribuição de renda e na busca por uma sociedade mais justa. As propostas de instituição de tributos em âmbito global somente serão factíveis se obtiverem o auxílio destas instituições. A realização desse propósito depende, pois, de esforços a longo prazo, fundamentados na cooperação internacional.

6. Conclusão

Depreende-se que a liberalização comercial e a globalização, bem como a interdependência dos mercados e das agendas negociais, são fatores bem estabelecidos no cenário internacional, cuja renúncia ou retrocesso parece improvável.

A culpabilização do Direito Internacional e dos seus atores pela existência e manutenção de índices elevados de pobreza seria uma solução simplista para um problema social estrutural, que não contribui para os estudos e as considerações aprofundadas que buscam eliminar, ou ao menos amenizar, a pobreza e suas mazelas correlatas.

A erradicação da pobreza não deve ser estudada em um plano unidimensional, de modo a considerar apenas a influência da renda sobre as condições de vida das pessoas. Diversos outros fatores contribuem para a perpetuação desse fenômeno, como a volatilidade do capital na pós-modernidade, explorada na última seção desse trabalho. Nessa mesma esfera tributária, as soluções comumente propostas para combater a desigualdade giram em torno da criação de um tributo global de caráter redistribuidor de rendas. Apesar de contar com grande respaldo teórico, a aplicação prática de tais alternativas sempre dependerá de grande esforço de cooperação entre os Estados, sem o qual não passarão de pretensões utópicas para um problema real, que urge por soluções imediatas.

É fundamental também garantir a liberdade e os meios adequados para que cada indivíduo possa buscar oportunidades de autorrealização, na medida em que satisfaça suas necessidades e seus propósitos de vida.

79

FILOSOFIA DO DIREITO INTERNACIONAL

Tem-se, assim, o respeito à dignidade da pessoa humana em seu sentido mais completo.

Nesse contexto, a análise do desenvolvimento socioeconômico é imprescindível nos esforços de combate à pobreza. Ela fornece aos Estados os instrumentos essenciais para o crescimento econômico e para o aprimoramento dos índices sociais domésticos. Por conseguinte, os resultados são observados tanto na sociedade internacional, quanto nas estruturas internas, refletindo-se nas condições de vida dos nacionais.

Em um cenário de crescente interdependência entre os países, as OIs destacam-se como protagonistas nos esforços de combate à pobreza. Elas funcionam, em última análise, como fórum de articulação de esforços em busca de um fim comum, que se traduz no desenvolvimento e no aumento da qualidade de vida dos indivíduos.

A OMC possui, nessa conjuntura, papel preponderante de fomento ao desenvolvimento socioeconômico dos Estados, ao reconhecer os interesses e necessidades diferenciadas de seus Membros, fornecendo instrumentos para a consecução de objetivos que ultrapassam a liberalização comercial. Esta não seria, portanto, um fim em si mesma, mas um meio de se alcançar propósitos mais amplos, cujos benefícios devem ser estendidos a todos os Membros.

Um estudo que vise a mitigar os efeitos do desequilíbrio de poder e de influência no comércio internacional e a promover o desenvolvimento socioeconômico dos países envolvidos deve ser realizado no sentido de assegurar uma reforma estrutural que amplie o alcance dos benefícios garantidos por esse modelo. Deve-se buscar, pois, alternativas democráticas que proporcionem vantagens ao maior número de membros possível, concomitantemente com a redução dos eventuais efeitos negativos secundários.

7. Referências

Livros e artigos científicos

ALVES JUNIOR, Onofre Batista. *O outro Leviatã e a corrida ao fundo do poço*. São Paulo: Almedida, 2015.

ANDERSON, Robert D.; WAGER, Hannu. *Human Rights, Development, and the WTO: the Cases of Intellectual Property and Competition Policy.* Journal of International Economic Law 9(3), 707–747, 2006.

BAUMAN, Zigmunt. *Modernidade líquida*. Rio de Janeiro: Zahar, 2001.

CAMPBELL, Tom. A pobreza como violação dos direitos humanos: justiça global, direitos humanos e as empresas multinacionais. In: NOLETO, Marlova Jovchelovitc; WERTHEIN, Jorge. *Pobreza e desigualdade no Brasil: traçando caminhos para a inclusão social.* Brasília: UNESCO, 2003.

CAMPELL, Tom. Poverty *as a Violation of Human Rights. Working Paper 2003/09. Centre for Applied Philosophy and Public Ethics (CAPPE).* Disponível em: http://www.cappe.edu.au/docs/working-papers/Campbell4.pdf Acessado em: 03 de junho de 2015.

Fact Sheet: *The MDGs in Brazil. Konrad Adenauer Stiftung.* Disponível em: http://www.kas.de/wf/doc/9942-1442-2-30.pdf Acessado em 13 de julho de 2015.

HOEKMAN, Bernard M.; KOSTECKI, Michel M. *The Political Economy of the World Trading System- The WTO and Beyond.* 2nd. Ed.,Nova York: Oxford University Press, 2001.

HOWSE, Robert. TEITEL, Ruti. *Global Justice, Poverty, and the International Economic Order.* In: BESSON, Samantha. TASIOULAS, John. *The Philosophy of International Law.* New York: Oxford University Press, 2010.

JACKSON, John Howard. *Sovereignty, the WTO, and Changing Fundamentals of International Law.* Nova York: Cambridge University Press, 2006.

JACKSON, John H. T*he World Trading System: law and policy of international economic relations.* 2ª edição. Cambridge: The MIT Press, 1997.

JUNIOR, Umberto Celli. Os países emergentes e as medidas de investimento relacionadas ao comércio: o acordo TRIMS da OMC. *Revista da Faculdade de Direito da Universidade de São Paulo.* São Paulo: V. 99, 2004.

KOSKENNIEMI, Martti. The Politics of International Law. Oxford and Portland: Hart

FILOSOFIA DO DIREITO INTERNACIONAL

Publishing, 2011.

MARTINS, João Victor; FARIAS, Keyla. Democracia como Ethos no Direito Internacional. Trabalho produzido no curso da disciplina Temas de Filosofia do Direito, Filosofia do Direito Internacional: Fundamentos da Autoridade e suas Instituições, ministrada pelo prof. dr. Fabrício Bertini Pasquot Polido e pelo prof. dr. Thomas da Rosa Bustamante, capítulo 8.

PALMETER, David; MAVROIDS, Petros C. *Dispute Settlement in the World Trade Organization: Practice and Procedure.* Cambridge: Cambridge University Press, 2004, 2ª edição.

PETERSMANN, Ernst-Ulrich. *Multilevel Trade Governance in the WTO Requires Multilevel Constitutionalism.* In: JOERGES, Christian. PETERSMANN, Ernst-Ulrich. (eds.) *Constitutionalism, Multilevel Trade Governance and Social Regulation.* Portland: Hart Publishing, 2006.

PIKETTY, Thomas. O Capital no Século XXI. Rio de Janeiro: Intrínseca, 2013

POGGE, Thomas. *The Role of International Law in Reproducing Massive Poverty. In:* BESSON, Samantha. TASIOULAS, John (orgs.). *The Philosophy of International Law.* New York: Oxford University Press, 2010.

RUTHERFORD, Thomas. TARR, David. SHEPOTYLO, Oleksandr. *Poverty Effects of Russia's WTO Accession: Modeling "Real" Households and Endogenous Productivity Effects. Policy Research Working Papers. World Bank.* Disponível em: http://elibrary.worldbank.org/doi/pdf/10.1596/1813-9450-3473.

SANTOS, Álvaro. *Carving out policy autonomy for developing countries in the world. Virginia Journal of Internacional Law.* Vol. 52:551.

SEN, Amartya. *Development as Freedom,* New York: Alfred A. Knopf, Inc. 2000, 4[th ed.]

SEN, Amartya. *Poor, Relatively Speaking.* Oxford: Oxford Economic Papers, New Series, Vol. 35 No. 2, July 1983.

SHAW, Malcom. *International Law,* Cambridge: Cambridge University Press, 2008, 6th ed.

SILVA, Roberto Luiz. *Direito Internacional Público. 4ª ed..* Belo Horizonte: Del Rey, 20[10.]

TREBILCOK, Michael. *Between Theories of Trade and Development: the future of the world trading system. The Robert Hudec Public Lecture. Society for International Economic Law.* 24 de julho de 2014.

WATAL, Jayashree. *Intellectual property rights in the WTO and Developing Countries.* Haia: Kluwer Law International, 2001.

Instrumentos Internacionais

Acordo sobre Aspectos dos Direitos de Propriedade Intelectual Relacionados ao Comércio, de 15 de abril de 1994, doc. OMC LT/UR/A-1C/IP/1.

Acordo de Marraqueche Constitutivo da Organização Mundial do Comércio, de 15 de abril de 1994, doc. OMC LT/UR/A/2.

Agreement on Trade-Related Investment Measures. Disponível em: https://www.wto.org/english/docs_e/legal_e/18-trims.pdf Acessado em: 01 de junho de 2015.

Decision of the General Council on the work of the Working Group (WT/WGTI/2).

Declaração Ministerial sobre a Acessão da República Popular da China de 10 de novembro de 2001 (WT/L/432), como adotada em 23 de novembro de 2001.

Implementation of paragraph 6 of the Doha Declaration on the TRIPS Agreement and public health, WT/L/540 and Corr.1, 1 September 2003, Decision of the General Council of 30 August 2003.

United Nations, The Realization of Economic, Social and Cultural Rights: Globalization and Its Impact on the Full Enjoyment of Human Rights, U.N. ESCOR, 52d Sess., *Provisional Agenda* Item 4, 15, U.N. Doc. E/CN.4/Sub.2/2000/13 (2000).

Jurisprudência

Canada – Term of Patent Protection (Canada – Patent Term) (WT/DS170/AB/R), como adotado em 18 de setembro de 2000. Para. 7.26.

Outras Fontes

Banco Mundial. *The Challenge of High Inequality in China. 2013..* Disponível em:http://www.worldbank.org/content/dam/Worldbank/document/Poverty%20documents/Inequality-In-Focus-0813.pdf Acessado em 01 de junho de 2015.

China and the WTO: past, present and future. Permanent Mission of China to the WTO. Disponível em http://www.wto.org/english/thewto_e/acc_e/s7lu_e.pdf Acessado em 01 de junho de 2015.

Médicins Sans Frontières. Untangling the Web of Antiretroviral Price Reductions. 17th Edition. July 2014. Disponível em: http://www.msfaccess.org/sites/default/files/MSF_UTW_17th_Edition_4_b.pdf Acessado em: 09 de junho de 2015.

FILOSOFIA DO DIREITO INTERNACIONAL

Millenium Development Goals. Access to medicines. Disponível em: https://www.wto.org/english/thewto_e/coher_e/mdg_e/medicine_e.htm Acessado em 09 de junho de 2015.

Millennium Development Goals. *A global partnership.* Disponível em: https://www.wto.org/english/thewto_e/coher_e/mdg_e/global_partnership_e.htm Acessado em 08 de junho de 2015.

Millennium Development Goals. *Goal 1: Eradicate Extreme Poverty & Hunger.* Disponível em: http://www.un.org/millenniumgoals/poverty.shtml. Acessado em 08 de junho de 2015.

Millennium Development Goals. *Trade and development.* Disponível em: https://www.wto.org/english/thewto_e/coher_e/mdg_e/development_e.htm. Acessado em 08 de junho de 2015.

Millennium Development Goals. T*he WTO and the Millennium Development Goals.* Disponível em: https://www.wto.org/english/thewto_e/coher_e/mdg_e/mdg_e.htm Acessado em 08 de junho de 2015.

Millennium Development Goals. Uni*ted Nations Millennium Development Goals.* Disponível em: https://www.wto.org/english/thewto_e/coher_e/mdg_e/mdgs_e.htm. Acessado em 08 de junho de 2015.

The world factbook. Disponível em: https://www.cia.gov/library/publications/the-world-factbook/rankorder/2078rank.html. Acessado em 13 de junho de 2015.

We Can End Poverty. Millenium Development Goals and Beyond 2015. Disponível em: http://www.un.org/millenniumgoals/ Acessado em 08 de junho de 2015.

SOBRE OS AUTORES

ANA LUISA DE NAVARRO MOREIRA

Doutoranda (2015), Mestre (2014) e bacharela (2011) em Direito pela Universidade Federal de Minas Gerais. Bolsista CNPq pelo Doutorado. Pesquisadora integrante da Rede de Pesquisa de Direito Civil Contemporâneo. Professora de Direito Civil na Faculdade Milton Campos, desde 2016. Orientadora de Direito Civil na Divisão de Assistência Judiciária da Faculdade de Direito da UFMG (DAJ), desde 2015. Estagiária docente de Direito Constitucional (2015-2016). Professora Substituta de Direito Civil na Faculdade de Direito da UFMG (2013-2015). Coordenadora de projeto de pesquisa junto ao Conselho Nacional de Justiça sobre precedentes judiciais (CNJ - Pesquisadora/coordenadora) (2013-2014). Estagiária docente de Introdução ao Estudo do Direito (2013) e Teoria Geral do Direito (2013).

ANA LUÍSA SOARES PERES

Doutoranda em Direito pela King's College London, com bolsa CAPES (2017). Mestra em Direito Internacional (bolsista CAPES) e Graduada em Direito pela Universidade Federal de Minas Gerais, com formação jurídica complementar pela Baylor Law School. Professora universitária.

Cynthia Lessa Da Costa

Bacharel em Direito pela Puc-Minas. Mestre em Direito do Trabalho pela Puc-Minas. Doutoranda em Direito pela UFMG e UniAugsburg, Alemanha. Professora Assistente da UFJF.

Eduardo Lopes De Almeida Campos

Doutorando em Direito pela Universidade Federal de Minas Gerais. Mestre em Direito pela Pontifícia Universidade Católica de Minas Gerais. Bacharel em Direito pela Faculdade de Direito Milton Campos. Licenciado em História pela Universidade Federal de Minas Gerais. Advogado.

Fabrício Bertini Pasquot Polido

Professor Adjunto de Direito Internacional da Faculdade de Direito da Universidade Federal de Minas Gerais (UFMG). Professor do corpo permanente do Programa de Pós-Graduação em Direito da UFMG. Doutor em Direito Internacional pela Faculdade de Direito da Universidade de São Paulo. Mestre (LL.M.) pela Universitá degli Studi di Torino. Foi Pesquisador Visitante - nível Pós-Doutorado – e Bolsista do *Max-Planck Institute for Comparative and International Private Law*, Hamburgo, Alemanha. Membro do Comitê de Direito Internacional Privado e Propriedade Intelectual da *International Law Association* (ILA), Sociedade de Direito Internacional Econômico e da Associação Americana de Direito Internacional Privado. Consultor científico de agências de fomento brasileiras e estrangeiras. Atualmente é coordenador de projetos internacionais de pesquisa entre UFMG e a University of Kent, Reino Unido, com financiamento da *British Academy of Humanities and Social Sciences*.

Filipe Greco De Marco Leite

Bacharel em Direito pela Universidade Federal de Minas Gerais (2013) e Mestre em Direito pela mesma instituição (2017). Realizou estudos de graduação na *Università Degli Studi di Bologna*, Itália. Membro do Comitê Brasileiro de Arbitragem (CBAr) e da Comissão de Arbitragem da Ordem dos Advogados do Brasil, Seção Minas Gerais. Membro do Grupo de Estudos em Arbitragem e Contratos Internacionais (GACI) da Faculdade de Direito da Universidade Federal de Minas Gerais e membro do Grupo de Estudos em Arbitragem de Investimentos do Comitê Brasileiro de Arbitragem (CBAr). É advogado em Belo Horizonte nas áreas de arbitragem (domésticas e internacionais), contratos e transações internacionais.

GRÉGORE MOREIRA DE MOURA

Bacharel em Direito pela Universidade Federal de Juiz de Fora (2001), Mestre em Ciências Penais (2006) e Doutorando em Direito Constitucional na Universidade Federal de Minas Gerais. Atualmente é Procurador Federal, Ex- Diretor da Escola da Advocacia-Geral da União. Professor em diversos cursos jurídicos. Autor do livro Do Princípio da Co-Culpabilidade no Direito Penal, Editora DPlacido (2014). Articulista nas obras coletivas "Liberdade, igualdade, fraternidade: 25 anos da constituição brasileira. Ied. Belo Horizonte/MG: D'Placido, 2013" e "Constituição: da antiguidade ao século XXI. Ied.Conselheiro Lafaiete/MG: Dictum, 2009". Membro do conselho editorial de diversas revistas jurídicas como Revista da Advocacia Pública Federal (editor-chefe), Revista do Tribunal de Contas de MG e Revista de Estudos Jurídicos da UNESP.

HUMBERTO ALVES DE VASCONCELOS LIMA

Doutor em Direito pela Universidade Federal de Minas Gerais (UFMG). Mestre em Inovação e Propriedade Intelectual pela UFMG. Avaliador da Revista de Direito Internacional (UNICEUB). Associado ao ramo brasileiro da *International Law Association.*

IGOR DE CARVALHO ENRIQUEZ

Graduação em Direito pela Universidade Federal de Minas Gerais (2007), especialização em Direito Público pela Pontifícia Universidade Católica de Minas Gerais (2010), mestrado em Direito pela Universidade Federal de Minas Gerais (2013). Doutorando em Direito pela Universidade Federal de Minas Gerais. Bolsista FAPEMIG.

JOÃO VÍCTOR NASCIMENTO MARTINS

Doutorando e Mestre (Bolsista CAPES) em Teoria do Direito e Direito Constitucional pelo Programa de Pós-Graduação da Faculdade de Direito da Universidade Federal de Minas Gerais. Professor Universitário. Advogado.

GUILHERME ANDRADE CARVALHO

Bacharel em Direito pela Universidade Federal de Minas Gerais. Bacharel em Ciências Contábeis pela Fundação Mineira de Educação e Cultura. Mestrando pelo Programa de Pós-Graduação em Direito pela Universidade Federal de Minas Gerais.

KEYLA FARIAS

Doutora em Direito pela Universidade Federal de Minas Gerais Foi Pesquisadora na Universidade Federal do Pará sobre violações de Direitos Humanos na Amazônia. Mestre em Gestão de Recursos Naturais e desenvolvimento na Amazônia. Especialista em Direitos Humanos Internacionais pela Universidade de Brasília. Membro da Academia Brasileira de Direitos Humanos na Amazônia e da Academia Paraense de Ciências. Advogada.

LEONEL EUSTÁQUIO MENDES LISBOA

Bacharel em Direito pela Universidade Federal de Minas Gerais e Mestrando em Direito Internacional Contemporâneo e estagiário docente pela mesma instituição. Desde o início da graduação, foi membro de grupos de estudo em Direito Internacional, participando de competições internacionais e treinando equipes, bem como atuando como juiz/avaliador. É membro da American Society of International Law e advogado em Belo Horizonte, com experiência nas áreas de consultiva corporativa, relações com comunidades, investimento direto e mineração.

SOBRE OS AUTORES

Letícia Soares Peixoto Aleixo

Mestre e bacharel em Direito pela Universidade Federal de Minas Gerais (UFMG), com formação complementar pela *Université Paris I - Panthéon--Sorbonne*, França, e especialização em Direito Público pela Universidade Cândido Mendes. Participou de grupos de estudos, pesquisa e extensão voltados para a proteção internacional dos direitos humanos. Atua como assessora técnica da Fundação Ford junto ao Ministério Público de Minas Gerais, no Caso Samarco. É orientadora e fundadora da Clínica de Direitos Humanos da UFMG. Foi bolsista de iniciação científica pela FAPEMIG na graduação, pesquisadora em apoio técnico pelo CnPq e estagiária de docência com bolsa da Capes no mestrado.

Letícia De Souza Daibert

Doutoranda em Ciências Sociais na Facultad Latinoamericana de Ciencias Sociales - FLACSO Argentina. Mestra em Direito Internacional na Universidade Federal de Minas Gerais. Bolsista pela Fundação de Amparo à Pesquisa de Minas Gerais - FAPEMIG. Especialista em Estudos Diplomáticos pela Faculdade de Direito Milton Campos. Bacharel em direito pela Universidade Federal de Minas Gerais.

Lucas Costa Dos Anjos

Professor Assistente no Departamento de Direito da Universidade Federal de Juiz de Fora - Governador Valadares. Doutorando, Mestre e Bacharel em Direito pela Universidade Federal de Minas Gerais (UFMG), com formação complementar pela Baylor University School of Law. Especialista em Direito Internacional pelo Centro de Direito Internacional (CEDIN). Coordenador do Grupo de Estudos em Tecnologia e Sociedade, Membro do Grupo de Estudos Internacionais de Propriedade Intelectual, Internet e Inovação (GNet) e Conselheiro Científico do Instituto de Referência em Internet e Sociedade – IRIS.

PEDRO GUSTAVO GOMES ANDRADE

Mestre em Direito pela Universidade Federal de Minas Gerais - UFMG. Professor da Faculdade de Direito de Contagem - FDCON. Editor-Chefe da Revista Mineira de Direito Internacional e Negócios Internacionais. Advogado membro da Comissão de Direito Internacional da OAB/MG.

PLATON TEIXEIRA DE AZEVEDO NETO

Professor Adjunto de Direito Processual do Trabalho da Universidade Federal de Goiás (UFG). Doutor em Direito pela Universidade Federal de Minas Gerais (UFMG). Mestre em Direitos Humanos pela Universidade Federal de Goiás (UFG). Especialista em Direito Constitucional pela Universidade de Brasília (UnB). Pós-graduado em Direito e Processo do Trabalho pela Universidade Europeia de Roma. Bacharel em Direito pela Universidade Federal de Minas Gerais (UFMG). Juiz Titular da Vara do Trabalho de São Luís de Montes Belos/GO (TRT-18ª Região). É membro da Comissão Nacional do Programa de Combate ao Trabalho Infantil do CSJT/TST (Conselho Superior da Justiça do Trabalho/Tribunal Superior do Trabalho). Foi Diretor de Informática da ANAMATRA (Associação Nacional dos Magistrados da Justiça do Trabalho, no biênio 2013-2015), Presidente da AMATRA-18 (Associação dos Magistrados do Trabalho da 18ª Região, no biênio 2011-2013) e Presidente do IGT (Instituto Goiano de Direito do Trabalho, no biênio 2007/2009). É Titular da Cadeira nº 3 da Academia Goiana de Direito.

RAFAELA RIBEIRO ZAULI LESSA

Mestra em Direito pela Universidade Federal de Minas Gerais (UFMG). Pós-graduada em Direito de Empresa pela Pontifícia Universidade Católica de Minas Gerais (PUC-MG). Graduada em Direito pela Universidade Federal de Minas Gerais (UFMG). É advogada corporativa de multinacional em Belo Horizonte, dedicando-se ao Direito do Trabalho *in company.*

SOBRE OS AUTORES

Thomas Da Rosa De Bustamante

Professor Adjunto da Universidade Federal de Minas Gerais, onde é membro do corpo docente permanente do Programa de Pós-Graduação Stricto Sensu em Direito. É Doutor em Direito pela Pontifícia Universidade Católica do Rio de Janeiro (2007), com período de investigação na University of Edinburgh, Reino Unido, como bolsista da CAPES. Foi docente (Lecturer) do corpo permanente da Universidade de Aberdeen, no Reino Unido, por dois anos completos (2008 a 2010) e Professor Adjunto da Universidade Federal de Juiz de Fora (de 2004 a 2008), onde exerceu a função de Chefe de Departamento. Realizou estágio de Pós-Doutorado na Universidade de São Paulo, com bolsa da FAPESP, sob a supervisão do Prof. Titular Ronaldo Porto Macedo Júnior, do Departamento de Filosofia e Teoria do Direito. É Coordenador de Projetos de Pesquisa financiados pelo CNPQ e pelo CNJ.

Vinícius Machado Calixto

Mestre em Direito pela Universidade Federal de Minas Gerais (UFMG). Pós-Graduado em Direito Desportivo pelo Centro de Direito e Negócios (CEDIN). Bacharel em Direito pela Universidade de Brasília (UnB). Co-coordenador do Grupo de Estudos em Direito Desportivo da UFMG. Atualmente é advogado e professor nas áreas de direito esportivo e direitos humanos. É ainda *Research Coordinator* em *Capoeira4Refugees*.

ÍNDICE

PARTE 1
BASES DO PENSAMENTO JUSFILOSÓFICO INTERNACIONAL

CAPÍTULO 1
A JURIDICIDADE E A AUTORIDADE DO DIREITO INTERNACIONAL:
REVISITANDO AS PROPOSTAS TEÓRICAS POSITIVISTAS DE HART
E KELSEN 27

CAPÍTULO 2
A NEGLIGÊNCIA DA FILOSOFIA DO DIREITO INTERNACIONAL
E A EMERGÊNCIA DO PLURALISMO JURÍDICO 49

CAPÍTULO 3
RELEITURAS SOBRE A NARRATIVA HISTÓRICA E FILOSOFIA
DO DIREITO INTERNACIONAL: À PAZ PERPÉTUA DE KANT 69

PARTE 2
PERSPECTIVAS CONTEMPORÂNEAS
DA FILOSOFIA DO DIREITO INTERNACIONAL

CAPÍTULO 4
REALISMO, ESCOLHA RACIONAL E INTEGRIDADE
NO DIREITO INTERNACIONAL: uma análise do caso
Jurisdictional Immunities of the State julgado pela Corte Internacional de Justiça .. 97

FILOSOFIA DO DIREITO INTERNACIONAL

CAPÍTULO 5
A FILOSOFIA DO DIREITO INTERNACIONAL
NÃO ESCRITA POR RONALD DWORKIN

PARTE 3
LEGITIMIDADE E DIREITOS HUMANOS

CAPÍTULO 6
O CONCEITO DE LEGITIMIDADE APLICADO
AO DIREITO INTERNACIONAL E SUAS INSTITUIÇÕES 151

CAPÍTULO 7
A NATUREZA DOS DIREITOS HUMANOS NO DIREITO
INTERNACIONAL: CONCEITO E FUNDAMENTOS DE AUTORIDADE 179

PARTE 4
DEMOCRACIA E POBREZA NO DIREITO INTERNACIONAL

CAPÍTULO 8
DEMOCRACIA COMO ETHOS NO DIREITO INTERNACIONAL 207

CAPÍTULO 9
AS ORIGENS DOS DIREITOS DAS MINORIAS
E OS LIMITES DO DIREITO À AUTODETERMINAÇÃO DOS POVOS 231

CAPÍTULO 10
FOMENTO AO DESENVOLVIMENTO E COMBATE À POBREZA:
O PAPEL DESEMPENHADO PELO DIREITO INTERNACIONAL 265